椎橋俊之
Shiihashi Toshiyuki

筑摩選書

ドキュメント 北海道路線バス

地域交通 最後の砦

ドキュメント　北海道路線バス　地域交通　最後の砦　目次

ドキュメント　北海道路線バス

地域交通　最後の砦

まえがき

かつて、国鉄バスに代表される北海道の路線バスは、鉄道路線を補完し代行する役割を持っていた。主要幹線から枝葉のように建設された地方鉄道路線の多くは、石炭、鉱物、農産物、漁獲物などの天然資源や住民を輸送する目的で建設が進められ、その線区が開業するまでの旅客輸送はもっぱらバスが引き受けていた。また、鉄道建設計画のない地方の交通はバスが担い、広大な北海道の交通インフラは、鉄道とバスの密接な協力によって支えられて来たのである。そうした役割分担が崩れたのは、主要道路の整備によって、鉄道の存在意義が小さくなっていくなかで、国鉄のローカル線廃止が表面化した１９６８（昭和43）年のことだった。

その年、「輸送の使命を終えたローカル線83線区（２６００㎞）を廃止し、バスに転換すべし」との答申が国鉄諮問委員会から国会に提出された。さらに、１９８０（昭和55）年には日本国有鉄道経営再建促進特別措置法の制定によって、全国の赤字ローカル線の廃止が始まった。廃止線区は北海道がもっとも多く、１９８７（昭和62）年3月の国鉄民営化までに37線区が廃止されている。

利用者の減少、貨物輸送の廃止を考えれば、当時のバス転換論はあながち荒唐無《こうとうむ》稽《けい》だったわけではない。多大の費用と人手を要する鉄道の保線作業も、バスならば道路は所有者たる国や都道府県が整備してくれるし、駅に匹敵する停留所に人員を配置する必要もない。大量輸送という鉄道の特質も利用者が減少していくなかでは存在意義が薄れていった。されば、コストと人手のかかる鉄道を廃止し、経済的なバスに転換する交通政策は、利用者の理解を得るとともに、一応の成功を収めることになった。

しかし、国鉄廃止路線の代替バス輸送は思いもかけない転機を迎える。

国鉄民営化と時を同じくして国土審議会が策定した「第四次全国総合開発計画」（四全総）は、多極分散型国土の実現を目指した。多極分散型国土とは、「安全でうるおいのある国土の上に、特色ある機能を有する多くの極が成立し、特定の地域への人口や経済機能、行政機能等諸機能の過度の集中がなく、地域間、国際間で相互に補完、触発しあいながら交流している国土」の意味であり、当時顕在化していた首都圏一極集中の緩和が盛り込まれていた。しかし、一方で中曾根内閣は行政改革を効率的に進めるため、政治主導を実現させる権力一極集中化に舵を切り、国鉄を含む三公社の民営化や内需拡大を目論む総合保養地域整備法（リゾート法）制定など、経済財政至上主義、効率主義、競争主義路線を取ることになった。四全総で高らかに謳われた「国内における特色ある多くの極の成立」構想はいつの間にか忘れ去られ、ひたすら効率を求める首都圏一極集中が加速されていく。

その動きは橋本内閣、小泉内閣にも引き継がれ、日本はバブル崩壊をへて、「失われた30年」とよばれる長期の経済停滞、デフレスパイラルに陥った。１９９５（平成７）年以降、実質賃金は一向に上昇せず、実質GDPの伸びは鈍化を続けている。それに歩調を合わせるように、地方経済の停滞、過疎化、少子・高齢化が一気に進むことになった。

なかでも、少子化対策はもっとも重要な施策だったにもかかわらず、政府の失政によって回復不可能なまでの惨状を呈している。人口に対して生まれた子供の数を表す指標である合計特殊出生率は、第二次ベビーブームの1973（昭和48）年に2・14だったものが、2023（令和5）年には1・20まで落ち込んだ。人口1400万人を抱える東京都は0・99である。

輸送システムを取り巻くこうした環境の変化は、「鉄道廃止→バス転換」の図式に陰りをもたらし、地方交通の最後の砦たるバス輸送に危機が訪れようとしている。鉄道廃止が盛んに進められていた時代、鉄道輸送のバス代替こそが地域交通を守る最良の解決策と考えられていたが、いま、時代の波はそれさえも押し流そうとしている。

このような話題になると、決まって論じられるのが過疎地のコンパクトシティ構想である。2014（平成26）年に発表された「増田レポート」は、全国869自治体が2040年までに消滅すると断じ、地方自治体に大きな衝撃を与えた。分散した集落から住民を人口5～10万規模の都市に集約して行政サービスのコストを軽減しようとする「選択と集中」の考えだ。要はあちこちに分散して住んでいられては住民サービスの面で効率が悪いから、まとまったエリア（都市部）に人を集めてしまおうという効率論である。一見、もっともな方策に思える。しかし、高齢者を中心とした住民が周辺部から「地方中核都市」へ移り住むことは、家賃の負担増やそれまでのコミュニティの崩壊を招くこともあって一朝一夕に済む話ではない。また、効率と便利さを追うこの考えは、地方にたくさんの小東京を生むだけで、若者はさらに都市の魅力に満ちた東京へ流出していくことになる。

２０２２年に国土交通省が実施した国民意識調査（高齢者にやさしい社会の実現に向けて重視する要素）によると、地域高齢者が求めるのは「日常生活を送りやすい住まい」（54・２％）であり、同時に「移動手段が確保されていること」（55・３％）が挙げられている。年代面でみると、70歳台など高齢になるほどこの傾向は強くなっている。「高齢者等の生活を持続可能なものとするために必要な対策」アンケートでも、「安心して暮らせる住まいの確保」が62・５％を占めている。

２０２３年に国土交通省が創設した立地適正化計画は、医療・福祉施設、商業施設や住居などがまとまって立地し、高齢者をはじめとする住民が公共交通によりこれらの生活利便施設等にアクセスできるなど、福祉や交通なども含めて都市全体の構造を見直す「コンパクトシティ・プラス・ネットワーク」を提唱するものだった。その中に交通モード間の接続（モーダルコネクト）強化が盛り込まれている点は注目に値する。コンパクトシティに住民を集めることで公共交通機関の役割を漸減《ぜんげん》するのではなく、周辺部で心ゆたかな生活を送る住民が都市部の生活施設を利用する交通の利便を確保しようとするものだ。

人が住むのにはそれぞれ理由があって、先祖が開拓した土地を捨てられない、農業や漁業を生業《なりわい》としているから町には住めない、あるいは都市へ移住することの不安もあるだろうし、コミュニティの崩壊を受け入れられない住人もいる。

一方、医療、小売、飲食、金融など、文化的かつ健康な生活を送るうえで必要となるサービス施設は、業種による違いはあるにせよ、一定の人口がないと立地がむずかしい。こうした施設が集まる都市部と住まいを結ぶ、バスに代表される公共交通機関の存在は住民にとっては最後の砦に違いない。

地域の移動手段確保に関して、『国土交通白書２０２４　令和６年版』（国土交通省）は次のように記している。

「地域社会の活性化を図るため、日常生活等に必要不可欠な交通手段の確保は重要な課題である。（中略）地域の需要規模や人口特性に応じた最適な生活交通ネットワークの確保・維持が可能となるよう、地域をまたがる地域間幹線バスや地域内のバス交通・デマンド交通等の運行に対する支援を強化するとともに、バス車両の更新への支援を引き続き行う。また、キャッシュレス化の推進等、バス事業者におけるＤＸ化等の経営効率化・経営力強化を図る取組み等に対して支援を行い、利便性・生産性・持続可能性が向上する形で地域交通の再構築を促進する」。

過疎化による慢性的な乗客の減少傾向は、新型コロナウイルス感染症の拡大で加速され、国、地方自治体、バス会社は経済面で追い詰められることになった。それに加えて、深刻な運転手不足は、ドライバーの高齢化と大型二種免許を取得するのにかかる費用の高さ（普通免許所持者が大型二種免許を取得するのに約60万円を要する）、賃金の低さ、労働時間の長さに起因していて、現に、夕鉄《ゆうてつ》バスをはじめとする道内のバス会社の多くが路線廃止、大幅減便を強いられた原因は運転手不足によるものだった。

バス輸送の危機は北海道において顕著である。人口減少に歯止めがかからず、それに加え積雪時の運行の困難さは切実だ。道内でも冬の季節風の影響をもっとも受ける日本海沿いを走る定期乗合バスの運行は、突風、ホワイトアウト、猛吹雪との戦いであり、現在はベテラン運転手の卓越した運転技術と旺盛な使命感によって支えられている。

日本海に面した羽幌町《はぼろちょう》で泊まった旅館の女将《おかみ》は「ふだんはクルマで動きますが、冬は危ないので自分で運転せず留萌までバスで行くようにしています」と語っていた。地元のドライバーも二の足を踏む真冬の国道を路線バスは徐行しながらも走り、その存在は「最後の砦《とりで》」と呼ぶにふさわしい信頼感を集めている。

一年にわたって北海道のバス輸送の現場を取材し、さまざまな課題が浮かび上がってきた。しかし、バス業界を取り巻く多くの問題点は北海道に限ったことではなく、いまや全国の地域輸送に暗い影が忍び寄っている。乗客減少、運転手不足による減便や路線廃止が全国各地で顕在化している現実は周知のとおりだ。

地方交通「最後の砦」を守る現場はいまどのような問題を抱え、それにどう立ち向かっていくのか。本書はバス輸送の現場に取材し、運行管理者、運転手、行政担当者の生の声を記録しようと試みるものである。

第一章は、留萌《るもい》から日本海に沿って北上する幌延《ほろのべ》留萌線に乗車し、終着・豊富《とよとみ》駅までの長距離の厳しい真冬の過酷な走行をルポする。

第二章でも、自然と闘いながら厳しい環境で走る、国鉄羽幌線の代替バスである沿岸バスの今を追う。

第三章では道東《どうとう》・根釧《こんせん》地域における、ＪＲ標津《しべつ》線廃止後の生活バス路線を守るバス会社と沿線市町村の共闘を追う。

第四章では、札幌から音威子府《おといねっぷ》をへて枝幸《えさし》まで、５時間半の都市間バスベテランドライバーの仕事ぶりを追う。

第五章は、最北のバス路線を持つ宗谷《そうや》バスに密着。ノシャップ岬から、オホーツク海沿いのエリアを網羅しつつ、札幌・旭川方面にまで伸びる地域交通の現状を伝える。

第六章以降は、バスの世界で始まりつつある新しい動きを追う。第六章は、実証運転から実用化への目処が立ってきた自動運転バスの現状をレポート。上士幌町《かみしほろちょう》での試験運転を紹介する。

第七章では、道路と線路を自由に行き来するＤＭＶと、線路跡を舗装したバス専用通路を走るＢＲＴの、日本各地での試みを報告する。高知・阿佐《あさ》海岸鉄道のＤＭＶ、東日本大震災の復興に寄与した気仙沼《けせんぬま》線・大船渡《おおふなと》線跡を走るＢＲＴなどを紹介する。

第八章は、イギリスにおけるバス復権の動きを現地に取材しレポートする。ロンドンにおけるバス専用レーンなどによるバス乗車率上昇の試み、地方政府機関による地域バス存続施策などを伝える。

終章では、まとめとしてコロナ禍以降の路線バスを取り巻く環境の悪化、とりわけバス運転手の労働時間への規制によるいわゆる２０２４年問題でますます苦しくなっている現状について考える。あわせて、バス運転手不足についての提言を試みたい。

第一章

真冬の路線バス――過酷な気象条件のなか北を目指す

留萌から日本海に沿って北上する路線バス・幌延留萌《ほろのべるもい》線。終着・豊富《とよとみ》駅までの走行距離は164kmにおよび、所要時間は4時間を越える。真冬、北へ通じる一本道の国道232号線は荒れる日本海から強い風を受け、山間部に入っては深い吹き溜まりを突っ切って進む。高齢化、人口減少で利用者が減るなか、地域公共交通を担う路線バスはさまざまな人生を乗せて走る。

真冬の行路は過酷である。刻々とコンディションが変わる凍結路、一寸先も見えなくなるホワイトアウト。日本海からの季節風を受ければバスが横滑りすることもある。2024（令和6）年1月17日、暴風雪警報が解除された朝、はるか豊富を目指す一番バスに乗った。

1　暴風雪で公共交通が途絶した2日間

災害級の烈風の中で——2024(令和6)年1月15日

真冬の爆弾低気圧が東海上に去った1月17日、沿岸バスは二日ぶりに運行を再開した。留萌から天塩《てしお》地方に出された暴風雪警報によって2024年1月15日～16日の2日間、沿岸バスの「はぼろ」号札幌便および旭川便を含むすべての都市間バスと路線バスが運休したのである。

旭川地方気象台の発表（2024年1月16日付け）によれば、「1月14日から15日にかけて低気圧が北海道を発達しながら通過した。この低気圧は千島近海に進み、強い冬型の気圧配置となり、気圧の傾きが急になった。このため、15日は留萌地方で北西の風が雪を伴い強くなり、最大風速は留萌で北西19・55m／s（12時56分）、増毛《ましけ》で北北西18・0m／s（15時51分）、初山別《しよさんべつ》で17・2m／s（10時44分）、最大瞬間風速は留萌で北西26・3m／s（13時18分）、羽幌《はぼろ》で西北西24・3m／s（11時16分）を記録した」とある。

気象庁は「風の強さと吹き方」の基準を発表している。それによれば、最大瞬間風速20～25mは時速90kmの風に相当し、「人は何かにつかまらないと立てない、屋根瓦が剝がれ始める、自動車を通常の速度で走らせることが困難」とある。すなわち、最大瞬間風速20～25mの風とは大災

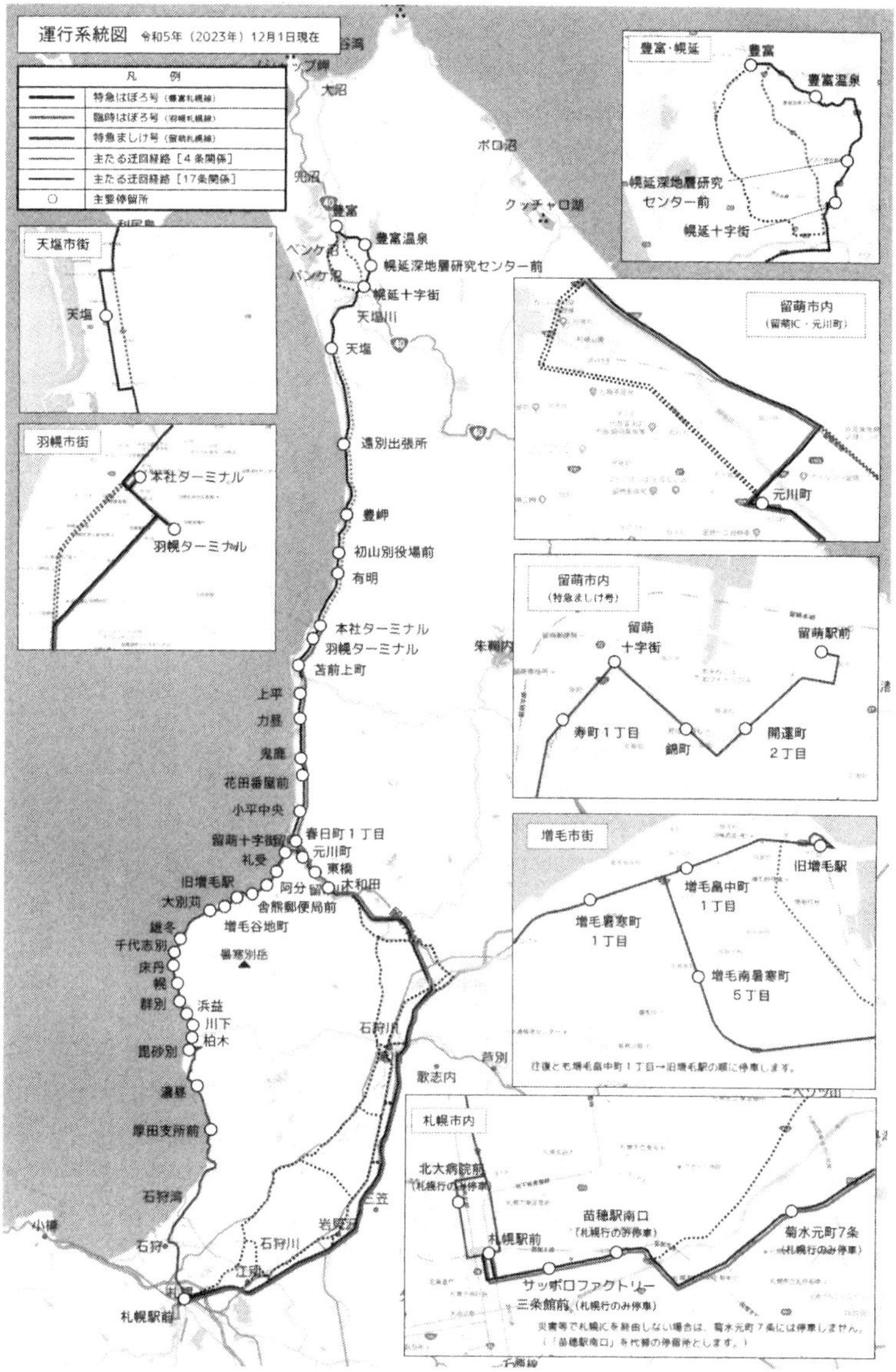
運行系統図 令和5年（2023年）12月1日現在
凡 例
特急はぼろ号
臨時はぼろ号
特急ましけ号
主たる迂回経路［4条関係］
主たる迂回経路［17条関係］
主要停留所
豊富
豊富温泉
幌延深地層研究センター前
幌延十字街
天塩
遠別出張所
豊岬
初山別役場前
有明
本社ターミナル
羽幌ターミナル
苫前上町
上平
力昼
鬼鹿
花田番屋前
小平中央
春日町１丁目
留萌十字街
元川町
礼受
東橋
大和田
旧増毛駅
阿分
舎熊郵便局前
大別苅
増毛谷地町
暑寒別岳
雄冬
千代志別
床丹
幌
群別
浜益
川下
柏木
毘砂別
濃昼
厚田支所前
石狩湾
石狩
石狩川
岩見沢
江別
札幌駅前
ポロ沼
クッチャロ湖
天塩川
歌志内
天塩市街
天塩
羽幌市街
本社ターミナル
羽幌ターミナル
豊富・幌延
豊富
豊富温泉
幌延深地層研究センター前
幌延十字街
留萌市内
（留萌IC・元川町）
元川町
留萌市内
（特急ましけ号）
留萌十字街
留萌駅前
寿町１丁目
錦町
開運町２丁目
増毛市街
旧増毛駅
増毛畠中町１丁目
増毛暑寒町１丁目
増毛南暑寒町５丁目
往復とも増毛畠中町１丁目→旧増毛駅の順に停車します。
札幌市内
北大病院前
（札幌行のみ停車）
札幌駅前
苗穂駅南口
（札幌行のみ停車）
菊水元町7条
（札幌行のみ停車）
サッポロファクトリー
三条館前（札幌行のみ停車）
災害等で札幌ICを経由しない場合は、菊水元町７条には停車しません。
（「苗穂駅南口」を代替の停留所とします。）

沿岸バス路線図

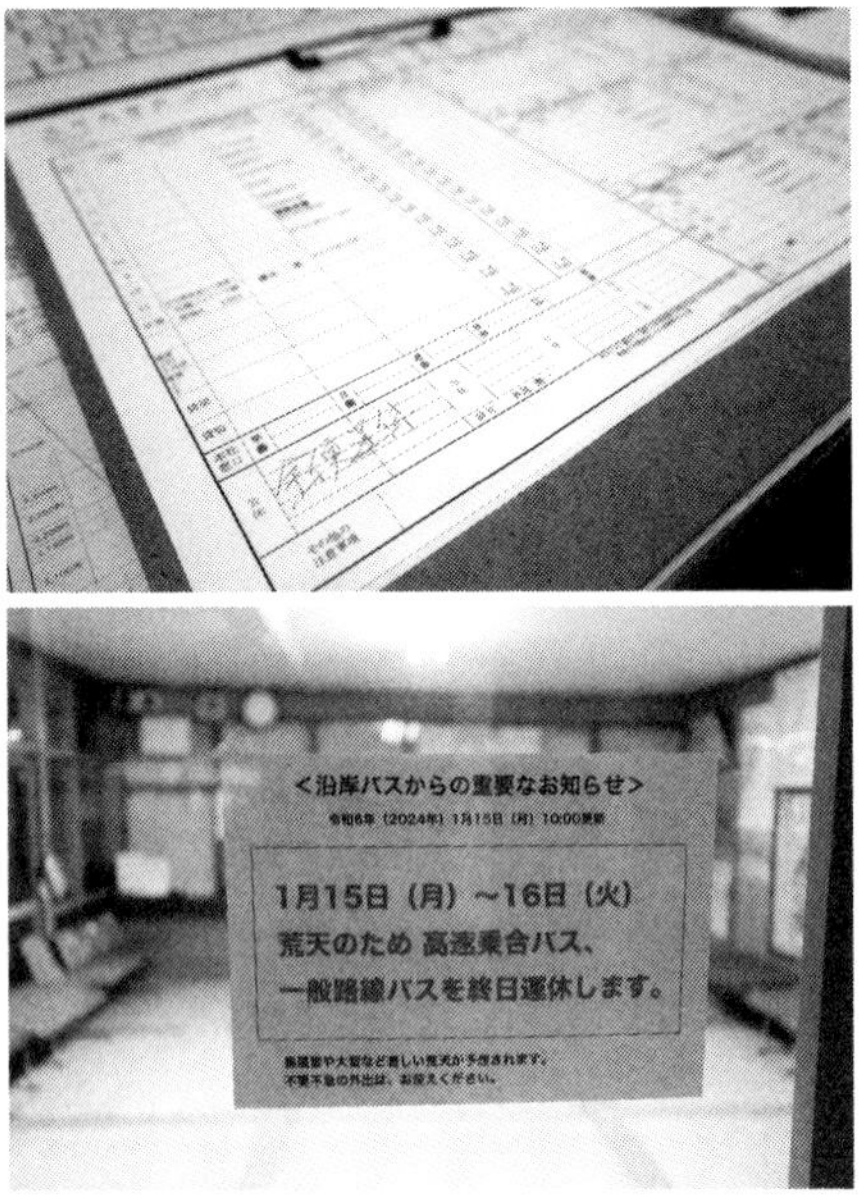

2024年1月15～16日、暴風雪のため沿岸バス全線運休

害級の烈風である。

果然、1月15日は朝から大荒れの天候となった。午前1時52分に留萌から羽幌、遠別《えんべつ》に暴風雪警報が発令され、同時に大雪、雷、雪崩、波浪の各注意報が相次いで出された。

夕方までの降雪量は初山別で23cm、天塩で18cmを記録。留萌～羽幌～天塩間の留萌海岸地方は日本海から雪まじりの暴風が吹きつけ、海に沿って走る国道２３２号線は豪雪と路面凍結、視界不良などの悪条件が重なって通行は危険と判断され、午後12時に羽幌～天塩間が通行止めとなった。一向に収まりを見せない強風と吹雪は天の怒りだろうか。深い吹き溜まりと一瞬にして視界を失うホワイトアウトの恐怖は、地元のドライバーをして二の足を踏ませるほどだ。

1月16日付の『北海道新聞』は「道内暴風雪　ＪＲ１４３本運休」と報じている。

「道内は15日、冬型の気圧配置が強まった影響で、日本海側を中心に暴風雪に見舞われた。交通機関は乱れ、ＪＲ北海道は列車１４３本を運休し、約２万３千人に影響が出た。16日も特急３本を含む１４０本を運休する。大雪や吹雪は16日も続く見込みで、札幌管区気象台は交通障害や強風、高波への注意を呼びかけている。（中略）気象台によると、16日午後６時までの24時間降雪量は日本海側で50㎝、太平洋側で40㎝、オホーツク海側で30㎝に達する見込み。予想される最大瞬間風速は日本海側の陸上などで30ｍ、波の高さは太平洋側とオホーツク海側で５ｍとなっている」。

国道２３２号線は海抜５～８ｍの海岸沿いを走る箇所が多く、それだけ風雪の影響を受けやすい。かつて留萌～羽幌～幌延間を結んでいた国鉄・羽幌線は、一部の区間を除いて、比較的標高の高い箇所を走っていたから、強風の被害は国道に比べて少なかった。羽幌線の線形を見ると、工事費のかさむ長大トンネルや長い鉄橋を避けながら、勾配と曲線半径を規定に納める鉄道土木技術者の知恵を感じないわけにいかない。海岸沿いに線路を敷けば、やがて行き当たる巨大な岩山を貫くトンネル難工事で多大の経費がかかるから、丘陵を抜ける線形を選んだのだろう。

気象予報を検討した沿岸バス本社は、１月14日朝10時に翌15日の全便運休を発表した。関係する行政機関や病院、学校などへの通知を考えれば決定に逡巡は許されない。地元では沿岸バスは比較的運休の少ない交通機関として知られていて、「沿岸バスさんが止まるほどの猛吹雪なら、相当危険なのだろうから外出はやめておこう」と受け止める利用者が大半を占めるほどだった。沿線住民にとって、沿岸バスが運行をとめるかどうかは、悪天候のもたらす危険を知る目安になっていたのである。

依然として降り続く雪――1月16日

暴風雪がピークを迎えていた15日午前10時、沿岸バスは翌16日の全便運休を発表した。気象観測では台風並みの低気圧は千島方面へ抜けつつあり、天候は次第に回復に向かうというものだったが、国道232号線の除雪に予想以上の時間がかかり、強風のため羽幌〜幌延間が早々に通行止めとなった。さらに1時間後、深い吹き溜まりで立ち往生した乗用車への追突事故が発生し、留萌〜羽幌間も通行止めとなって、留萌から日本海沿いに北上する留萌海岸の大動脈、国道232号線がマヒする事態となった。

「北海道開発局による除雪作業を考えれば、16日はバスを運行できる可能性はありました。しかし、まだどこで事故が起きて通行止めになるか分からない状況ですから運休を決めました。国道の行く手と後ろが通行止めになってバスが立ち往生する可能性もありますから」と語るのは沿岸バス営業課長の斉藤寛氏である。

「運休が決まると昔は総出で大きなバス停に「〇〇日、××便運休」の紙を貼りに行ったものです。バス停には国鉄みたいに駅員がいるわけではありませんから、ポスター以外にお客さんに知らせる術がない。いまはウェブサイトや電話での問い合わせで済みますけどね」（羽幌営業所運輸課長・櫻井豊氏）。

留萌海岸地方の交通機関が全面マヒした1月15日、羽幌から札幌へ「脱出」できたのは、北海道地域医療振興財団から派遣されていた医師だった。羽幌、初山別、遠別、天塩、幌延などの診療所は大部分が在住の医師一人で運営されているが、学会への参加や休暇などで常勤医が一時的に不在になったとき、同財団のドクターバンク制度によって札幌から支援の医師が派遣されている。その帰りの足を暴風雪が奪ったのである。

「病院勤務の関係でどうしても15日中に札幌へ戻らなければならないということで、深川までタクシーを手配しました」（斉藤氏）。

沿岸バスは道内でも一、二を争う長距離路線バスを運行する。国鉄・羽幌線廃止代替路線の幌延留萌線（留萌～羽幌～幌延）がそれで、運行距離148・3kmをおよそ3時間半かけて走る。幌延停留所は153カ所。片道150km弱は東京～軽井沢間、大阪～敦賀《つるが》間の距離に匹敵する。幌延留萌線に使われている車両は、都会や近郊で使われているタイプの超低床バスで、中ドアはあってもトイレはない。沿岸バスと沿線市町村はこの路線沿いの6カ所（天塩、遠別、初山別、羽幌、上平《うえひら》、古丹別《こたんべつ》）にトイレ付きの待合施設を設け、乗客の便宜を図っている。いずれも自動車ターミナル法にもとづくバスターミナルではないが、駅に代わる交通結節点として、すでに30年以上にわたって機能している。

しかし、2024（令和6）年1月16日、猛烈な暴風雪から一夜明け、風は弱まったとはいえ雪は密度濃く降り続いている。国道は依然として危険な状態にあり、いつどこで事故が起き、通行止めになるか予想もつかない。最悪の場合、路線バスがターミナルにたどり着けずに、開通待ちの渋滞に巻き込まれてお客さんを乗せたまま長時間立ち往生することも起こり得る。そのような緊迫した状況の中で、1月16日の全便運休の決断が下され、ただちに関係諸機関に通知されることになった。

路線バス幌延留萌線と同じルートを都市間バス「はぼろ」号も走っているが、16日はこちらも運休となった。「はぼろ」号は札幌と留萌・宗谷管内を結ぶ都市間バスで、同管内の停留所数は21カ所。車両はトイレを備えたハイデッカーが使われているが、留萌市内、札幌市内の渋滞や頻発する道央高速道路の通行止めを考えれば運休止むなしである。一般車が殺到する国道12号線の渋滞を避け、通常なら国道275号線がもっぱら高速道路の迂回に利用される。とはいえ、トラックやトレーラーなどのプロ運転手の利用が多く、ふだんは流れの早いこの道も、この荒天の中でスムーズに走れる保証はどこにもない。

1月17日付の『日刊留萌新聞』は「管内全域でまとまった雪」と題する記事を掲載した。

「16日正午までの24時間降雪量の最大値で最も多かったのは、初山別村の21㎝で、留萌市街地でも15㎝を記録。（中略）旭川地方気象台では今後の天候について、日本の南に中心を移す高気圧が張り出して大気の不安定な状態が続くことから、風雪や雪崩、高波に注意するよう呼び掛けている」。

運行再開を翌日に控え、沿岸バスの本社、羽幌ターミナル（営業所）は、準備のため朝早くから動き始めている。国鉄・羽幌線が廃止された年の12月、旧羽幌駅跡に建設された羽幌ターミナルは、手狭な本社ターミナルの混雑を緩和する操車場のような機能を持たされている。

2　暴風雪去る——運転再開へ向けての準備

嵐から一夜明けて

冬将軍の猛威になすすべがなく、冬眠を思わせるほど静かだった前日と打って変わって、16日の羽幌ターミナルは活気に満ちていた。職員が総出で広い構内の除雪を行ない、深い雪に埋もれたバスを掘り出していく。

川村浩一羽幌ターミナル営業所長（写真：丸山裕司）

ドーザーの運転台で巧みな除雪操作を見せるのは営業所長の川村浩一氏。１９８７年、羽幌線廃止の年に沿岸バスに入社した氏の前職は、苫前《とままえ》の砂利運搬業、すなわち砂利トラックの運転手である。

「当時は大型免許取るならついでに二種免許も取ったらと言われたものです。あのころは8万か9万円余計に払えば大型二種が取れましたからね。22歳でした。目指したのはダンプの運ちゃんですが、二種免許は将来もしかして必要になるかなという軽い気持ちでした。二種免許を取っても、大型一種で最低3年くらいの経験がないとバスの運転はできませんけどね。荷物を運ぶトラックに比べると人を乗せるバスは気を使いますよ。ブレーキはゆっくりとかね。最初は留萌から幌延までの路線バスに乗りましたが、羽幌線が廃止された当時はまだかなり人が住んでいて、閉山となった旧・羽幌炭鉱の跡に入る路線もありましたよ。いまは羽幌町から委託されたスクールバスが走っていますが、利用する学生の数もあまり多くないですね」。

桜井豊羽幌ターミナル運輸課長（写真：丸山裕司）

　雪は一向に降りやまず、除雪した跡もすぐに白くなる。雪に埋もれたバスは１ｍ近くの嵩《かさ》の雪を載せていて、それをすべて下ろす必要がある。雪を載せて出庫させれば、走行中に屋根の雪がずり落ち対向車を埋めてしまう危険もあるからだ。乾雪《かんせつ》とはいえここまで積もればずっしりと重い。先端にワイパーのようなゴムを取り付けた長いアルミ製の竿で、積もった雪を大型バスの屋根から下ろす作業は重労働だ。気温は氷点下。1台、また1台。乾雪が舞うなか、車庫前に居並ぶバスの雪下ろしは、いつ終わるとも知れず続けられる。

　この日、羽幌町の最低気温は、夜明けに氷点下８・４℃を記録、最高気温は氷点下３・６℃だった。前日より風が収まったとはいえ、瞬間最大風速は西風10・５ｍに達し、広い構内に降り積もった乾雪を吹き飛ばしては、真っ白い雪煙が視界を奪う。降雪量は大荒れだった前日より多く28㎝を記録、吹き溜まりの最深積雪は１２１㎝と前日より20㎝も多かった。それでも、見上げる

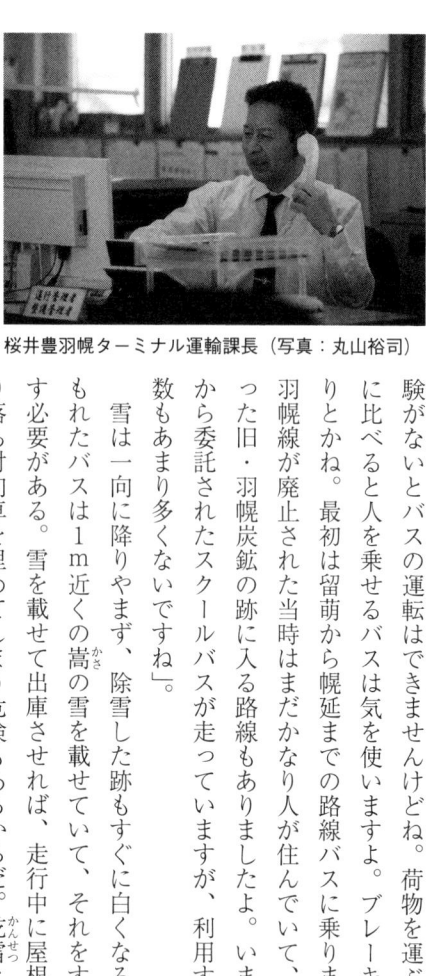

冬空には心持ち明るさが戻り、おもむろに天候の回復を告げている。

羽幌線羽幌駅跡地の沿岸バス羽幌営業所の中では電話が引きも切らず鳴り続け、所員は対応に追われていた。その多くは翌日の札幌行き「はぼろ」号の予約である。それを一手に引き受けているのは櫻井豊氏。希望の乗車時間を聞き、てきぱきと席を割り当てていく。

「はい、17日の7時30分発の札幌行きですね。本社ターミナルの発車ですから間違えないでくださいね。大人1枚、お名前は？　女性の方ですね」。

氏名と一緒に男女別を訊ねるのは、隣に見知らぬ男性客が乗るのを嫌う女性が多いからだ。確保できた座席番号を伝えれば予約は一件落着。2日間の運休の後だけに、17日午前の「はぼろ」号札幌便は満席に近い盛況ぶりである。

路線バスは住民の命をつなぐ最後の綱

櫻井氏が沿岸バスに入社したのは1992年。すでに勤続30年を越すベテランだ。トラック運転手を3年勤めたあとの入社で、羽幌線廃止で激増した客をさばくためバスの運行回数が増加していた時期に当たる。

「その当時、沿線の人口は、多い順に留萌、羽幌、増毛、遠別、天塩、初山別でした。国鉄がなくなった以上、交通機関は沿岸バスしかないわけですからね。羽幌と留萌の間は1時間間隔で走らせていました。朝の通勤、通学時間はとても1台で乗り切れないものだから2台目、3台目を続行運転させていましたよ。あんまりお客さんが多くて4台目のバスを出したこともあったなぁ」。

相次ぐバスの増便に合わせて、トラックドライバーはもちろん、タクシードライバーからもバス運転手に転身する動きが加速したが、そこは路線バスならではの運転のむずかしさがあった。

「最初は箱の中に乗客と一緒にいることに違和感がありました。話し声とか気になるし、何か聞かれるとドキッとしたりしてね。乗客の転倒は車内事故になるので「バスが停まるまで座っていて下さい」と繰り返し放送するのですが、思わず「座ってて！」ときつく言おうものなら「運転手さん、こわい」とクレームの電話が来る。なにしろバスのブレーキは効きますから、クルマが急に進路をふさいだり、何かあってポンと踏んだら急減速でお客さん飛びますからね」。

相変わらず利用者からの電話が鳴り続ける。「はぼろ」号の予約以外に路線バスの運行を確認する電話も入ってくる。折から1月17日は沿線の高校が新学期を迎える始業式を行なうから、運行の再開は生徒の新たなスタートに必須の条件だった。保護者からの念押しの電話に混じって、留萌市立病院への足を心配する人たちからの電話もかかってくる。年末にもらった薬が切れてしまいどうしても病院に行かなければならない人、バスの運休で16日に予定していた人工透析を受けられず、17日はなにがあっても留萌の病院まで行かないと命に関わるという天塩町の高齢者もいる。老廃物や過剰な水分を取り除く人工透析は週に3回、おおむね1日おきが標準の頻度だから、悪天候が原因とはいえ、その間隔が開くことは深刻な事態と言わなければならない。文字通り、路線バスは住民の命をつなぐ最後の綱なのである。

3　運転再開の朝――町の営みが動き出す

入念な寒さ対策

北国の夜明けは遅い。

北緯44度に位置する羽幌町、1月17日の日の出は7時5分である。午前6時、西風に追われて雪雲があわただしく流れ、冷たい黒さを増した夜空の下、沿岸バス・羽幌ターミナルでは始発バスの発車準備が進められている。

エンジンは目覚めても氷点下の一夜で車内は冷えきっている。通常、バスはエンジンで温まった冷却水（クーラント）をブロワに導いて暖房するが、北国のバスは冷却水をバーナーで強制的に加熱するプレヒーター（暖房予熱器）を併用する。プレヒーターは軽油を燃料とした湯沸器のようなもので、冷却水をポンプで循環させながら水温を70℃以上の高温に保つ機能がある。かつてはプレヒーター専用の灯油タンクを積んでいたが、最近の低床バスは灯油タンクを搭載するスペースがないためエンジンの燃料と共用する軽油焚きが主流だ。窓面積が大きく、断熱性に劣るバスには必須の装備で、100リットル近い冷却水を短時間で加熱する能力を有している。しかし、大量の軽油を消費するため冬場の燃費は1リットル当たり2～3㎞に落ちるし、夏場はエア

長距離路線に使われる低床バス（写真：丸山裕司）

コンのコンプレッサー駆動があるから同じくらいの燃費になるという。

「路線バスを北海道外から購入すると車内ヒーターの増設など寒さ対策を施します。暖房方式はプレヒーターで暖めたお湯をヒーターユニットに回す温水式です。また、結露を防ぐためには断熱材として外板と内張りの間にウレタンを入れます。それに加えて、ドアレールにヒーターを入れて凍らないようにしたり、折戸のステップに湯たんぽ（ヒーター）を入れてお客さんの靴底の雪が溶けるようにしています。ドアやサイドのガラス窓が曇ると安全確認に支障が出ますので熱線を入れてありますが、フロントガラスは保安基準で熱線を入れられないのでデフロスターを大カロリータイプに交換してあります。それでもフロントガラスは走行冷却でかなり冷えるので、運転席は寒いですよ。夏は温室みたいに暑いし、運転手は大変なのです」と語るのは、沿岸バス統括整備部長の長谷国安氏である。

かつて国鉄車両には北海道専用仕様があって、窓ガラスを小型にして二重ガラスにしたり、床を木張りにしたりと保温に留意していた。寒気の侵入を防ぐため屋根に設置されているベンチレーターを潰した例もあったほどである。

１９７５年７月に札幌～旭川間で運行を開始した北海道初の電車特急「いしかり」に使用され

た485系1500番台は、本州向けの特急車両にヒーター強化や防雪設備の追加など極寒地用の装備を加えたものだった。しかし、北海道の冬のきびしさは予想をはるかに上回るものだった。営業運転を始めた485系は冬になって電装機器に粉雪を吸い込む絶縁不良や再凍結を起こす故障を頻発し、それに加えて高速走行中に負圧となる出入口付近に粉雪が侵入するなど深刻なトラブルが続いた。事態を重く見た国鉄は、粉雪の侵入を完全に防止し、絶縁装備を強化した北海道専用車両781系を開発、5年後の1980年に全面的に置き換えることになった。

「1965年ごろまではもっと雪が多かったしシバれもきつかった。翌朝の一番列車で折り返しとなる気動車は一晩中エンジンを掛けっぱなしにしていました」と、国鉄・深川機関区で機関車乗務員を務めた古老が語ったように、近年の地球温暖化によって気象に徐々に変化が生じているのだろう。高速連続走行の機会が少ない現代の路線バスは、断熱材の注入やレールヒーター、プレヒーターの設置、車内ヒーターの増設などで武装し、吹雪をついて氷点下を突っ走るのである。

「この辺は下がっても氷点下10℃くらいなので、エンジン始動はそれほどむずかしくはないです。昔は消防車や救急車のようにオイルパンヒーターがあるバスもあったし、バスによってはエア吸入のところに弁当箱みたいな予熱装置が付いていましたが、最近はディーゼルエンジンの燃料噴射の仕組みがよくなっていますから、エンジン始動で苦労することもなくなりましたね。それでも、道北の豊富や幌延は冷えるので夜間駐泊するときはバスを風に当てないよう車庫にしまっています」（長谷氏）。

早朝から始まる雪との闘い

いまどきのバスはエンジン、駆動系が故障することはほとんどないが、代わって排ガス対策のディーゼル微粒子捕集フィルターに起因するトラブルが多いという。三菱ふそうはDPF、日野はDPR、いすゞはDPDと呼び名は異なるが、ディーゼルエンジンの排気ガスに含まれる粒子状物質（煤）を漉すフィルターである。これが目詰まりを起こすとエンジン出力が急激に低下し、放置するとエンジンに深刻なダメージを負うことになる。

「捕集フィルターには煤《すす》を自動的に燃焼させる仕組みが組み込まれていますが、それがうまく働かないと、いくらアクセルを踏んでも20km／hくらいしかスピードが出なくなって、そのまま100kmも走るとエンジンストップです。そうなるとメーカー送りになるから札幌までレッカーで引っ張っていくことになります。エンジンが止まってエアサスの空気が抜けているから、注意しないと、牽引中の振動で後ろの窓ガラスが割れたりしますよ」（長谷氏）。

そして迎えた運行再開の1月17日。沿岸バス本社ターミナルはいつものように動き始めた。午前6時の気温は氷点下8℃。三日間にわたって降り続いた雪はようやくおさまり、凍結した路面が水銀灯を反射して鈍い光を放っている。夜明けまではまだ1時間以上もあって、いまがもっとも冷え込む時間である。

静まり返った本社ターミナルの待合室はまだ人影がない。出札窓口もブラインドが下ろされたままだ。青白い蛍光灯の光に照らし出された20畳ほどの待合室にはプラスチック製の椅子が並んでいる。どの椅子にも青い座布団がきちんと敷かれているが、これは地元の福祉団体から毎年寄贈されているもので、バス利用者への心遣いと同時に、住民からバス会社への感謝が感じられる。

人通りのない凍《い》てついた表通りではドーザーによる除雪作業がさかんに続けられている。しんしんと降り積もり、凍結した乾雪を頑丈なブレードで引き剝がし、踏み固め、余分な雪をかき上げて自動車の通行を確保する。除雪作業は街のあちこちで行なわれているから、除雪車を前後させるエンジンの唸りと路面を叩くブレードの金属音が人けのない通りに響きわたっている。ややあって、ドーザーの1台がバスターミナルの乗降場に入ってきた。大きな金属音を立て、何回も往復しては、バスが据えつけられるプラットホームを丹念に除雪していく。あわただしく進められる作業は、始発バスが入構するまでに終わらせなければならないのである。

沿岸バス本社ターミナルで運行再開一番バスを待つ

思い出したように小雪が舞い始めた。氷点下の寒気を通り抜け、ほとんど水気を含まない乾雪は驚くほど軽く、少しの風にも自在に舞っては、音もなくそこゝに降り積もる。さらさらのアスピリンスノーはスキーヤーには垂涎《すいえん》の冬将軍の贈り物だが、ここで暮らす人たちには風に乗ってどこにでも入り込み、ときに視程を奪うやっかいな存在である。

視界が白一色となるホワイトアウトは、風に乗って浮遊する乾雪が視程《してい》を奪う現象だ。雪の粒子が目の前で激しく舞い乱れ、運転手は80m間隔で頭上に設置されているスノーポールを頼りに手探りで進まなければならない。前のクルマに付いて走ろうにも、前車が巻き上げる雪煙で視界は一層悪くなるから追突事故の危険が増すのである。北海道警察交通部の資料（２０１４年）によれば、吹雪による視界不良時の6割が追突事故で、そのうちの8割は視界を奪われて停止したクルマへの追突だったという。進むも困難、停まるも危険。ホワイトアウトのこわさはそこにある。

午前6時半、運転再開第1便が羽幌を出る

午前6時を15分ほど回り、それまで漆黒に塗り込められていた空に、ほんのわずか青みがかかってきた。

馴れた足どりで雪を踏みしめ、沿岸バス本社ターミナルの待合室に男性の年輩者が入って行った。ぶるっとひと振るいすればアノラックの雪はすぐに落ちる。そのままの格好で汗をかかないほどのほどよく緩い暖房。バスの車内もそうだが、無駄に暑すぎず、乗客が脱ぎ着しないですむほどのぬくもりが心地よい。ややあって、厚いマフラーで首筋を覆った女子高生がターミナルにやって来た。大きなリュックは男女を問わずいまどきの高校生の定番スタイルだ。男性客一人の待合室を避けたのか、本社ビル横のバス乗り場に立って一身にスマホに見入っている。凍り付いた夜明けの暗さに、スマホ画面の液晶パネルがまぶしく女子高生のマスク顔を浮かび上がらせている。

プラットホーム奥の角に光が差し、メリメリと凍結路面を踏みしだいてバスが入ってくる。6

時半に町の南はずれに位置する羽幌ターミナルを発車した路線バスが2台。前を走るのは羽幌から南下する留萌市立病院行き、それに続くのは北上する豊富駅行きだ。本社ターミナルのプラットホームはバス2台が並んで停まれるスペースがあるが、1台ずつ縦列で入構してくるのは、夜明けの薄明かりの中での乗り間違えを防ぐためだろう。

6時35分、定刻から2分遅れて留萌市立病院行き羽幌留萌線が発車する。乗客は市立病院に薬（処方箋）をもらいに行くという男性と、留萌高校・バレー部の朝練に急ぐ女子高生の2人。留萌市内の除雪が間に合わず、バスの通行（特にすれ違い）が困難で、通常の留萌十字街～開運町《かいうんちょう》を回るルートが取れないことから、市街地の外周を経由することになる。それでも、到着予定時刻は高校最寄りの元川町《もとかわちょう》が8時2分、終点の留萌市立病院着は8時10分と、通常ルートとあまり変わりはない。

続いて、北行する豊富駅行きのバスが乗車位置に進んでくる。乗客は仕事で初山別まで行くという老婦人ひとり。土日をはさんで5日ぶりの勤めである。

定刻より5分遅れ、豊富駅行きのバスは6時41分に発車。もっとも暗く、もっとも寒いといわれる夜明け前の30分、バスは忙しく立ち働く除雪作業車と行き交いながら羽幌町の中心街を進む。ヘッドライトに照らし出される道は牙を隠したアイスバーン。スタッドレスタイヤがグリップしている圧雪の底はスケートリンクのような凍結面である。

バスはゆっくりと町内を抜け、右折して国道232号に入る。石狩《いしかり》から幌延まで北上するオロロン街道は道北西海岸の生命線。道は開けた雪原を突っ切り、ゆるくアップダウンを繰り返して

夜明けの羽幌町を豊富駅前に向けて発車（写真：丸山裕司）

北上を続ける。夜明け前の闇のなか、羽幌、留萌方面へ向かうトラック、ライトバン、乗用車のヘッドライトの列が、舫《もや》いから放たれたように対向車線に連なっている。

漆黒の夜空はいつのまにか墨色から濃い藍色に変わり、黒っぽい千切れ雲がおもむろに輪郭を見せてくる。天上に広がる空の藍色は息をのむほど美しい。ようやく分厚い雪雲は去ったが、大陸育ちの寒気はなおも雲を引きずり込んでいて、輝く太陽との再会にはまだ時間がかかりそうだ。

羽幌港から引き込まれる運河を渡り、道の駅・ほっとはぼろの横をかすめると、国道２３２号線は再び市街地に入る。セイコーマートとガソリンスタンドのサインだけが灯をともしているが、すでに人びとの生活は始まっていて留萌方面に向かうクルマの往来は活発だ。

日常を取り戻す人びと、車窓からの風景

天塩山地に源を発する羽幌川にかかる橋を渡ると羽幌町の市街地は終わり、国道２３２号線は茫漠たる雪の原野を突っ切る直線に入る。外気温は氷点下５℃。相変わらず西寄りの冷たい海風が吹き渡っているが、昨日までの荒々しさはすっかり影をひそめている。

信号の多い市街地を抜け、バスは速度を上げる。制限速度一杯、60km／hで凍結路を踏みしだ

き、みるみる明るさを増すオロロン街道を北上していく。乗用車に比べて車重《しゃちょう》が大きいバスは、氷点下でも柔軟さを失わないスタッドレスタイヤの効果もあって、思ったよりずっと安定した走りが印象的だ。ときおり伝わってくる微振動は、バスが凍結した轍《わだち》を踏み越えるときのものだろう。

淡くヘッドライトに照らし出される道の左側には防雪柵が延々と続く。可動式のシャッターは、強い西風で吹き上げられた乾雪が視界を奪うホワイトアウトを防ぐために有効で、強風に見舞われる沿岸や開けた農地を走る国道、道道《どうどう》には必ず設置されている。とはいえ、交差点や横道の分岐点は防雪柵が途切れるから油断は禁物である。その地点で一気に横風が吹き出し、クルマが流されることもあるからだ。

車内の気温はおよそ15℃。増設された断熱材と強力なヒーターの恩恵で、氷点下を疾走するバスの車内は快適な温度に保たれている。それでも窓ガラスは冷えきっているから、窓から少し離れて座るのが北国の知恵だ。札幌、旭川へ直通する都市間バスにはカーテンが用意されているが、路線バスの乗客に窓の冷たさを避ける術はないのである。

炭鉱のあった築別《ちくべつ》を過ぎ、国道はゆるやかなアップダウンを繰り返していく。左手に日本海が見えたかと思うと、道は丘陵地帯に入り、登って下るとまた海が見えてくる。滑りやすい下り坂に差しかかると、運転手は速度を40㎞/hに落とし、慎重にスピードをコントロールする。先を読んで早めにスロットルを閉じるが、ディーゼルエンジンはエンジンブレーキの効きが弱いので、排気ブレーキ、リターダー（補助ブレーキ）で速度を殺すのである。バス停や信号で停車するとき以外、雪道では基本的にフットブレーキは多用しない。

6時52分、有明高台《ありあけたかだい》を通過。遅れは3分まで縮まっている。ここまでバスの前方を走っていた雪まみれのタンクローリーが右折して視界から消え、視界が一気に開ける。相変わらず羽幌方面へ向かう乗用車のヘッドライトが列をなし、それぞれの仕事場を目指して一目散に走り去っていく。暴風雪で家に籠っていた人びとの生活は、まるで正月の休み明けのように日常を取り戻そうとしている。

午前7時、あたりを支配していた薄闇はすっかり明け放たれた。雪に覆われた丘陵を登り、ようやく頂上に達すると、左手に白波が立つ灰色の日本海の眺望が視界に飛び込んでくる。

「6月頃は海は真っ青だし新緑もきらきらして最高の気分です。こういう景色の中を走っていると運転手冥利に尽きると思いますね。でも、秋を過ぎると、またきびしい冬が来るんだと肩に力が入りますよ。冬の景色は夏と全く違う別世界ですからね」（櫻井氏）。

路面凍結と台風顔負けの強風に襲われる1月はもっともきびしい季節だ。それでも、待っている乗客がいる、必要とする人がいる以上、寒風をついてバスは走る。モノクロームの世界にただひとつ色彩を与えるのは、地上5mに設置された路肩を示すスノーポールの赤いLED灯だけだ。

天空にみるみる光が増し、長い坂を下れば初山別《しょさんべつ》は近い。

「初山別郊外の坂道はトレーラーがよくスタックします。一体となった荷台の後輪が駆動するトラックはまだいいのですが、トレーラーはトレーラーを引っ張るヘッドしか駆動輪がないので登り坂でうまく駆動がかからない。運転手も分かっているから凍結路の登り坂では絶対に止まらず、勢いを殺さずに登ろうとするのですが、条件が悪いと滑って登れなくなる。運転手も必死ですよ。なんとか路面の中でグリップするところを探して右へ左へハンドルを切って登ろうとするのですが、ダメだとなったらあきらめてチェーンを巻くわけです」（川村氏）。

「トレーラーの運転手もプロですから何とか登っていくのですが、後ろを付いて走っているときはトレーラーが坂を登り切るまで、手前で停まって待つこともあります。ようやくトレーラーが登り切ったかなというところでスピンして停まることもありますからね。登り口の信号でトレーラーの前のクルマが右折待ちで停まっているときなどは、ゼロ発進になるからもっと条件が悪いですよね。見ていて気の毒になります」（櫻井氏）。

情報交換・連係プレーの重要性

牽引自動車に分類されるトレーラーは、エンジンと駆動輪を備えるトラクターユニットがトレーラー（荷台）を牽《ひ》いている。トラクターユニットは1軸駆動（ワンデフ）と2軸駆動（ツーデフ）があるが、いずれも駆動輪はユニットにあるから、長い車体の後部のタイヤを駆動するトラックの方がトラクション伝達には有利である。その傾向はすべりやすい凍結路でいっそう顕著になる。さらに、轍や除雪のむら、日なたと日陰など、路面摩擦の違いでわずかでも左右方向の入力差があると、トレーラーが横滑りを起こすトレーラー・スウィング現象も起こりうる。トレーラーを牽いて雪道を走るドライバーは、持てる運転技術のすべてを注いで健闘しているのである。

年明け、2024（令和6）年1月23日に初山別村字大沢付近で大型トラックが路外に転落す

荒れる日本海に沿って北上する豊富駅行き路線バス
（写真：丸山裕司）

る事故が起きた。悪天候の中で警察による引き上げ作業が難航し、国道の通行止めが長引いたことで、路線バスが現場付近で立ち往生する事態となった。初山別から羽幌に向かう途中の現場はカーブの後に上り坂が続くためオーバースピードでカーブに進入、コントロールを失ってコースアウトする事故が多いという。

　初山別の集落に入る手前で同僚が運転する初山別北原野《きたげんや》発留萌市立病院行きのバスとすれ違う。銀世界の中で一瞬の邂逅《かいこう》。お互いきびしい路面環境で運転を続けているだけに、さながら戦友のような気持ちで挨拶を交わすのだろう。

　すれ違ってすぐにさきほどのバスから交信が入る。下り、上りの運転手がいままで走ってきた道路の状況、すなわち路面の凍結具合はどうか、立ち往生しているクルマはないか、風はどのくらい吹いているか、鹿の群はいなかったかなどを、リアルタイムで伝え合う貴重な情報交換である。

「遠別までは風も緩いし特に異常ないよ。」

「留萌の近くでなだれ警報が出てるから気をつけて。」

　同僚からもたらされるナマ情報は、開発局や警察が電光掲示板で表示する道路情報より早く、かつ具体的だ。冬の安全運行を支える連係プレーがここにある。

「当社のIP無線は音声がクリアで到達範囲も格段に広く、路線バス、都市間バスを運行している範囲のすべてに届きます。「高速が通行止めになった、暴風雪や津波の警報が出た」などの情報もバス全車が受信できるわけです」（斉藤氏）。

初山別川を渡り、村に入る。左手に初山別村住民の生活を支えるセイコーマート。人口1000人の初山別村で食品を扱う小売店が閉店した2013年、村長自らが誘致に動き、かろうじて買い物難民を救うことになったコンビニである。初山別から商店の並ぶ羽幌町までは20km余。しかし、クルマを持たない住民にとっては決して近い距離ではない。

国土交通省発行の『国土交通白書　令和6年版』は、北海道におけるセコマグループの出店、物流形態に触れている。曰く、「人口規模が小さい低収益の地域でも出店を可能にしている機能の一つが、北海道に特化したサプライチェーン及び内部化された物流機能である。同グループの事業は、コンビニの枠を越え、原料生産・製造、物流や情報システム開発、また小売店の運営に関わる様々な分野に拡大しており、（株）セコマがグループ会社の管理業務を行うことにより、独自のサプライチェーンモデルを構築した。中でも北海道は、町から町への距離が長いことから、物流の効率化が重要であった。そこで、同グループは、物流網の整備に注力し、道内に13か所の物流施設が配置された。加えて、自社工場も多く所有しており、物流センター間の配送後、工場に立ち寄り新たに荷物を積み込む、という工夫も行っている。このような取組みの結果、積載効率は約8割を維持している。（中略）セコマグループ小売店の、北海道内での人口カバー率は99・8％に達した」。

運転手による入念な車両点検

初山別で一人乗車。7時5分発車。依然、遅れは3分のままだ。

曇り空の夜明けはもどかしく、明るさのなかに、いまだ陽が当たりきらない部分を残している。国道は踏み固められた雪と黒い舗装面の縞模様。行く手には濃いグレーの轍が現われている。これからクルマの通行が活発になるにつれ轍の黒さが増してくるはずだ。

村を出たところで、雪煙をたなびかせながら疾駆してくる都市間バス「はぼろ」号の札幌行き第一便と行き合った。豊富駅を夜明け前の午前5時半に発車し、2時間で羽幌、およそ3時間で留萌に到着する。終着の札幌駅前に着くのは10時45分。所要時間5時間余のロングランナーである。この便は天塩や羽幌など留萌海岸沿線の町村から、午前中に札幌に着くことができるただ一本のバスで利用率も比較的高い。かつての国鉄時代、幌延を6時半に出て留萌を経由し、札幌に12時過ぎに着く急行「はぼろ」が運転されていたが、札幌行き「はぼろ」号の第一便バスは、その伝統をいまに引き継いでいる。

バスの運転手同士の無線交信で、羽幌からここまで走ってきた道路の状況を伝え、「はぼろ」号からの返信でここから先、遠別から天塩、幌延方面の国道232号線の状況を把握する。さいわいなことに、今朝は大きな事故や道路支障はないようだ。

札幌〜豊富間、およそ300㎞を5時間10分で走る都市間バス「はぼろ」号は、その経路の大半を留萌本線、羽幌線、宗谷本線の鉄道ルートをトレースしている。利用客は札幌〜留萌、羽幌間が主で、年末年始の繁忙期は多数の臨時便を出すにぎわいをみせる。使用車両は三菱ふそうエアロエース、日野セレガなどのハイデッカー車で、長距離におよぶ高速走行はお手のものだ。

「路線バスは顔見知りのお客さんも多くて、吹雪の日なんかは降りるときに「大変でしたね」とか「ありがとうございました」と声をかけてくれます。都市間バスのお客さんも「おかげさまでぐっすり眠れました」と言ってくれる人もいます。夜は運転台のガラスに車内の様子が映るのですが、安心して寝ているお客さんを見れば、安全に目的地に着かなくちゃという気持ちになりますよ」（櫻井氏）。

冬の長距離運行は運転手にとって大きな負担である。圧雪、凍結、アイスバーン……ひんぱんに変わる路面状況を読み、どれだけタイヤがグリップするかを判断して、高速道路の運転速度を適切にコントロールしなければならない。

長いトンネルの出口で突風を食らうこともあれば、冷えきった橋の通過時、凍結路面に不意に踏み込むこともある。通常の舗装路と違って、地熱の伝わらない凍った橋を渡るときは細心の注意が求められるのである。それに加えて、高速出口が都心部から遠い札幌の市内渋滞に巻き込まれ、到着が大幅に遅れることも一再ではない。あらゆる悪条件を克服して札幌に着くと脱力感に陥るというから、一見華やかな都市間バスの運転も運転手に大きなストレスを与えているのだろう。

「冬は幹線道路に融雪剤（塩化カルシウム）が撒かれるので、都市間バス車両は札幌まで往復してくると窓やボディが真っ白になります。最近のバスは軽くするため薄い鉄板を加工して強度を出していますから、油断すると塩カルがいろいろなところに入り込んで錆を生じさせるのです。また、タイヤの消耗も激しく1シーズンで履き替えです。路線バス車両は2シーズンは持つのですけどね」（長谷氏）。

「都市間バスの車両は豊富で2台が夜間駐泊するのですが、洗車は手洗いだからすごく時間がかかります」（沿岸バス運転手B氏）。

「1991年にスパイクタイヤが禁止されました。アイスバーン路面での制動やグリップはスパイクタイヤの方が断然よかったので不安に思ったものです。当時のスタッドレスタイヤはコンパウンドが硬くて、いまのものに較べて性能が劣っていましたからね。バスは横風で振られるから危険だということで、一時、中型バスはスパイクに戻してよいことになったのですが、それでも横風には効かなかったですよ」（川村氏）。

「運転手は始業点検で、まずタイヤを見ますからね。スタッドレスタイヤは2年目までは銘柄による違いは出ないのですが、3シーズンめになると銘柄によって差が出るという運転手が多いですよ。スタッドレスタイヤの履き替え時期は綿密に計画して交換していきます。札幌～豊富間の「はぼろ号」は往復600km、2日で1200km走りますから早めに交換しないとね。運転手は春になると早めに夏タイヤに換えたがる。スタッドレスタイヤはうるさいからですが、交換してすぐに雪が降ったりしますから5月にならないと油断できません」（櫻井氏）。

4　天塩高校へ通う高校生で満員に

利尻山を愛でながらバスは進む

オープン前の、しょさんべつ温泉バス停を通過し、明里で同級生らしい女子高校生2人が乗ってくる。バス停まで家の人がクルマで送ってくれたのだろうか。札幌周辺や道南の高校生は冬でもコートを着ないでやせ我慢を競うものだと聞いたが、さすが道北ではそうもいかないらしく、天塩へ向かう高校生は分厚いダウンに温かそうなマフラーを巻いていた。「ちいかわ」や「おぱんちゅうさぎ」や「モケケ」やらのマスコットをぶら下げた通学リュックサックを背負っている女子高生の姿は、日本全国、どこも変わりはない。

夏になると海水浴客でにぎわう豊岬《とよさき》を過ぎ、バスは最果ての原野を初山別北原野、大沢と進む。稚内《わっかない》まで104kmの案内標識が頭上を過ぎる。ややあって、ずっと前方に現われたいくつもの黄色い回転灯の列は、除雪車の一群が作業中であることを示している。しばらく徐行して追従したのち、登坂《とうはん》車線で除雪車の列を追い越して、バスは60km／hの速度を維持して北上を続ける。

共成《きょうせい》を過ぎると、バスは日本海に沿って走ってきた国道232号線から右折して内陸に向かう。集落のあるエリアに立ち寄るためだが、雪に覆われた牧草地に人の気配はなく、人影のないバス

除雪車の隊列に遭遇

停を通過、左折して歌越《うたこし》集落への道をたどる。

ややあって、向かい側から見慣れたバスがやって来た。幌延深地層研究センター前を早朝6時に発車した始発バス。留萌市立病院まで3時間48分の長丁場だが車内に乗客の影はちらほら。共成、歌越《うたこし》にはかつて羽幌線の駅があったから、バスのたどる国道から離れたルートは羽幌線廃止代替路線をなぞっていることになる。

歌越集落を過ぎたあたりでバスは再び国道へ戻る。しばらく海岸線を進むうちに水平線に夜明けの赤みがにじみ出て、同時に、遥か海上に見事な円錐形の山が浮かび上がった。利尻山《りしりざん》（利尻富士）、標高1721m。富士山や鳥海山《ちょうかいさん》と同じ成層火山と呼ばれるコニーデ形の火山である。日本海に浮かぶ利尻山を『日本百名山』の著者・深田《ふかだ》久弥《きゅうや》はつぎのように書いている。

「島全体が一つの山を形成し、しかもその高さが千七百米もあるような山は、日本には利尻岳以外にはない。九州の南の海にある屋久島もやはり全島が山で、二千米に近い標高を持っているけれど、それは八《や》重《え》岳《だけ》と呼ばれているように幾つもの峰が群立しているのであって、利尻岳のように島全体が一つの頂点に引きしぼられて天に向ってはいない。こんなみごとな海上の山は利尻岳だけである」。

見え隠れする利尻山を愛でながらバスは北上を続ける。見渡す限りの牧草地は雪に覆われ、防雪柵だけが延々と続く。荒漠たる風景のなかにひっそりと佇む富士見第2停留所で高校生が1人乗ってきた。

人口2300人余の遠別町《えんべつちょう》は日本の稲作北限の地である。沿岸を流れる対馬《つしま》海流の影響で農耕期間の積算気温は2500℃から2900℃に達し、加えて水源となる遠別川は、羽幌町とほぼ同じ緯度に位置するピッシリ山（1032m）付近を源としているため、比較的水温が高いという恩恵もあった。

遠別町の公式サイトには以下のような記述がある。

「遠別町の北部の水田は、大正7年の春、佐藤吉蔵氏により清川311番地付近に造田が始まった。これに倣って小規模の造田が各処に行われたが、種子は村内で譲り受けた在来坊主《ざいらいぼうず》のため反収は三俵内外だったといわれる。大正14年になり八千代橋《やちよばし》以東から東十線の区域三十一町五反、組合員22名で用水組合が結成される。これより北部の丸松《まるまつ》地区においても、大正15年2名の農家がそれぞれ1反の水田を作る、昭和4年から10年くらいまでに10町歩を越えたが、その後凶作に見舞われ酪農に切り替えるなどして荒廃するに至った」。

高校生の賑わいと果てしない風景

遠別市街の入り口には沿岸バスの出張所があり、路線バスを利用する長距離客はトイレを使うことができる。ダイヤでは2分停車。バス停には高校生を中心としたちょっとした行列ができていて、わさわさと10人余が乗り込んできた。そのうち7人は高校生で、天塩高校はバスの運行が

遠別から天塩高校への通学生が列を作ってバスを待っていた（写真：丸山裕司）

再開されたこの日が始業式だという。

夜明けの鰊曇《にしんぐも》りは、一転、開け放たれ、さいはての太陽がまぶしく車内に差し込んでいる。気がつくと雪も風もやんでいる。バスのなかは人いきれで暖かいが、氷点下の市街は、まるで空気が凍っているようにみえた。

車内はにわかに活気づいた。

「保健のセンセー、話題がとぼしくてキマZ（すごくきまずい）なんだよねー」

「わ、それなー」

「でもさー、地理のセンセーは、マジ、やばたにえん（本当にいいおとこ）だわ」

「てか、きゃばいっしょ（けばい）」

「うっせいわ」

「ぴえん～」

今どきの高校生の会話が車内に満ちる。そんな話を耳にしながら、教科書を膝の上に広げている男の子がいるのは試験が近いからだろうか。

そこへ無線が入った。

「家に定期券を忘れた子がいるんだけど、あとで親が営業所に届けると言ってるので乗せてやって下さい」。困ったときはお互いさま。定期を忘れても学校には間に合うのである。

国道232号線は右折し町の中心街へ入っていく。遠別本町2丁目で高校生1人を乗せ、遠別停留所では高校生ばかりの大行列ができていた。口々に「よろしくお願いしま～す」と挨拶して乗り込んできた高校生の数は22人。たちまち車内の座席は埋まり、立ち席が出るほどの混雑だ。遠別から天塩高校前まで、ロングランナー豊富駅行きの路線バスは、一転、スクールバスと化すのである。車内は高校生らしい今風の会話が飛び交い、ゲームの攻略法をネタにじゃれ合う男子高校生を冷めた目で一瞥しては自分たちの世界に戻る女子たち。東京だろうが道北だろうが、こと団体戦となれば男子高校生たちは女子会メンバーの敵ではない。

寒九吹きすさぶ夜明けのバス停で天塩高校に通う2人がバスを待つ

遠別の町を出て、だだっ広い原野の真ん中を、オロロン街道はひたすら北上を続ける。

作家・武田泰淳《たけだたいじゅん》はこのあたりの印象を『天塩の原野に沈む月』（ほるぷ出版）に記している。

「遠別までのバスの疾走する原野の、行けども行けどもはてしない広漠《こうばく》たる風景は、おりから沈まんとする太陽に、天空も笹原も真紅にそまって、開拓のための野焼の煙が薄白くながれ、昼の月の白さも風に吹きさらされた鎌のようで、なんともいえない凄みがあった」。

スピードが乗るにつれ、ガタガタ、ガタガタと細かい振動と大きなうねりが交互に伝わってくる。補修が追いつかない荒れた国道に凍った雪がへばりつき、バスに細かい振動を伝えてくるのである。

「もともと路線バスに使っている低床バスは速度を出すと跳ねるのです。都市間バスに使っているトップドア車は高速で走ることを前提にしていますからサスペンションも違うのですね。遠別から北の泥炭地《でいたんち》は路面もよくないので、路線バスで60km／hも出すと跳ねてガタガタいうわけです」（櫻井氏）。

「遠別から豊富までは道が悪いですよ。泥炭地で地盤がよくないので、きれいに舗装路を作っても段々にうねりが出るようになる。舗装がはがれたところをパッチを貼るように補修するのですが、路面の凹みや段差はなんとも直しようがない。この小さな段差がバスにはこたえるのです。路線バスはシートが固いし、お客さんに「なんとかならない？」と文句を言われますよ」（沿岸バス・重松幹男氏）

「思ったより段差が深かったり、速度が出ていると、段差を乗り越えた衝撃と寒さでフロントの窓ガラスが割れることもありますよ」（長谷氏）。

泥炭地であるがゆえの路面のうねり

天塩地方は広く泥炭地が広がっている。

寒地土木研究所発行の資料（泥炭性軟弱地盤対策マニュアル）によれば、泥炭の定義は「主として湿生植物の遺体が、低温多湿の条件のもとで多年にわたり分解が不充分のまま自然に堆積してできたものを呼ぶ。泥炭地とは「有機物含有量が50％以上で排水後20cm以上の厚さの泥炭で被覆《ひふく》された土地」である」。

道内でもっとも広い泥炭地は札幌から北東に広がる石狩平野だが、天塩、オホーツク、釧路、日高《ひだか》、函館《はこだて》などの沿岸地帯にも泥炭層は多く見られる。

泥炭地は地盤が軟弱なため大きな沈下が長期にわたって起きる。こうした場所を通る道路が地盤沈下を起こすと、橋やボックスカルバート（水路や通路を通すために埋設されるコンクリート製の暗渠）の前後で段差が生じ、通過する車両に衝撃を与えることになる。

天塩のアップダウンの多い国道を走る（写真：丸山裕司）

国道232号線も例外ではない。泥炭地の不規則的な地盤沈下がバスの乗り心地に悪影響を与えているのである。ちなみに、寒地土木研究所による調査では、1998年に共用が始まった留萌西～秩父《ちっぷ》別《べつ》間の高規格道路でさえ開通4年目にして粘土地盤で最大10cm、泥炭地盤で40cm超におよぶ沈下が計測されている。

さらに、春先には路面に穴が開くポットホール現象が起きる。アスファルト舗装はアスファルト混合物（粗骨材《そこつざい》、細骨材《さいこつざい》、フィラー、アスファルト）の表層、基層で構成され、その下に粒状砕石を敷きつめた路盤が設けられている。さらにその下に舗装の強度を保持する路床《ろしよう》がある。重量車の通過で表層、基層にひび割れが生じ、そこから雪解け水が浸入すると水の凍結融解作用で凍上現象が起き、その結果、発生する隆起や沈下によってポットホールと呼ばれる穴が開くのである。この現象は大型車両の通過、道路の排水不良、カーブなどの条件によってさらに悪化するが、道北の泥炭地はもともと地中の水分が多いこともあってポットホールができやすいという悪条件がある。春先に発生が多いのは、日中プラス温度、夜間マイナス温度となる融雪時期の気象条件（ゼロクロッシング）によるものだ。国道２３２号線は道北《どうほく》西海岸地方の重要な交通インフラということもあって、開発局も道路補修に力を入れているが、それでも天塩地方の路面のうねりやポットホールを１００％解消することはできない現状だ。

ときにガタガタ振動し、ときに段差を乗り越え、ときにうねりを越えて、高校生で満員のバスはオロロン街道を北上していく。ふと見ると見通しのいい直線路の前方に黄色い回転灯が光芒を放っている。事故処理である。吹き溜まりに足を取られ、立ち往生した乗用車の横を徐行して通過するとバスは再び加速し、丸松で２人を乗せて北上を続ける。北里《きたさと》第２バス停を過ぎたところで豊富駅発の路線バスとすれ違った。

無線交信がひんぱんに入ってくる。

「留萌の末広町《すえひろちょう》のカーブが雪で狭くなっているので注意して下さい」

「豊岬の先で波が道路までかかっています」

「小平《おびら》の元浜《もとはま》で鹿の群が道路近くまで降りてきています」

バス停の待合小屋と乗車時の配慮

乙和園《おとわえん》の手前で天塩町に入る。

7時55分、南更岸《みなみさらきし》で一人乗車。遅れは1分まで回復している。行く手の正面に真っ白な利尻富士がそびえ、いつの間にか再び風切り音が高くなった。てしお温泉夕映《ゆうばえ》で一人乗り、天塩新栄《しんえい》通《どおり》1丁目で一人降りる。天塩1のりばでも乗車一名、降車一名。この時間のバスが通学生で混んでいることは日常風景である。

天塩役場前では高齢の女性と付き添いと思しき女性が乗ってきた。黒ずくめの服装に身を包んだ高齢女性は足が不自由のようで、バスのステップに両手をつき、半ば四つん這いの格好で乗り込んでいる。かつて走っていたツーステップのバスだと、足の不自由な年配者の乗り降りはかなり不自由だったろう。バリアフリーバスのありがたさである。

沿岸バスのバス停には待合小屋が設置されているところがある。極寒、吹雪、強風などの悪条件でバスを待つ乗客が利用する一種の避難小屋である。吹雪や突風を凌げるし、道路状況によって、冬場のバスは必ずしも定時運行できないこともあるから、2坪ほどの建屋はありがたい存在だ。内部のベンチには毛布が敷いてあったり、除雪用のスコップが用意されているが、小屋の管理は地元の市町村や自治体が行なっている。沿岸バスの待合小屋の大半は、１９８７年の国鉄羽幌線廃止時に沿線市町村が設置し、市町村および自治会（町内会）が除雪、管理しているという。

バスの時間が近づくと乗客は小屋の外に出て待つのが普通だが、猛吹雪の日などはそれもむずかしい。
「路線バスの運転手は毎日乗っているので、どこのバス停で何時ごろに誰が乗ってくるか、だいたい分かっていることが多く、そういうバス停は乗客が外に出ていなくても徐行するものです。お客さんの方も顔をのぞかせたり手を出したりしてバスに合図を送ろうとしますが、猛吹雪で外に出られないこともある。判断に迷うときは小屋の回りが吹き溜まりになったままになっているか、足跡が付いていないかを確認するのです。小屋へ向かっていく足跡があればお客さんが中にいる可能性がありますからね。そういうときはとにかく停まる。寒い中でバスが行ってしまったら命に関わりますから、そこは運転手の責任として確認しないといけないのです」(櫻井氏)。

バス停に停車するときはできるだけフットブレーキを使わない。早めにシフトダウンして速度を殺し、惰性でバス停に入るのが原則だ。バス停付近は停止〜発進が繰り返される関係でタイヤで路面が磨かれてミラーバーンのようになってることが多く、非常に滑りやすい。風が強い日などは停まったと思った次の瞬間、ズルッと滑ることもあり、横にずれれば後ろから来ている乗用車と接触する危険すらあるという。

さらに、運転手はバスに乗り降りする乗客がバス停で足を滑らせないか、転倒しないかを注視しなければならない。車道を除雪するとバス停と車道の間に馬の背のような盛り上がりができることがあり、ここが踏み固められていて滑るのである。バスが停まると乗客は雪の盛り上がりを越えてバスのステップに乗るのだが、このとき滑って転びバスの車体の下に潜り込むこともある。それを防ぐために少し離れた安全な場所に停め、乗客が道を歩いて乗るようにすることもある。

路線バスのセンタードアを締め切り、前の扉から乗降してもらうのは、冬期の積雪で停留所まわりが雪に埋もれるためで、お客さんが効率よく乗降できるようにとの計らいである。

通学の足としての大きな役割

定刻8時10分、バスは天塩高校前に到着。バスの箱をひっくり返したように高校生がぞろぞろと降りていく。運動神経が服を着ているような高校生たちだから、降りた歩道が凍っていようとバランスをとって器用に歩いていく。

「ありがとうございました」

「ありがとうございました」

高校生たちは口々に感謝の言葉を残していく。さっきまでの高校生言葉で会話していた生徒たちとは思えない礼儀正しさ。それは誰に言われるでもなく、自然と口から出るバス運転手に対する感謝のあらわれなのだろう。通学の足を確保する路線バスが動かなければ学校には通えないのである。

「天候が急激に悪化して幹線道路の通行止めが決定したときは、道路管理者から即座に連絡が入ります。これを受けて当社も沿線の各学校に連絡を入れて下校を早めてもらいます。とにかく、バスが動いているうちに高校生を帰宅させる必要がありますからね」（川村氏）。

「沿岸バスの沿線には6つの高校があるので、ダイヤ改正の際はあらかじめすべての高校を訪ねて登下校に差し障りがないかを確認しています」（斉藤氏）。

国鉄・羽幌線の通学ダイヤを炭鉱全盛期の昭和30年代と廃止直前の1985年で比較すると、時間、本数ともにほとんど変化が見られない。沿線の社会的変化や人口減少、鉄道利用者の激減など、この30年間にはさまざまな紆余曲折があったが、国鉄は運転本数を減らそうが編成を短くしようが、朝夕の通学生の足を守る一点にかけては少しの揺らぎもなかった。

国鉄が担っていた生活路線の確保という使命を引き継いだバス会社も、沿線6カ所の高校の始業、終業時間に合わせてダイヤを組んでいる以上、基本的に通学時間にかかる便のダイヤを動かすことはない。バスの利用時間が決まっている朝の登校時はいうまでもなく、クラブ活動のあるなしなどで時間がまちまちの高校生の帰りの足も確保しなければならず、ダイヤ改正は輸送機関の都合で行なうことはできないのである。

結局、バスに残ったのは年輩者6人。車内に落ち着いた空気が戻った。高校生たちを無事に学校へ送り届け、豊富を目指す路線バスは気を取り直したように国道へ戻る。ここから終着・豊富駅まで残すところ32㎞である。

5　冬に豹変する天塩の道

天塩地方を襲った暴風雪

2023（令和5）年の年明け、天塩地方は暴風雪警報が出る大荒れの天気となった。猛吹雪とホワイトアウトに襲われ、豊富行きのバスが天塩町で立ち往生する事態が発生した。

「この吹雪ではもう走れない。にっちもさっちも行かなくなって、バス2台の乗客を天塩町の温泉施設に避難させることになりました。1台目は夕方に着いたのですが、もう1台のバスが施設にたどり着いたのは23時半ごろ。突然のことだから素泊まり扱いで食事はない。お客さんたちは300mほど離れたところにあるセイコーマートに食料を買いに行きたいというのですが、天候はどんどん悪くなって、息もできないほどの猛吹雪です。視界はゼロ。方向感覚を失い、自分がどこにいるのかも分からない。出発点まで戻れないほどで、「天気が回復したら連れて行ってあげますよ」と説得しましたよ。とにかく、お客さんの安全を守るのが私たちの仕事ですから。翌朝も吹雪が収まらなかったから、われわれも含めてみんなひもじい思いをしたことでしょうね」（川村氏）。

視界を失うほどの暴風雪に襲われ、それにともなって交通事故が発生すると、北海道開発局と警察の判断で国道が通行止めになることもある。仮に行路の前後が通行止めになれば、バスはその場に立ち往生してしまうから、運休の判断は早めに下さなければならない。かつて、道北で猛吹雪による多重事故が数カ所で発生し、行き場を失った路線バスが一晩立ち往生したこともあったというから、冬期の運行は慎重にならざるを得ないのである。

「留萌～豊富間のバスは、運転距離が南北に長いので天候の変化が大きいのです。留萌や羽幌で晴れていても遠別、天塩では猛吹雪ということもあるし、豊富を出発するときは晴れていたのに遠別から猛吹雪とかね。だからドライバー同士の情報交換は非常に大切なのです」（重松氏）。

天塩町を出ると、国道は茫漠たる冬景色の真ん中を北へ向かっていく。ときおり行き交う対向車の巻き上げる雪煙が一瞬視界を奪う。どこを見ても人家はない。見渡す限りの牧草地は真っ白な絨毯の下に眠っている。南川口２線、南川口１号、北川口５線、振老西《ふらおいにし》９線といったバス停の名称はこのあたりが開拓地だったことを感じさせる。

「遠別から天塩、幌延までは非常に風が強いのです。荒れた日は突風と吹き溜まりでひどいことになりますよ。バスは横風が一番こわい。それに加えて、バスはリヤエンジンで後ろが重いから横風を喰らうと前が流されるのです。リヤが流されたらカウンターステアで修正できますが、前が横に流されるともうステアリング操作では立て直せない。もちろんブレーキはかけられない」（川村氏）。

「横風10ｍで簡単にフロントが持って行かれます。道の縁石までどーんとね。そのこわさと言ったら血の気が引きますよ。とりあえず、ハンドルを逆に切るのですが、あ、落ちた（道から外れる）と思った瞬間、無駄と分かっていても思わず床を足で思い切り踏みしめています。こわいのは揺り戻しで、風が一瞬やんだときに、今度は反対側に持っていかれるから、あわててハンドルを戻す。そういう時期の運転は緊張しますよ」（櫻井氏）。

「海岸沿いは風が一定に吹くので予知しやすいのですが、低い丘陵を抜けていくアップダウンの道は山の間から突然強い風がドンと吹き込んでくることがあるので要注意です。ハイデッカーの都市間バスは車高があるので横風がボディの下を抜けていきますが、ワンステップの路線バスは風が抜けるところがないのです」（沿岸バス・運転手A氏）。

バス車両におけるRRレイアウト

現在、路線バスの多くは三菱ふそうと日野製のワンステップバスが使われている。たとえば、三菱ふそうバスの場合、モデルによって異なるが、エンジンは直列6気筒24バルブ+インタークーラーターボにより235psを発生する。車両重量1万810kgのうち前輪軸重《じくじゅう》は3230kg、後輪軸重は7580kgの配分で前後軸重の比率は29：71となる。エンジンは車体後部に積まれているからパワートレインレイアウトはRR（リヤエンジン／後輪駆動）である。かつてはエアコンユニットを後部に積んでいたので後輪軸重はもっと重かったが、最近は重量バランスを適正化するため前方に搭載している。

強い横風でバスの前部が流される原因はリヤ荷重《かじゅう》が重い点にあるといっていいのだが、RRレイアウトにはバスならではの事情がある。仮にエンジンをフロントに置けば後輪を駆動するためのプロペラシャフトは長大なものになり、騒音や振動の面で決定的に不利になる。トラックならともかく、人間を乗せるバスでは致命的な問題である。

RRレイアウトの成功例はフェルディナント・ポルシェ博士が設計したフォルクスワーゲン（VW）が有名だ。国民車と呼ばれる安価で高性能なクルマにRRを採用した理由は、小型エンジンを後部に積むことによる広い車内空間の確保とプロペラシャフトの省略による騒音軽減にあった。さらに軸重の大きなリヤを駆動することで発進時にエンジントルクが無駄なく路面に伝わり、ブレーキングしたときのフロントダイブ時には、もともと軽い前輪に無理なく荷重がかかる利点もある。戦後、博士はスポーツカーの開発に取りかかり、ポルシェ356を完成させることになるが、RRレイアウトがそっくり引き継がれた理由は加速時と制動《せいどう》時の安定性にあった。さらに、1960年代半ばには356を発展させた901（プジョー社からのクレームで911に改称）を世に出すことになるが、伝統のRRレイアウトは2018年に発表されたポルシェ911の最新モデル（992）にも引き継がれている。

バスのRRレイアウトは加速時、減速時の理想的な前後軸荷重配分の面で有利である。一方、RR車はコーナリング時にスロットルオンでアンダーステア、ブレーキングでオーバーステアを示すから、ハードなコーナリング中のスロットルオフは立て直し不能なほどのスピンを招く特性がある。

ポルシェ911の生みの親であるヘルムート・ボット博士は、RRレイアウトの弱点を解決したことで知られる。博士の運転する試作911カレラに同乗した自動車評論家の武井道男氏はそのときの状況を記している。

「教授の駆るカレラはアウトバーンに入ると一気に最高速度260km／hに到達した。両手をステアリングから放して964の直進性に就いて語りかける教授は、驚くべきことに、いきなりステアリングの上端を二本指で摘むと、90度回しすぐに戻すテストをやって見せたのだった。駿馬《しゅんめ》964は軽く、極めて短振幅周期《たんしんぷくしゅうき》で2度スイングしただけで同じレーン内で収斂、抜群の直進性を示した。そして、もう一回。速度はあいかわらず260km／h。911の全てを知り尽くした教授でなければ出来ないこととはいえ、その凄さに感服した」。

こうしてポルシェはRRレイアウトのスポーツパフォーマンスを磨いていったが、もともとバスはそのような限界走行はしないから、加速にすぐれ制動時の安定性が大きいリヤエンジン、リヤドライブ・レイアウトの長所を日常的に享受できることになる。

ホワイトアウトの恐怖

「昔のバスは車体が重かったけど長持ちしました。だいたい200万kmから300万kmは走りましたが、最近の都市間用バスは100万kmくらいですね。ボディの構造体が薄くて加工して強度を出していますから、こまめにメンテナンスしないとダメなんです」(長谷氏)。

冬場、バスの安全運行の妨げとなるのは横風ばかりではない。積もった雪が強風で吹き飛ばされ、さながら濃霧のように視界を奪うホワイトアウトの恐怖は筆舌《ひつぜつ》に尽くしがたい。乾燥したアスピリンスノーは小麦粉のように舞い上がり、地上5mに設置されている路肩表示さえ見えなくなるのである。

「ものすごいホワイトアウトは年に2回か3回ありますよ。バスは乗用車に較べてドライバーの目線がやや高いので割と走りやすいのですが、雪の塊が風で巻くと前を走るクルマが見えなくなるので追突がこわい。乗用車は視界がゼロになると停まってしまうことがあって、目の前に突然停まったクルマが現われてぞっとすることがあります。ホワイトアウトのときは走るのもこわいけど停まるのはもっとこわい。乗用車は運転台が高くて視界の利く大型トラックに追突されますからね。路肩の位置を示す矢印標識はチカチカ光るので頼りになります。ひどいホワイトアウトの中では、目で矢印を追って上を見ながら運転するほどです」（櫻井氏）。

「毎日のように同じところを走っているので、いまどこを走っているかは感覚で分かります。運転手それぞれが目印になる場所を覚えていて、ここまで来たから先は右にカーブしているなという感じです。視界がほとんど利かないほどひどいときは、速度を落として広い待機所やチェーン脱着場までがんばるしかないですね」（川村氏）。

雪のない季節、大型バスやトラックは速度の高いクルマにあおられる存在だが、ホワイトアウトがひどくなるとたちまち立場が逆転する。バスが制限速度60km／hの国道を40km／hくらいで走るのに対して、乗用車のドライバーは視界不良や深い吹き溜まりに恐れをなして、半ば停まりそうになって跛行《はこう》している。仕方なく乗用車を追い越すと「バスに抜かれた！」とクレームをつけるドライバーがいるから始末が悪い。ホワイトアウトに襲われたときは頼りになる先行車がいる方が断然安心なのだが。

「ホワイトアウトのときは先行車がいると楽なのですが、先頭に出ると大変です。まったく視界が利かないと、路肩から落ちたくないから本能的にセンターライン寄りにバスを持って行って、いつでも止まれるようゆっくりゆっくり走る。行く手の真っ白い視界の中にボワッとライトが見えたら、対向車を避けるためにお互いにゆっくり左へ寄るのです。まさに手探り運転ですが、掘られた轍を乗り越えて安全に元の車線に戻すのはけっこう大変ですよ」（重松氏）。

「一昔前は地吹雪で視界が利かなくても国道が通行止めになるまで運行したものでした。沿岸バスはめったに止まらないといわれたのも、国鉄から引き継いだという意識が強かったのだと思います。なにしろ、バスしか交通機関がないわけですからね。天候による国道、幹線道路の通行止めの決定は道路管理者が行ない、事故による通行止めは警察の判断になります。大きな事故でクレーン車が入る場合は通行止めも長引きます。停められたら1時間でも2時間でも待つしかありません。Uターンできればトイレ付きの待合所まで引き返すこともありますよ。ここ数年は天候の予報をみて計画運休するようになりましたね」(川村氏)。

「はぼろ」号のかつての活況と今

左手に続く天塩川振老《ふらおい》堤防から旧天塩大橋前バス停を通過し、国道232号線はT字路に突き当たる。旭川からはるばるサロベツ原野を北上してきた国道40号線との交差点を左折、滔々《とうとう》たる北海道第二の大河・天塩川を渡ったところが天塩町と幌延町の境界である。国道232号線はここから終点の稚内市中央3丁目まで40号線との重複区間となる。

かつて幌延は羽幌線の終点で宗谷本線との接続駅であり、札幌と留萌、築別、羽幌、天塩を直通するディーゼル急行「はぼろ」の始発駅でもあった。1962年5月に誕生した急行「はぼろ」は、上りが幌延発6時40分~札幌着12時15分、下りは札幌発17時15分~幌延着22時45分のダイヤだったから、当時、炭鉱が興隆をきわめていた築別、羽幌から札幌への商用客に好評を博した。羽幌炭礦鉄道は札幌大通り近くに本社ビル(大五ビル)を設けるほどの好況を謳歌した時代背景もあった。

サロベツを行く。終着・豊富駅も近い（写真：丸山裕司）

気動車1両でスタートした急行「はぼろ」は翌年には2両編成となり、1966年10月改正では札幌〜留萌間の1両を増結した（1970年10月から増結車を札幌〜築別間に延長）。1969年の年末輸送では、通常時に併結されていた急行「大雪」、「紋別」から分離運転するほどの混雑ぶりだった。

「羽幌から札幌に直通するただ1本の急行列車でしたから指定席を取るのが大変だったようです。しかし、その後の運賃値上げでバスにお客さんが流れることになったのです。バスの方が安いし冷房やトイレがありましたからね。1日3往復の「はぼろ」号は平日でも1台では間に合わず、2号車、3号車と増便を出すほどでした」（斉藤氏）。

8時37分、定刻より少し早く幌延駅に到着。停車時間はおよそ5分。乗客4人が降りる。無人駅には駅待ちのタクシーの姿もなく、バスを下車した人たちは雪映えの道を三々五々歩き去っていく。駅前に2年前にできたばかりの萌えっ子キャラクターの描かれたバス停は深い雪に埋もれ、残念ながら「問寒別《といかんべつ》あおい」との対面は叶わなかった。

幌延駅からJR宗谷線に乗りかえる連絡はよくない。稚内行きは10時56分。名寄《なよろ》行きは11時46分の発車だから、羽幌や天塩から稚内に乗り継ぐなら1本後の便を利用した方がよさそうだ。幌延駅を発着する列車は上下12本、バスは上下16本を数えるが、稚内方面の接続が考慮されていない現状は、幌延～豊富～稚内間の交通需要がほとんどないことを示しているのだろう。

「昔は幌延でＪＲに乗りかえて稚内に行く人もけっこういましたが今はいないですね。いまは稚内のタクシー会社が豊富と稚内市内や稚内空港の間で定額タクシーを運行しています」（川村氏）。

「かつて旭川～豊富線の1往復を稚内まで延長したことがありました。高速道路のなかった時代に13市町村をまたいで5時間で走りました。乗換なしで沿線から旭川まで行けると好評でしたよ。１９８４年に札幌～豊富間に「はぼろ」号を開設しましたが、客室乗務員が乗り込んで新聞や雑誌、ドリンクを提供した記録があります。いまから考えればすごい時代でしたよね」（斉藤氏）。

野生動物の出没による影響

小雪舞う幌延駅前を発車した路線バスは、幌延で乗り込んできた若い女性客を加え、３人の乗客を乗せていよいよ最終コースに足を踏み出す。幌延～豊富～豊富北間は高規格道路・豊富バイパスが開通しているが超低床バスは通行できないことから、路線バスは幌延深地層研究センターや豊富温泉郷を経由し、道道１２１号線～84号線ルートを走行する。ちなみに国道２３２号線や１２１号線を含む広域路線は「萌える天北《てんぽく》オロロンルート」と名づけられている。

吸い込まれそうな深い青空に北国の太陽がまぶしく輝いている。その光を受けてどこまでも続く白樺の並木はまばゆいほどだ。サロベツ原野の中心に入って透明度の高い冷気があたりに満ち、バスはそのなかを快調に飛ばしていく。幌延を過ぎて交通量は目立って少なくなった。真っ白い圧雪《あっせつ》の道はスタッドレスタイヤを十分にグリップさせるのだろう。終着が近づいたこともあって車内はゆったりした空気に包まれている。

　冬場でも営業しているトナカイ観光牧場を通過する。連日のように「トナカイそり」が運行されていて、クリスマスは大賑わいをみせるという。トナカイ観光牧場の先には大きな灯台のような建物が目立つ幌延深地層研究センターがあって、ここのバス停で幌延駅から乗った関係者らしい女性が降りていった。この施設は高レベル放射性廃棄物を地層内に処分する研究を行なっていて、地上からの調査（第一段階）、坑道掘削時の調査（第二段階）をへて、現在、坑道内の調査が行なわれている。現在、路線バスのほか、「はぼろ」号もセンター前を通っている。

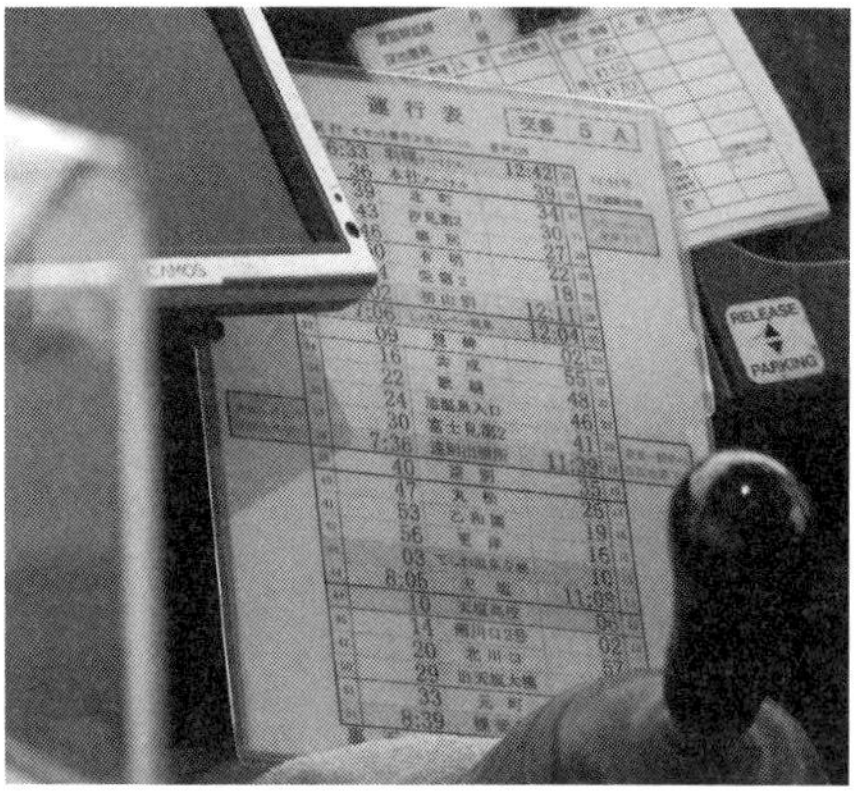
運転台の運行表

　豊富温泉郷に入る手前で路上にたむろしている数頭の鹿を発見する。鹿は冬眠しないので年間を通じて道や鉄道線路に出てくるやっかい者だ。車両の接近やクラクションにも動じないから、いつでも停まれるほどに徐行するしか手はない。衝突すれば乗用車はもちろん、バスも無事では済まないのである。
「このあたりの道はヒグマ、エゾシカ、タヌキ、キツネ、イタチ、ウサギ、蛇などの野生動物がたくさん出ます。なかでも図体の大きいシカが一番危ない。いきなり道路を横断してきて警笛くらいじゃ逃げません。一頭出てくると後を追って群が次々と出てきますから一頭を避けたからと安心してはダメです。エゾシカは夕方から夜にかけて活発に動き出すようです。いずれにしても、シカにまともにぶつかるとバスは壊れるし、小型の乗用車は廃車になることもあるほどです」（櫻井氏）。

「エゾシカと衝突しても路上にほったらかしにはできません。修理のための事故証明が必要ですし、警察の現場検証が済むまでは動けないのです。道路管理者がシカを引き取ってくれますが、交通事故に遭ったシカは体中に血が充満しているので食べられないと言っていました」（川村氏）。

「シカをボディの下に巻き込んで引っ張りだすのが大変なこともありますし、フロントが損傷したりライトが割れたりといった大きな被害が出ます」（長谷氏）。

炭鉱の町の寂たる静けさ

バスは道道を右折し、旅館やホテルが軒を連ねる豊富温泉郷に入っていく。町営の日帰り入浴施設「ふれあいセンター」から青空に湯煙が上がっていて、日本最北の温泉郷に活気を与えている（稚内には小規模な温泉施設がある）。豊富温泉は植物由来の有機物を多く含むモール泉で、ほんのわずか黄色い濁りがあり石油の臭いがする。

かつて、豊富温泉には鉄道の駅があった。国鉄・豊富駅から日曹《にっそう》炭鉱天塩鉱業所まで延びていた専用鉄道の温泉駅である。

日曹炭鉱天塩鉱業所専用鉄道は１９４１年に開業し、天北炭田最大の炭鉱から石炭を運び出していた。

ようやくバスは豊富の市街地に入り、駅前に通じる広い道に入る。北国のまぶしい朝日が凍結した路面に反射して、バスは花道のような駅前通りを進んでいく。しかし、寂《じゃく》として人けはない。

豊富は日曹炭鉱天塩鉱業所まで延びていた日曹炭鉱天塩鉱業所専用鉄道の始発駅としてにぎわっていた。総延長18・1km、軌間は国鉄と同じ1067mmである。発足当時の車両は国鉄から払い下げられたボールドウィン製ICテンダ8100形とIDテンダ9600形で、石炭車を連ねた重量列車の牽引はもっぱら9600の仕事だった。石炭を積む無蓋車は17両、そのほかに除雪車が1両配置されていた。炭鉱からの専用線は豊富駅の構内で宗谷本線に通じていて、石炭を積んだ貨車の受け渡しができるようになっていた。

炭鉱から石炭を満載した貨車が豊富駅に着くと、石炭列車を牽いてきた9600が忙しく入換えを行ない、宗谷本線の貨物列車に連結して積出し港の小樽《おたる》や室蘭《むろらん》へ向かう。太平洋戦争が勃発した年に開業した専用鉄道は、戦後も「石炭こそ産業の米」だった時代を走り抜けたが、1972年7月29日、炭鉱閉鎖とともに廃線となった。豊富町自然公園には49678が保存されたが、現在は解体され動輪とナンバープレートが展示されている。

道北には天北、中川、苫前、北雨竜《きたうりゅう》、留萌の各炭田が存在し、天北炭田は日本最北の石炭産地として知られる。道北の炭田の中で高カロリーの石炭を産出していたのは苫前と留萌炭田。日曹炭鉱天塩鉱業所から掘り出される石炭は、JIS-M-1002区分Fの非粘結性褐炭で水分や不純物の多い低品位炭だったから、主として火力発電所で消費されていた。天北炭田の産出炭は低カロリーながら、埋蔵量がけた外れに多かったこともあり、戦前から盛んに採掘が続けられていた。そのなかで、石炭増産の国策に沿って日曹鉱業はフル操業を続けたのである。

豊富を起点とする日曹炭鉱天塩鉱業所専用鉄道は、道内時刻表にも運行時間が載っていなかった。その理由はストーブの付いた客車には許可を受けた便乗者しか乗せなかったためだ。

現在、豊富町の基幹産業は酪農である。広大なサロベツ原野に放牧型酪農を展開し、見渡す限り、1万3000ヘクタールの牧草地が広がっている。乳牛頭数1万6000頭、年間出荷乳量は7万2000tに上り、人口は2020（令和2）年現在で4000人弱を数える。酪農家は広大な原野に点在しているうえ、学校の登校時はどの家も搾乳作業で多忙をきわめることからスクールバスが原野を走り回っている。町域が広いので毎朝5台から6台のバスが四方に散って生徒たちを迎えに行くという。

9時8分、定時に豊富駅へ到着。ただ一人、バスから降り立った男性客は駅舎には目もくれず、静かな通りを歩いて行く。迷いのない足取りは旅行者とは思えない。風がやんで北国の町の一日が始まろうとしている。

沿岸バス、真冬のさいはて旅は、まばゆい朝日の中でようやく終わりを告げた。

第二章
自然とのきびしい闘い——今日も走る国鉄代替バス

日本海、留萌海岸沿いを走る路線バスの運行に立ちはだかるのは猛吹雪や強風だけではない。道北の海岸線沿いに走る国道は、切り立った崖と海の狭間を走る区間が多く、いったん地震が起きれば路線バスは津波も警戒しなければならない。

きびしい自然条件のなかを走る沿岸バスは、石炭輸送で興隆をきわめた国鉄・羽幌線の代替路線の役割を果たしている。羽幌線の歩みと、それを引き継いだ路線バスの今を追う。

1 国道に立つ「海抜4m」標識

通学の足を確保するための沿岸バスの配慮

豊富駅発留萌市立病院行きの路線バスが羽幌ターミナルに到着するのは14時22分。

昼前にJR豊富駅を発車し、幌延駅、天塩町をへて、冬景色のサロベツ原野を走ってきた運転手はここで交代し休息を取る。今日の乗客は5人。通学や病院に通う乗客は午前中に集中するので、午後の便は比較的空いている。この便は留萌市立病院に15時58分に到着し、1時間後に折り返してくるダイヤだから、下りの豊富駅行きの便は病院から苫前《とままえ》、羽幌方面へ帰る乗客が利用するに違いない。

14時24分に羽幌ターミナルを発車した留萌市立病院行きのバスは、除雪が進む羽幌の市街地を抜け、羽幌高校前を通って国道232号線に出る。暴風雪に閉じ込められた2日間が明け、下り上りとも交通量は多い。市内の除雪作業は精力的に続けられていて、雪を積み込んで捨て場に向かうダンプカーが列を作って順番を待っている。

国道の流れに乗ってバスは快調に進んでいく。道はゆるやかなアップダウンを繰り返し、前方に夕陽に映える海が見えてくると、バスはエンジンブレーキを利かせて、長くゆるい坂を下っていった。路肩に海抜4mの標識が現われる。羽幌ターミナルの標高は約10mだからそれほどきつい下りではないが、国道は波しぶきのかかりそうな海辺を走り、やがて切り立った崖が迫ると、それを避けるように坂を登り、丘陵のなかに分け入っていく。

羽幌から8km弱。苫前町は道内屈指の強風地帯として知られていて、町はそれを利用して風力発電に力を入れている。苫前町には苫前夕陽ヶ丘《ゆうひがおか》風力発電所、ユーラス苫前ウィンドファーム、苫前ウィンビラ発電所が設置され、あえてきびしい自然を観光資源に活用している。

バスは苫前上町《とままえうえまち》から国道を走り三豊《みとよ》、北香川《きたかがわ》を通過して上平《うえひら》1のりばバス停に入る。羽幌ターミナルから30分足らずだが、上平はトイレの完備したバス待合施設で乗客の乗り降りもある。さきほど通過した苫前上町からは海岸に沿った旧道に入り、古丹別《こたんべつ》まで通じる便があるが、途中、海沿いの苫前下町、南浜《みなみはま》、幌内《ほろない》を通る細道は高台を走る国道と違ってほとんど人けがない。

「苫前集落は海沿いにあってこの道がメインルートだったのですが、大火事のときに焼け出された住民が丘の上に移り住み、幹線道路もそれに沿って走るようになったので、現在、古くからの海岸沿いエリアにはごく少数の民家が立ち並んでいます」（斉藤氏）。

　１９２４（大正13）年10月に発生した火災は、もともと風の強い地域ということもあって町を焼き尽くす大惨事となった。苫前市街の海岸通りの一角から出火し、焼失家屋はおよそ２００戸にのぼった。それを機に住民の多くが高台に移住し、町の中心が移ったのである。

　２０２４（令和６）年３月31日を最終運行日として、沿岸バスは羽幌～苫前下町～上平～古丹別間を廃止した。著しい利用客の減少によるもので旧道沿いの苫前下町、南浜、幌内のバス停が廃止される。とはいえ、上平～古丹別間は維持されるので、古丹別から羽幌方面、留萌方面へ向かう足は従来通り確保されることになった。

「羽幌から古丹別にある苫前商業高校へ通う学生と、古丹別から羽幌高校へ通う子の両方を小型バスで運んでいるのですが、今回は苫前下町経由のルートを廃止するだけですから、通学の足は確保されます。苫前より古丹別の方が人口が多く、昔の羽幌線は上平から山に入って古丹別を通っていましたが、国道は古丹別を通らないため、どうしても上平と古丹別を結ぶバスルートが必要なのです」（斉藤氏）。

　ここにも通学の足を確保するための沿岸バスの工夫と配慮がある。さらに、上平で乗りかえれば古丹別から留萌市立病院に通うことも可能である。

海抜6mの国道232号線

真冬の弱い日差しに小雪が舞っている。午後になって再び雪雲が近づいているのだろうか。日没まで1時間以上あるのに、上平バス停の周囲を暮れどきの暗さが取り巻こうとしている。

14時50分、留萌市立病院行きの路線バスが上平を発車する。しばらく走ると道は海沿いに出る。波頭をみせる荒れた日本海が行く手の右に続き、海岸に沿って国道はゆったりとカーブしていく。季節がよければ心躍る佳景に違いない。太陽を背にして見る海の深い青さは、太平洋では見られない日本海の特徴である。

ここから30km以上にわたって国道２３２号線は、それまでのように丘陵に分け入ることなくひたすら海沿いを走る。

「この先風強い　路面変化あり」。

「ここの地盤は海抜６ｍ」。

「道路緊急ダイヤル＃９９１０」。

「次のエネオスＳＳまで５km」。

注意を喚起するさまざまな標識やサインが視界の外へ飛び去っては現われる。バスの進行右手は広漠たる日本海、左手に切り立った山が続き、ときに丘陵が現われる。そのなかに混じる廃屋は強烈な潮風に吹きつけられて崩壊寸前だ。

国道から見上げる斜面では多数の鹿が乏しい草を食んでいる。日本海に落ち込む斜面のきつさを見ると鹿が国道に転げ落ちてこないかひやひやする眺めだ。

山の斜面にところどころ鉄の柵のようなものが頂上に向かって打ちこんである。斜面の地形に合わせて階段状になっているところもあれば、単に山肌に手すりが打ち込んであるところもある。国道は海抜4～6m前後のところを走っているので、万一、津波が来たときにはこの柵をよじ登って避難するためだが、こうした設備があることが日常生活にある種の緊張感を与えていると感じる。

羽幌から留萌へ向かう。日本海沿いに走る国道232号線

「万一、津波が来たときこのあたりの国道232号線は逃げ場がありません。苫前から古丹別へ向かう国道239号線を除けば、脇に入る道は狭いのでバスが通れるかどうか。私たちにとっては通い慣れた路線ですから、津波警報が出たらどこにバスを停め、お客さんを誘導してどの斜面を登ったらいいかはだいたい把握しています。歩くのが不自由なお年寄りもいますからね」（沿岸バス運転手A氏）。

日本海に存在する多数の海底津波断層

バス運転手の多くは、津波が来ると判れば階段のあるところにバスを停めて乗客を避難させる心づもりがある。海岸線を走る国道232号線は意外と脇へ入る道がなく、苫前から霧立峠《きりたち》を越えて小平に出る経路もあるが、土砂崩れの危険もあって必ずしも安全な避難道路とは言い切れない。

これまで日本海ではしばしば大地震が起きている。

1940（昭和15）年8月に起きた積丹《しやこたん》半島沖地震は、羽幌町の西60㎞の海底を震源として、規模はマグニチュード7・5。羽幌町、留萌市、幌延町で震度4。津波は利尻島で3m、羽幌、天塩で2mを記録した。

1947（昭和22）年11月の北海道西方沖地震はマグニチュード6・7、羽幌町、留萌市で震度4、羽幌町で70㎝の津波が観測された。1959（昭和34）年11月の北海道西方沖地震はマグニチュード6・2、小樽、石狩地方で震度4を記録している。

秋田県沖を震源とする日本海中部地震（1983年5月）の規模はマグニチュード7・7に達し、秋田、青森、山形県の日本海側は10mの津波に襲われた。

甚大な津波被害が出た北海道南西沖地震が起きたのは、日本海中部地震の10年後、1993（平成5）年7月のことだった。奥尻島《おくしりとう》の北方を震源とするマグニチュード7・8の大地震により、奥尻島は発生後わずか数分で、最大波高16・8m（初松前《はつまつまえ》地区）、遡上高《そじようこう》（這い上がった津波の最高点）31・7m（藻内《もない》地区）の津波に襲われた。震源域が奥尻島近くの海底であったことから、地震発生から津波到達までの時間がきわめて短く、見通しの利かない夜間だったこともあって被害が大きくなった。北海道南西岸地方も津波の被害を受け、寿都《すっつ》から平浜《ひらはま》（せたな町大成区平浜）へは地震発生から約5分で5〜10mの津波が押し寄せた。この地震による奥尻島の死者は202

人に達している。

２０１１（平成23）年３月11日に起きた東日本大震災の津波被害を受け、国土交通省、文部科学省、内閣府は「日本海における大規模地震に関する調査検討会報告」を作成した。

この報告によって、北海道から福岡県におよぶ日本海には60カ所にのぼる海底津波断層が存在することが明らかにされた。

津波断層は特定の断層の活動によって地震が発生した場合、どの程度の津波や地震動が生じるかを数値で求めるために設定されたもので、断層の位置、断層面の形状、断層面上のすべり方向などのパラメーターを計算して決定される。

宗谷海峡から松前半島までの北海道西海岸には、北から順にＦ01〜Ｆ18の18カ所の津波断層が確認された。

稚内から留萌に至る日本海地方には、稚内〜天塩間のＦ01（モーメントマグニチュード７・９）、利尻島西方のＦ02（Ｍｖ７・７）、その南方のＦ03（Ｍｖ.７・２）、留萌〜雄冬沖《おふゆおき》のＦ06（Ｍｖ.７・６）などに海底断層が点在し、留萌海岸〜天塩地方が地震、津波の警戒地帯であることを示している。なかでもＦ01断層はサロベツ断層と呼ばれ、宗谷丘陵西側から豊富町、幌延町を通り天塩町に至る断層帯である。国道40号線〜２３２号線の地下深く眠るこの断層が陸域で活動すると、最大で震度７の揺れが発生する可能性が指摘されている。

２０１８（平成30）年３月に留萌郡小平町《おびらちょう》がまとめた「小平町津波避難計画」には、町から近い日本海沖のＦ06断層で地震が起きたときの津波被害想定が記してある。

それによれば、豊浜の津波影響開始（20cmの変化）は地震後33分後、津波第一波の到達時間は40分後、最大遡上高は6mに達する見込みとある。小平町中心街の北側に位置する小平薬川《おびらしべがわ》河口の場合は、津波第一波の到達時間が39分後、津波が這い上がる最大遡上高が10・63mにもおよび、大きな被害が予想される。

日本海で発生する津波は地震の規模に比較して波高が高く、かつ津波到達までの時間が短い特徴がある。平地における30cmの津波到達時間をみると、留萌、小平、苫前、羽幌、初山別で最短20分、遠別、天塩では数分と予想されている。

国道沿いの斜面に設置された非常用手すり

小平町における実際の避難は高台の小平中学校、小平高等養護学校、望洋台キャンプ場、神社、個人宅の裏山などを目標に行なわれる。これらは指定緊急避難所あるいは緊急一時避難所であり、とりあえず津波の危険から逃れる場所である。地震発生から避難開始までの時間は2〜5分とされている。浸水開始までに避難可能な距離は２０４０ｍと計算されているが、降雪時における年輩者、病人などの要配慮者の移動を考慮して１０２０ｍを目安に設定することになった。山の斜面に設けられている手すりは、少しでも避難を円滑化する目的で設置されたものである。

地震そのものの被害がなくても公共インフラが影響を受ける場合もある。

2018（平成30）年9月6日に起きた北海道胆振《いぶり》東部地震は、厚真町《あつまちょう》、安平町《あびらちょう》で最大震度7の烈震を記録、死者43人、住宅全壊469棟の被害を出した。この地震で北海道電力苫東厚真火力発電所で火災が発生し、道内で大規模、広範囲にわたる停電が発生した。苫東《とまとう》厚真発電所は道内で使用される電力の半分以上を供給していた関係で、道内全域で停電が起きるブラックアウト状態に陥ることになった。

道路交通への影響は信号灯、給油ポンプの機能停止などがあり、北海道中央バスやJR北海道バスなど高速バス関連の20事業者、路線バスの25事業者も全線で運行を休止した。

JR北海道は、北海道新幹線を含む全線で始発からの全列車の運転を見合わせ、東北新幹線が北海道新幹線への直通運転を停止したことから、本州から北海道への陸路連絡は断たれることになった。長期の停電が公共交通のマヒにつながったのである。北海道のブラックアウトは1週間続き、道内各地の人流、経済に多大の影響を与える結果となった。

2　大雪で市内道路がマヒした留萌

豪雪による二日連続の運休

進行右手に日本海を望み、留萌市立病院行きの路線バスは小平町大椴《おおとど》を過ぎる。

市街地の入り口に差しかかるあたりは、日本海からの越波《えっぱ》や長雨どきの法面《のりめん》崩落に見舞われる難所で、国道232号線の隘路《あいろ》のひとつになっている。小平防災と呼ばれる対策工事は3・7kmにわたって実施されていて、急な法面に打ちこまれたパイルが堤防のように立ち並んでいる。北海道開発庁留萌開発建設部は一般国道232号線を重要な生活道路と定義し、大規模な防災工事を進めている。

停留所には乗客が待っている。留萌に近づくにつれ、三々五々、乗ってくる客も増え、目に見えて人家が建て込んできて、バスは市内へ入っていく。風で雪が吹き飛ばされる沿岸の道と違って、市街地へ入るに連れて周囲の積雪が深くなっていき、多くの通行車に踏み固められた道路は滑りやすくなっている。それに加えて、取り除かれた雪が道の端に積み上がり、クルマが通る道幅を狭めているのもやっかいだ。

留萌市街をバイパスし、そのまま深川・留萌自動車道へ入るなら、留萌川の北岸を走る国道232号線を直進すればよい。しかし、留萌市立病院行きの路線バスは留萌川を渡って、いったん市街地の西側をバイパスする国道231号線に入る。留萌十字街、錦町《にしきまち》、開運町《かいうんちょう》などの市街地中心部を経由して留萌駅前に出るが、鉄道を失った駅跡は、やはりさみしい。バスはそのまま末広《すえひろ》町《ちょう》、高砂町《たかさごちょう》、元川町《もとかわちょう》を通って、東雲町《しののめちょう》の市立病院まで走るルートを取る。

しかし、この日、バスは留萌十字街や錦町を通らず、直接、留萌駅前から病院に向かうルートを通った。大雪による道路狭隘のため、安全通行が困難な市中心部を通らない変則経路である。

2024（令和6）年1月17日、沿岸バスは通常運行を始めたが、いまだ留萌市内は除雪、排雪体制が十分でなく、道路幅が狭まって市内の随所で渋滞が起きていることから、留萌市内を細かくネットし高台の住宅地を結ぶ市内近郊線、日東《につとう》団地線を運休した。これらのバス系統は生活路線として重要なものだったが、道路の除雪が行き届いていない以上、安全運行は不可能と判断したのだった。

札幌～豊富間の「はぼろ」号、羽幌～旭川間の「あさひかわ」号、増毛《ましけ》経由の札幌～留萌間「ましけ」号などは平常運行されていたが、留萌十字街や錦町などの市中心部をバイパスする外縁ルートで運転されている。前述したように、この日も留萌発着の路線バスは中心街には乗り入れていない。

港町・留萌はこの年の1月15日に北海道日本海沿いを襲った低気圧の影響をまともに受けた。この日の午前10時に累積積雪量は道内でもっとも多い２２３㎝におよび、市民は石油ファンヒーターの排気口をふさぐ雪を取り除ける作業に追われている。市内の道路は除雪車による雪の壁に覆われ、そこへ警報が出されるほどの暴風雪に襲われたのだから、市内の道路はマヒ、沿岸バスは1月15～16日の運行を全面的に取りやめることになった。

札幌、旭川への都市間バスや幌延留萌線などの路線バスなどは1月17日から平常運行に戻ったが、留萌市内の除雪、排雪が不十分でバスの市街地乗り入れが不可能だったことから市内線は運休せざるを得なかった。都市間バス、路線バスは市内を通らないルートに変更されている。

「ここ数年、留萌は豪雪に見舞われて市内の交通がマヒする事態が起きていました。市の回りを走る国道は往復4車線で道幅が広いのですが、市内の道の大部分は2車線なので除雪された雪が道の両側に積み上げられて壁になってしまう。そうなるとクルマが走れるところが狭くなって、大型車がすれ違えなくなるのです。雪捨て場が不足すると道がますます狭くなって、市内の通行は完全にマヒするありさまでした」（斉藤氏）。

2013年1月の豪雪時の記録

２０１３（平成25）年1月の豪雪時、留萌市内の積雪は２ｍを越え、道路状況は壊滅的な状況に陥った。完全に雪の壁を削ってバスが歩道に横付けできるようにならなければ運行は不可能である。当然、路線バスは市内への運行を取りやめ、市民生活は大きな障害が生じることになった。

1月8日付の『読売新聞』朝刊の記事「記録的大雪・留萌・交通マヒ深刻」を引く。

「年明けから記録的な大雪に見舞われている留萌市では、7日になっても除排雪が追いつかず、交通マヒによる市民生活への影響が深刻化している。ＪＲ留萌線（深川―増毛）は5日連続で終日運休となり、市内のバス路線は7日朝にいったん運行を再開したが、午前中で再び運休状態に陥った。留萌市では3日に暴風雪があり、旭川地方気象台によると、今冬の累積降雪量は6日までで３２１㎝、積雪は83㎝（7日午後8時現在）と、平年の２・２倍となっている。市街地に入ると、高いところで路肩に大人の肩より高い雪山ができていた。排雪用のダンプカーは頻繁に行き違っているものの、ダンプよりも高くそびえたままの雪山もある。（中略）市中心部の除雪は業者8社に委託して3日から始まっているが、排雪が追いついていない。（中略）苦情はすでに３００件を超えた。（中略）担当職員は「過去10年で最も多い雪だ。来週からは小中学校も始まるので、それまでに学校周辺は正常化させたい」とした」。

1月9日付の『北海道新聞』は豪雪にあえぐ留萌市民の模様を伝えている。

「片側1車線の道路では車1台が通行するのがやっとで、車同士がすれ違えない場所も。沿岸バス（留萌管内羽幌町）の市内路線は「安全運行が確保できない」として、3日から運休。7日には一部路線を除き、運行再開に踏み切ったものの、20㎝の雪が降り、すぐに断念した。（中略）高齢者にとって、バスは欠かせない。脳梗塞を患い、自宅近くの停留所からバスで市立病院に通う市内の無職男性（78）は8日、足を引きずりながら、約20分歩いて別の停留所に向かった。市内と同管内増毛町や羽幌町を結ぶバス路線は道幅が広い国道を主に通るため、市立病院まで乗って行ける。（中略）同病院には4日以降、定期的に受診している患者から「行けない」との連絡が相次ぎ、外来患者数は1日440人程度と、前年より3割近く減少。病院側は電話で症状を聞いた上で、処方箋をファクスなどで患者の最寄りの薬局に送り、薬を受け取ってもらう措置も取り始めた」。

留萌市立病院は留萌市東部、東雲町に位置している。ロケーションは留萌市と旭川市を結ぶ国道233号線から留萌川を渡った丘の上で、市街地の中心からは2㎞ほど離れている。雪害による留萌市内の交通渋滞に直接巻き込まれることはないものの、市内中心部から病院への道路はなんとしても確保しなければならない。

3月12日の平成25年第一回留萌市議会定例会で高橋定敏《たかはしさだとし》市長は次のように答弁している。

「今回の大雪の対応につきまして、バスの幹線道路を除雪するというのが第一番の目的で進めておりました。早朝1時、2時から受託業者はバスの幹線道路等についての排雪を行いましたが、降り続く大雪への対応や猛吹雪による時間帯等を考えると、なかなかスムーズに排雪ができない点もありました。もう一つは、市全体に降り積もる雪はどうしても幹線道路、バス路線に雪を押し出してしまうと、その雪を出さなければまたスムーズな除雪ができないという部分もあって、バス路線については私も歩いて確認したんですけれども、実際にバスが早朝走る時間帯においては運転手さんが安全を確保できないぐらい道路に雪が出されていたという部分がございました。しかし、今回の場合はその雪出しについても市民の皆さん方が大変お困りの中で、どうしてもそうせざるを得ない状況にあるということも判断いたしましたので、私としてはバスで病院に通っている方のことについては一番気にはかけてもおりました」。

これらの記事を読むと、自然の猛威に立ち向かう人びとが、それぞれの立場で最善を尽くした姿勢が見てとれる。雪が小康状態となった1月10日ごろから除雪作業が本格化し、生活道路は次々と走行可能な状態を取り戻していった。

1月11日付の『日刊留萌新聞』がその模様を伝えている。

「市の排雪作業は7日から本格化しており、連日直営1班、委託業者3班の4班体制のフル稼働で行っている。所管の都市整備課では「土・日・祝日返上で作業に当たり、14日までにバス路線で2車線を確保する見込みだ」としている」。

さらに、同紙は「緊急措置の災害対策便沖見・市立病院間を運行」と題して沿岸バスの対応を報じている。

（第3種郵便物認可）

暴風雪　交通網寸断
留萌と増毛で停電も

留萌地方は3日、発達した低気圧の影響で、大雪や暴風雪に見舞われるなど大荒れの天気となった。記録的なドカ雪や吹きだまりでバス、列車が運休し、高規格幹線道路がストップ、国道や道道、市道で立ち往生する車が目立つなど交通機関が大きく乱れた。地域住民は終日除排雪作業に追われたほか、留萌市と増毛町で停電が相次ぎ、増毛町では自主避難する住民もいた。

旭川地方気象台によると、3日の管内観測地の降雪量は留萌市街地の59センチが最多で、同市幌糠45センチ、羽幌町24センチ、初山別村22センチ、天塩町21センチ、苫前町古丹別20センチ。留萌市街地は、昭和31年の62センチに次ぐ過去2番目の日降雪量で、1月としては過去最多。幌糠町は観測機器の故障で、45センチにとどまった。4日は正午現在、天塩の4センチが最多で、残る5地点は0〜1センチ。

留萌市開運町の駐車場で除雪作業を行う市民（3日午前9時45分ごろ）

暴風雪は2日夜から強まり、3日午前2時に留萌市街地で最大瞬間風速36メートル、増毛町で同1時過ぎに32・8メートルを観測。2日午後6時14分、留萌全域に発表された暴風雪警報は3日午前11時52分、3日午前6時39分に留萌南部に出された大雪警報は3日午後10時14分それぞれ解除された。

留萌市都市整備課によると、3日は午前4時から午後6時まで委託業者の除雪車20台が出動して除雪を行ったが、雪の量が多く視界が悪化したため、作業はなかなか進まなかった。また、同課には午前7時半から10人の職員が市役所に出勤。午後6時までに市民から「除雪に来てほしい」という苦情の電話が合わせて280件寄せられ、対応に追われた。

市内開運町の80歳代の男性は「市が排雪してくれないので車が交差できない」、市内宮園町の60歳代の男性はなかなか進まない除排雪作業に「もう笑うしかない」と話していた。

路線バス、列車は運休続く

留萌市内のタクシーは3日、小鳩交通、明日萌観光ハイヤーとも吹雪のため全日運休。4日は小鳩交通が午前4時から、明日萌観光ハイヤーが午前7時から運行を再開。

都市間バスは3日、沿岸バス、中央バスとも全便運休。4日は沿岸バスの路線バスは運休だが、高速バス「特急はぼろ号」、留萌—旭川間、留萌—別苅間、豊富—留萌間は始発から運行を再開。中央バスは4日も始発から全便運休。

高規格線道路深川留萌自動車道は、深川西IC—留萌幌糠IC間が3日午前0時から全面通行止め、4日正午現在解除されていない。

国道233号は、留萌市幌糠町から潮静までの約11・8キロ区間が3日午前7時から吹雪のため上下線とも通行止めになっていたが、同日午前11時30分に解除された。

道道増毛稲田線は、3日午後4時に増毛町信砂395番1から北竜町竜西54番1までの17・5キロを通行止めにしたが、4日午前7時に解除。

JR留萌本線（深川—増毛間）は3日始発から運休し、4日も全面運休した。

北海道電力留萌営業所によると、停電したのは増毛町と留萌市。増毛町は3日午前1時から同9時にかけて3カ所で停電。市街地の一部と別苅、雄冬の停電は午前1時33分に約690戸が発生し、復旧するまで9時間近くかかる地域もあった。留萌市は、3日午前2時42分から同4時23分にかけて、沖見町の一部と礼受町で約220戸が約5〜6時間にわたって停電した。停電の原因は暴風に伴う配電線の損傷など。

増毛町は停電に伴い、3日午前7時半過ぎから町内の別苅〜雄冬地区の6カ所と市街地の町文化センター、町保健センターの2カ所の計8カ所を避難所として開設。大別苅、津田屋、谷地町、岩尾各地区の自治会館などに計13人の住民が一時避難。住民は同

留萌地方を襲った豪雪を伝える『日刊留萌新聞』（2013年1月5日付）

「沿岸バスでは、道路運送法17条に基づく緊急措置として9日午後、沖見団地停留所（沖見町5丁目）～留萌市立病院間で災害対策便の運行を開始した。災害対策便は、沖見市立病院線復路（留萌市立病院―留萌駅前―留萌十字街―沖見町3丁目―沖見団地停留所）が9日午後2時56分から、同往路（沖見団地停留所―港南中学校前―留萌十字街―留萌駅前―留萌市立病院）が同3時8分からそれぞれ運行を開始。留萌市立病院行きの往路は7便、沖見団地停留所行きの復路は6便が運行している」。

「普通、バスのルート変更は煩雑な手続きが必要なのですが、走れるところを繋いで最低限のライフラインを確保しようというこちらの意図を運輸局も理解してくれました。タクシーも全然ダメでしたから、とにかくお年寄りや人工透析を受けている患者さんを病院に運ぶ必要があったのです。団地に登って行ってお客さんを拾って、病院へ届けるルートを作ったわけです。道路の状況からみて大型バスは危険なので中型を使い、なんとか6便を運行することができました。それでも道はガタガタで、氷が飛んできてバスの窓が割れたこともありました。お年寄りにはしっかり握り棒に摑まっていてと声を嗄らして注意してました」（斉藤氏）。

2023年12月、再び豪雪が留萌を襲う

日本海に面する留萌は、以後、毎年のように雪害に見舞われたが、2023（令和5）年の年末から翌年1月にかけての豪雪は再び市内の交通をマヒさせた。

12月16日8時半、低気圧の接近により沿岸バスは翌17日の全便運休を発表。17日も暴風警報は

続き、やむなく12月18日は9割以上の便を運休することになった。市内の除排雪が間に合わず、沿岸バス留萌営業所からバスが出庫できないため市内、郊外線の運行を取りやめとした。旭川、増毛、羽幌、幌延方面の路線バスも運休に追い込まれ、再開時期は見通し立たずと発表せざるを得ない状況だった。

12月18日、午後4時までの24時間に降った雪の量は74cmに達し（平年の3倍）観測史上最多となった。のちに留萌市が集計した積雪量は2023年11月1日から2024年2月7日までの約1カ月で4m80cmを記録した。その対策として、留萌市は除排雪を行なう事業者8社を組合化し、地区ごとの積雪状況や作業の進捗情報を共有することで、作業の遅れている地区への応援体制を確保することにした。さらに、留萌市は国、道の協力を得て、設置している2カ所の雪捨場へのアクセス道路を最優先で除雪し、排雪トラックの通行をスムーズにする体制を構築した。留萌市は除雪対策事業費として6億1500万円を計上していたが、かつてない雪害への対策費3億3000万円を追加、2023年度の除雪対策費は総額9億4500万円に達した（北海道NEWS WEBより）。

12月19日、除雪の進行によって、都市間バス、路線バスは留萌市内線を除いて運行を再開した。しかし、留萌市立病院へ通じる道路の除雪が終わっていないため、市立病院発豊富駅を結ぶ長距離路線バスは区間を短縮し、鬼鹿《おにしか》、上平始発となった。国、道、留萌市による集中除雪作業により、留萌市立病院への道路が開通したのは1月21日のことだった。

「こんな猛吹雪の中で普通に走って大丈夫？　とお客さんに聞かれるのですが、人の命を乗せて

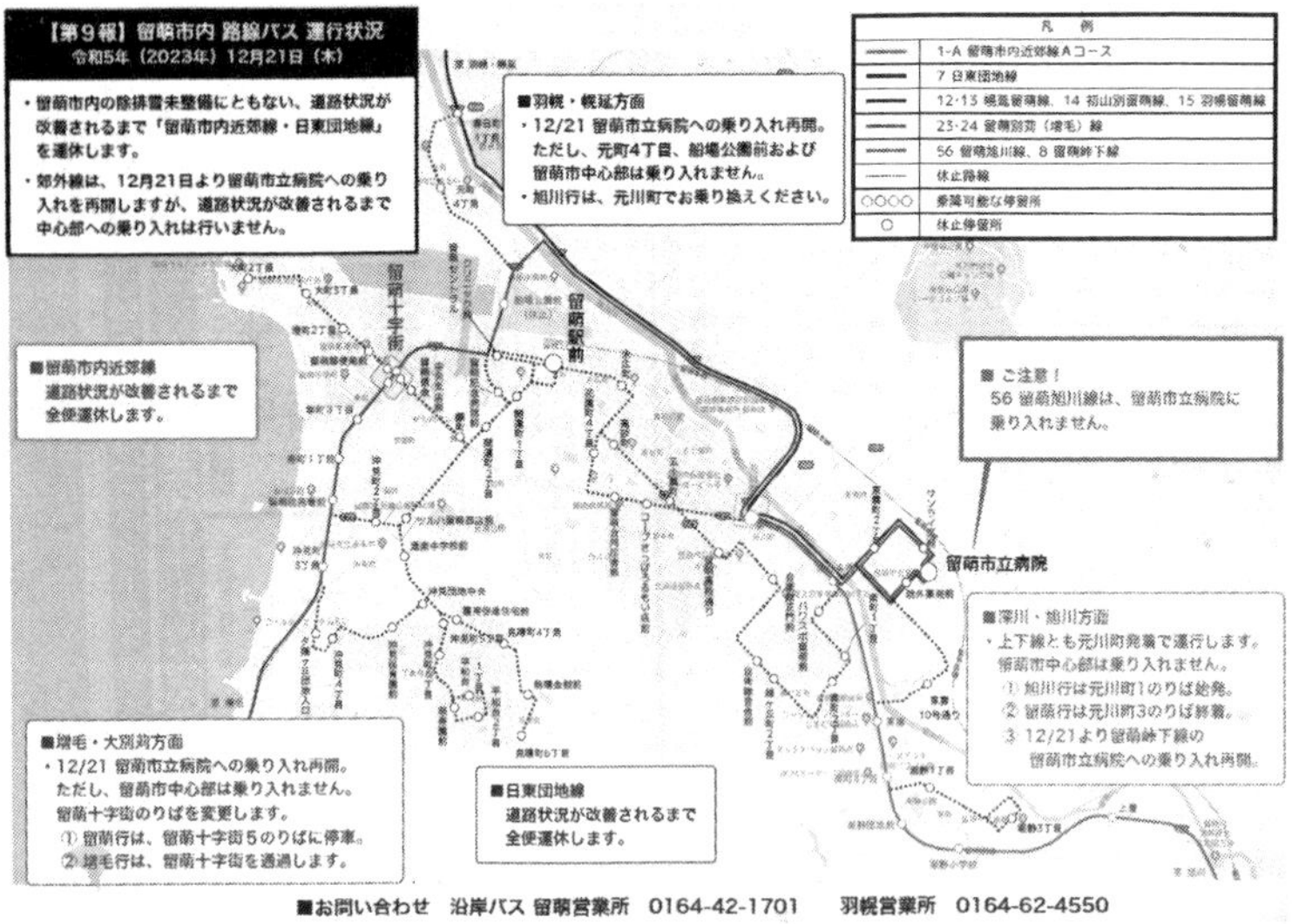

大雪で通行が困難になった留萌市内の迂回案内（沿岸バスホームページより）

いるんだから決して無茶しているわけではありません。ただ、客席と運転席では視線の高さが違うし、運転手には行く手が見えるものなのです。毎日通っている道だから、あの看板の奥は右へ曲がっているとか分かりますしね」（沿岸バス運転手A氏）。

道内各地の気象台で勤務した永澤《ながさわ》義嗣《よしつぐ》氏はリスク対策.comに次のように記している（「人命を奪う暴風雪―3月の気象災害―」2022年3月1日）。

「気象情報では、吹雪が特に強い場合に「猛吹雪」という表現が使われる。気象庁の定義は、風速15メートル／秒以上の吹雪である。しかし、吹雪の強さは、空中を移動する雪粒子の量によっても大きく異なると筆者は考えている。空中を移動する雪粒子の増加は、視程の低下に直結する。視程とは、見通せる水平距離のことである。風が強くても、ある程度見通しがきくならば、人々は猛吹雪とは感じないはずだ。最近、猛吹雪の様子を表すのに「ホワイトアウト」という言葉が使われるが、それは上空が明るい時の話である。厚い雲に覆われ、降雪を伴う背の高い濃密な地吹雪に襲われると、何も見えなくなる。夜間はなおさらである」。

都市間バス、路線バスが交通ネットワークの一部を形成し、かつ国道や道道を走る以上、悪天候や事故などによって予測しがたい通行止めが発生するリスクは排除できない。それに加えて、気候変動による激甚《げきじん》気象災害が増加している背景もある。さればこそ、運行休止の判断は早くなければならず、社会もそれを受け入れる方向に変化してきているといえるだろう。たしかに、時代は変わったのである。

3　乗合自動車から羽幌線へ

1922(大正11)年に始まった羽幌の乗合自動車

沿岸バスが本社を置く羽幌町が歴史に名を現わすのは、元禄時代、松前藩による砂金《さきん》取りである。明治に入って本格的な入植が始まり、1894(明治27)年には羽幌村が設置されている。羽幌は海洋資源に恵まれていたことから漁業が盛んで、当時、留萌村を中心に全盛を迎えていたニシン漁の恩恵を受け、隣接する苫前村、初山別村とともに大いなるにぎわいを見せた。留萌郡水産物収穫統計（1872～1917年）によれば、1897年当時、留萌郡のニシン漁獲高は7万石（約1万t）に上り、そのうち88％がニシン搾粕《しぼりかす》であった。食用に供される胴ニシン、外《ほか》割《わり》ニシン、身欠《みがき》ニシンは1割にも満たず、漁獲の大半を占める大量の搾粕が全国各地の肥料として出荷された。同じ頃、専業農家の入植も始まり、天塩山地に源を発する羽幌川の恩恵もあって、羽幌村は留萌管内でも有数の米産地となった。

羽幌の市街地に羽幌橋が架設されたのは1895年のことである。港へ注ぐ羽幌川は渡し船で交通していたが、南2条通り沿いにトラス付きの木造橋が架けられ、192（昭和元）年には鉄筋コンクリート製の新橋にかけ替えられた。長さは100mに満たなかったが、居並ぶコンクリート製の支柱と鉄製の欄干を渡した欧風様式の橋は、当時の羽幌町の勢いを現わしていた。

羽幌町は1912（大正元）年に人口1万人を越え、1916年に澱粉《でんぷん》工場、1918年に電気会社が完成。1919（大正8）年には旭川に本店を構える糸屋銀行が支店を開設し、翌年には帝国製麻《ていこくせいま》工場が操業を始めた。町勢ますます盛ん。1925（大正14）年にはニシンの豊漁、米の豊作を祝う海陸2万石祝賀会が盛大に行なわれている。

当時、留萌～羽幌間の道はほとんど整備されていない状況で、運搬機関といえば馬車と馬橇に頼るほかなかった。1914年の統計によれば、馬車77台、馬橇324台が保有されているが、馬車は1923年に185台、1933年には307台と普及していった。しかし、積雪時の峠越えには馬橇が威力を発揮し、1933年には保有台数515台に増加している。

一方、自動車は1923（大正12）年に106台の保有が記録にあるが、1934（昭和9）年には1718台と一気に増加している。ニシンをはじめとする漁業の好調、商業の興隆など、この時期の羽幌の発展ぶりを裏付ける数字である。

羽幌地方の乗合自動車は1922（大正11）年に始まった。当時は会社組織ではなく個人営業の形態を取っていて、羽幌の藤井と留萌の馬場の2個人がフォード17型（モデルT）をもって羽幌～留萌間の運送を始めたのである。4シーターの箱型乗用車を改造して客室を設え、ドライバー以外に3～5人の乗客を運べた。富裕層を中心にタクシーは人気を博し、1925年に3人、翌年に2人の個人営業者が加わった。同じ年に個人営業を始めた初山別の芳野によって羽幌～初山別間に乗合自動車が走り始め、1926（昭和元）年には瀧川五郎吉《たきかわごろきち》によって沿岸バスのルーツたる瀧川自動車部が設立され、フォード幌型《ほろがた》5人乗り自動車によって羽幌～遠別、天塩間で乗合自動車の運行を始めた。

昭和に入っても沿岸地方の道路は砂利も十分に敷かれていない悪路のままで、1935（昭和10）年ごろに導入された小型バスが気息奄々の状態で走っていた。当時、留萌～羽幌間の乗降者数は2万402人、貨物の取扱量は33tと記録されている。1日あたりの運行回数は羽幌～留萌間、羽幌～天塩間ともに3往復。運賃は羽幌～苫前間が20銭、羽幌～留萌間が90銭。当時の物価は大卒初任給が90円、ソバ、カレーライスが10銭だったから決して安い運賃ではなかった。

1937（昭和12）年、羽幌の瀧川信明《たきかわのぶあき》、天塩自動車合資会社、留萌の武内伊作、羽幌の中井喜一郎が共同出資して羽幌自動車合資会社を設立した。本社は羽幌町南3条に置かれ、資本金は

昭和34年4月新車3台　沿岸バス本社前にて

1959年の沿岸バス（沿岸バス羽幌ターミナルに飾られている写真）

1万5000円であった。1941年に太平洋戦争が始まるとガソリンの配給が途絶え、木炭車に切り替えられたが、バスの出力不足、運転手の人手不足などが重なり、羽幌〜遠別間に1日2往復のバスを運転するのが精一杯だったという。

戦局が悪化の度を深めていった1944（昭和19）年、改正陸運統制令によって旭川地方（上川、留萌、宗谷支庁）のバス事業者64社が統合され、道北乗合自動車株式会社（のちの道北バス）が設立された。このときの北海道バス業者はは支庁別に中央乗合、函館乗合、北見乗合、東邦交通などに8分割されている。

サンフランシスコ平和条約（日米講和条約）が発効した1952（昭和27）年、道北乗合自動車株式会社の運行地域を4分割することになった。旭川市から士別、名寄を結ぶ路線と旭川市郊外の路線は道北乗合自動車株式会社に残し（535・2km／30台）、旭川市から美瑛《びえい》、富良野を結ぶ路線は旭川電気軌道株式会社に（223・8km／13台）、日本海沿岸の路線は沿岸バス株式会社に（307・0km／20台）、またオホーツク海沿岸の路線は宗谷バス株式会社（237・0km／14台）に分割譲渡が決まり、1952年6月に認可、同7月発効となった。沿岸バスの代表者は瀧川信明、資本金は7000万円だった。なお、1955（昭和30）年1月、道北乗合株式会社は名寄、士別《しべつ》地区を名士《めいし》バスとして再分割している。

独立～設立時、沿岸バスは営業所4カ所（羽幌、留萌、中川、豊富）、従業員40人の体制だった。沿線人口が年々増え、羽幌地区が活況を呈していた1960（昭和35）年当時、羽幌～留萌間の路線バスは7往復、留萌～旭川線は10往復、羽幌～遠別線は5往復が設定されていた。1964（昭和39）年6月には北海道中央バスと相互乗り入れする形で留萌～札幌間の特急バスを新設した。沿岸バスは特急バス4往復中2往復を受持ち、高速道路が開通していなかったこともあって札幌までの所要時間は4時間。沿岸バス便が幌糠、秩父別を経由したのに対して、中央バス便は滝川、岩見沢《いわみざわ》を経由するルートを採り、所要時間は沿岸バス便に較べて15分余計にかかっている。札幌の出発場所は中央バス便は札幌バスターミナル、沿岸バス便は五番館横だった。

黒いダイヤを運んだ国鉄・羽幌線

一方、北海道北部の日本海沿いに走る羽幌線は、無尽蔵といわれたニシンと森林資源を輸送する目的で建設された。時に1927（昭和2）年。海の向こうではチャールズ・リンドバーグが大西洋の単独無着陸飛行に成功し、女優・岡田嘉子《おかだよしこ》が樺太の国境を越え竹内良一《たけうちりょういち》と駆け落ちし失踪した年に当たる。

留萌～大椴《おおとど》間の開通に続き、翌1928年に鬼鹿《おにしか》まで延長され、さらに3年後には古丹別まで開通するなど工事は急ピッチで進められた。建設工事が羽幌まで到達したのは1932（昭和7）年である。一方、幌延方面からは天塩線が1933年に着工され、道内第3位の大河にかかる天塩川橋梁は当時日本一のワーレントラス橋桁（93ｍ）を誇った。天塩線・幌延〜遠別間は1936（昭和11）年10月に開通している。

羽幌までの開通に合わせて、1935年、苫前炭田の羽幌、築別炭鉱が本格操業を開始した。羽幌炭鉱はすでに1907（明治40）年ごろから操業していて1921年までの14年間におよそ2000ｔの石炭を掘り出していたが、道路の未整備によって石炭輸送ができなかったから、地元で消費されるにとどまっていた。したがって、鉄道の開通は苫前炭田の開発を大いに促進することになった。

留萌地域沿岸地域には、留萌、苫前、天塩の三カ所に有力な炭田があったが、もっとも炭質が良好なのは苫前炭田だった。その広さは南北25㎞、東西20㎞におよび、白亜系を基盤としてそれを覆う新第三系で構成される。羽幌と築別の鉱区は石炭20、石油4、天然ガス1、砂金23が設定されているが、炭質は不粘結性の亜瀝青炭《あれきせいたん》で、発熱量は5500〜6500㎉／kgと大きく、しかも灰分が少ない。羽幌炭は煙突掃除要らずといわれ、発電、製鉄、暖房用としてきわめて高品質な石炭と評価が高かった。

部分開通した羽幌線、待望の開通式は1935（昭和10）年9月に行なわれたが、翌年の2月から3月にかけて羽幌地方は積雪5ｍに達する豪雪に見舞われ、開通したばかりの鉄道は長期間にわたって不通となった。羽幌〜留萌間の旅客運賃が96銭だった当時、除雪費用に1万円を要したというから前途の多難を思わせたことだろう。

とはいえ、開通当時の鉄道利用状況は好調だった。1933（昭和8）年の乗降人員は7万7

６２９人で１日平均１０６人、貨物の取扱量は発送１万４４１ｔ、到着は６９３１ｔに達し、発送品目は米、木材、鮮魚、昆布、魚肥《ぎょひ》などだった。苫前炭田の操業が活発となった１９３７年の貨物発送量は１万９０００ｔを越え、１９３９年には３万１０００ｔにまで増加している。

残された築別〜遠別間は１９５８（昭和33）年10月に開通し、羽幌線１４１・１㎞が全線開業した。羽幌町は地場産業の農業、漁業、林業に加え、炭鉱が活況を呈し、１９６５年には人口３万２６６人に達している。当時、留萌〜築別間には上下10本の列車が設定され、数本の石炭専用列車を除いて客車を連結した混合列車だった。羽幌線のローカル列車の運転速度を35㎞／ｈから50㎞／ｈへ上げる目的で客貨分離が行なわれたのは、札幌〜幌延間に直通急行「はぼろ」が設定された１９６２（昭和37）年のことである。

羽幌線・鬼鹿付近を行く羽幌炭鉱からの石炭列車

当時、夏になると留萌駅には沿線から海水浴客が押し寄せ、通常の１日平均乗降客６０００人に対して、倍の１万２０００人が乗降したというから、その賑わいがうかがえる。

石炭輸送が活況を呈していた昭和30年代、深川機関区留萌支区で機関士を務めていた田中晃氏の回想を紹介しよう。

「築別を発車して羽幌へ向かうとすぐに上り勾配があるんです。９３０ｔの石炭列車は重く、加速がつけられないから登り切るのがむずかしかった。空転して登り損なうと築別駅へ戻って石炭車を2両か3両切り離すこともありました。機関助士は空転に備えて焚口《たきぐち》の前で待っています。石炭列車は留萌まで無停車で突っ走ることが多く、途中で火床《かしょう》を作り直せないので発車のときは火床を薄くしています。だから空転すると火床が一気に舞い上がって火力が落ちてしまうのです。力昼のあたりは風が強くて海から泡が飛んでくる。波の花というのですが、これが線路に付くとすごく滑る。羽幌線の石炭列車を運転する機関士は、勾配を登りながら常に空転に神経を尖らせていました」。

羽幌線の重要な役目のひとつが羽幌炭鉱から留萌港への石炭輸送にあった。留萌港へは芦別《あしべつ》、赤平《あかびら》などの空知《そらち》炭田からの石炭も集まっていたから、港における石炭積み込み作業は夜を徹して行なわれる活況ぶりだった。一方、留萌港に陸揚げされるガソリン、灯油類は旭川方面に輸送された。構内を埋めつくす石炭車、タンク車の入換えは深川機関区留萌支区の仕事である。

「留萌駅に着いた石炭専用列車はそのまま留萌港に持っていきます。深川から来る石炭列車は編成が長いので分割することもありました。留萌港は規模が大きく南岸、北岸があるのでそれぞれ入換え機関車を配置していました」。

冬になると濡れた石炭が凍りついてホッパーに落ちない。石炭車の車体下部の扉も凍結して開かなくなるので長柄ハンマーで叩く金属音が留萌港に響いた。いわゆるガンガン叩きである。

昭和40年代半ば、エネルギー革命が起き、炭鉱は次々と閉山していった。築別、羽幌、苫前から人びとが去り、運ぶものが激減した羽幌線はみるみる勢いを失っていく。

4　羽幌線廃止から代替バスへ

国鉄最後の廃止線区として

1970（昭和45）年、羽幌炭鉱は35年の歴史にピリオドを打った。多くの炭鉱町がそうであるように、閉山とともに人口が急激に減少し、羽幌町の人口は1965年の3万2266人をピークに1972年は半数の1万5000人、1975年は1万3624人となった。

羽幌線は苫前炭田の石炭を留萌港に輸送する重責を担ってきたが、炭鉱閉山とともに営業収益のおよそ半分を失うことになり、1982（昭和57）年にいたって国鉄再建法による第2次特定地方交通線となった。全線開通わずか24年目にして、羽幌線は廃止対象線区となったのである。

1983（昭和58）年、留萌支庁管内の全市町村によって「羽幌線存続連合期成会」が発足した。沿線自治体には鉄道がなくなると過疎化が進むとの思いがあり、廃止反対の気運は徐々に高まりを見せたが、鉄道存続に対する熱意は関係市町村によって濃淡があった。

羽幌線の場合、留萌は留萌本線、幌延は宗谷本線との接続があるため鉄道存続にはそれほど熱意はなかった半面、苫前町、羽幌町、遠別町、天塩町など中間の町村ほど廃止反対の声が大きかったという。

折から北海道の廃止予定路線の中で、延長100kmを超える積雪地帯のローカル線を除外する考えが生まれ、天北線、名寄本線、池北《ちほく》線、標津線が廃止承認から一時保留されることになった。いわゆる「長大4線」存置構想である。

羽幌線は延長141km。積雪地帯を走るという条件にも適合する。果然、羽幌線存続連合期成会は国に対して長大4線と同じ廃止保留扱いを求めたが、国道232号線の除雪体制が整備されていること、羽幌線に沿ったバス路線があることなどを理由に、1984（昭和59）年6月に運輸省は羽幌線を廃止保留から廃止承認の大枠に組み込む結論に達した。1986年2月には期成会が比較的利用客の多い留萌〜羽幌間の部分存続を北海道議会に訴えたが、受け入れられることはなかった。同年7月の衆参同日選挙における自民党圧勝も赤字線区廃止の動きを加速させるものだった。

羽幌線はドル箱だった貨物輸送が廃止され（1984年）、都市間バスの運行で札幌へ直通していた急行「はぼろ」が廃止されるなど（1986年）、外堀を埋められる格好で廃止へむけて環境が整えられていった。沿岸バスが札幌〜豊富間に特急「はぼろ号」（2系統3往復、国道275号線経由）を新設したのは1984年12月のことである。

羽幌線の代替交通は沿岸バスが受ける前提で話が進められていた。羽幌線より8年後の1995年に廃止された深名《しんめい》線のケースでは、JR北海道が代替バスを運行するスキームを提案、実施されたが、羽幌線の廃止は1987（昭和62）年3月30日、すなわち国鉄民営化の2日前だったから廃止に向けての動きはバタバタだったという。

ポスト国鉄

新交通体系の幕開け

鉄道から自動車へ

沿岸バスに内定

国の交付金は42億円余り

三市町に営業所新設

便利なバスダイヤ

快速便の運行も

羽幌線バス転換を伝える『日刊留萌新聞』（1987年1月1日付）

羽幌タイムス紙に「羽幌線存続を断念」の見出しで記事が載ったのは1987年7月20日のことだった。

「国鉄羽幌線存続連合期成会（会長・藤沢一雄羽幌町長）の役員会が十九日、町役場で開かれた。五十八年以来、鉄路の存続に向かい運動を展開してきた同期成会だが、存続は事実上不可能との判断に立ち、運動終結の方針を確認した。このあと、各市町村期成会を開き、意見を集約、来月四日に開催が予定されている同連合期成会総会で、最終決定が下されるが、存続運動は実質的にピリオドが打たれ、今後は、新組織を結成、全線バス転換による代替輸送体系の確立にむけ、具体的な協議に入る」。

　国鉄第二次廃止対象路線のうち北

海道内は14路線。結局、長大４線として一時保留されていた名寄本線なども含まれることになったが、１９８６年８月中旬の段階でバス転換受け入れを表明したのは羽幌線（沿岸バス）、富内《とみうち》線、胆振《いぶり》線（道南バス）、瀬棚《せたな》線（函館バス）、広尾《ひろお》線（十勝バス）、士幌《しほろ》線（十勝、北海道拓殖バス）、湧《ゆう》網《もう》線（網走バス）の７線区だった。バス転換の日取りは、１９８６年11月の富内線、胆振線を皮切りに翌年の３月までとされ、羽幌線廃止は民営化３日前の３月29日と決められた。羽幌線は文字通り、国鉄最後の廃止線区となったのである。

１９８７年３月に廃止された国鉄営業線は４線区あった。

・瀬棚線（国縫《くんぬい》～瀬棚間48・４㎞）　３月15日廃止　３月16日バス転換
・湧網線（中湧別《なかゆうべつ》～網走間89・８㎞）　３月19日廃止　３月20日バス転換
・士幌線（帯広～十勝三股《とかちみつまた》間78・３㎞）　３月22日廃止　３月23日バス転換
・羽幌線（留萌～幌延間１４１・１㎞）　３月29日廃止　３月30日バス転換

沿岸バスによる路線ネットワークの再構築

１９８６年12月21日付の『日刊留萌新聞』に「代替バス事業者・沿岸バス一社に」の観測記事が載り、追って１９８７年元旦の朝刊に「ポスト国鉄・沿岸バスに内定」と題する記事が載った。曰く「〝羽幌線〟は鉄路は消えるもののバスという新しい交通手段により、その交通ルートは残り、自動車輸送時代の新しい幕開けを告げる。高校通学生の登下校をスムーズにするように、管内の市町村を快速便でつなぐなど、〝鉄道より早く便利に〟のプランが練られている」。

国鉄・羽幌線が廃止されるまで、沿岸バスは留萌～羽幌、羽幌～遠別、遠別～天塩などをこま切れに結んでいた。鉄道の廃止代替輸送を一手に担うことになった沿岸バスは、沿線自治体の要望を取り入れ、路線ネットワークを再構築することになる。

まず、留萌海岸沿いのルートを留萌～幌延間に延長するとともに一本化した。羽幌線と国道232号線はところどころ離れている場所もあったから、新たに羽幌線の駅付近を通る派生ルートを作る必要があった。たとえば、古丹別の集落は国道232号線から遠く離れていたから、上平《うえひら》から古丹別へ入り込む新たな路線を設定する必要があったし、苫前の旧市街である下町を通る路線や更岸《さらきし》、歌越《うたこし》などの集落へ入る派生ルートも追加された。

廃止～転換を円滑に実施する目的で創設された特定地方交通線転換交付金制度により、羽幌線の沿線市町村には営業キロ1kmあたり3000万円を上限とする転換交付金（補助金）が支給された。総額およそ42億円。そのなかから沿岸バスには増便のための16両の購入費、ターミナル、待合所の整備費が交付され、代替バス運行のための体制が整えられていった。前述したように羽幌線の駅は国道から離れていたため、上平、古丹別、初山別、遠別、天塩にトイレを備えた待合施設が設置され、新たに幌延、遠別、留萌に車庫を建設した。国鉄・羽幌駅は国道232号線や沿岸バス本社ターミナルから距離があったため、バス転換されると駅周辺のにぎわいが失われる懸念があった。そこでバスの操車や運転手交代が行なわれる羽幌ターミナルを旧羽幌駅の構内に設置し、交通ネットワークの一部を担わせることになった。さらにバスへの無線装置搭載にともない、沿岸バスは留萌、遠別、幌延、豊富に基地局を、苫前に中継局を設けている。

2024年3月で廃止となった羽幌古丹別線（写真：丸山裕司）

「羽幌線に較べれば、もともと沿岸バスの停留所の数は多かったのですが、沿線市町村からの要望を受けてさらに増やすことになりました。当時の新聞には鉄道代替ダイヤは都会並みになるなどと書かれましたが、それだけ代替バスへの期待は大きかったと思います」（斉藤氏）。

１９８７（昭和62）年３月30日、国鉄民営化を翌々日に控え、沿岸バスは羽幌線代替バスを走らせ始めた。幌延～旭川間を結ぶ快速バス２往復、幌延～羽幌～留萌間に区間運転を含めて約18往復。廃止直前の羽幌線は深川～幌延間３往復、留萌～幌延間２往復、留萌～羽幌間１往復だったから、バス転換によってフリークエントサービスが実現するとともに、沿線自治体が強く求めた高校通学生の足も十分に確保されていた。

１９８８（昭和63）年10月に道央自動車道・美唄《びばい》～滝川《たきがわ》間が延長開業すると、札幌まで直通する特急「はぼろ」号を高速道路経由に変更し、格段のスピードアップを図った（令和２年に深川留萌自動車道全線開通）。１９９０年には増毛、雄冬《おふゆ》経由の札幌便「はぼろ」号（のちに「ましけ」号に改称）の運行を始め、１９９３年には札幌駅前のバスターミナル乗り入れを開始した。１９９７年からは「はぼろ」号を６往復に増強（１往復は増毛経由）、２００１年には留萌市立病院の移転に伴い、郊外線、留萌市内線の運行経路を変更している。幌延～留萌間の路線バスの始発、終点が留萌十字街から留萌市立病院に変更され、沿線から留萌へ通院する乗客の便宜を図った。

コラム1　名物・クリスマス「サンタ号」

2020年、新型コロナウイルス感染症の流行によって、札幌で開催される9月のバスフェスタが中止され、羽幌町の子供たちが楽しみにしていた「サンタ号」も運行中止となった。沿岸バスがクリスマスイベントとして、羽幌町内の循環バス「ほっと号」の車両にクリスマスの飾り付けを施し、「サンタ号」を始めたのは2005年。日ごろのバス利用を感謝し、子供たちに楽しんでもらおうとの企画だった。

沿岸バスによるクリスマス「サンタ号」(沿岸バスホームページより)

バスの車内にはクリスマスツリーやリースなどが飾られ、窓ガラスにはベルや天使の絵を描いてクリスマス気分を盛り上げる。運転手もサンタクロースの赤い衣装を着てクリスマス気分も十分。「サンタ号」はクリスマスイブに無料臨時便を運行し、子供たちにはクリスマスプレゼントも用意されていた。

「バスのイルミネーションを作るのにホームセンターで材料を買ってましたよ。けっこう大変な作業でしたけど小さい子が喜びますからね。お菓子も配ったりしました。満員で発車すると窓が真っ白に曇りましたよ。イルミネーションは点滅できる仕組みですが、走りながらは禁止されているので、ターミナルに到着したら再点灯するのです。バスは特別なコースを回るのですが、早めに家に帰ってお祝いしてもらうために17時か18時には終了しました」（櫻井氏）。

コラム2　沿岸バスオリジナルキャラ「萌えっ子」

沿岸バスのウェブサイトには「萌えっ子」キャラクターの紹介ページがある。

「北海道の留萌地方のとあるバス会社……ここには、ゆったりまったりと毎日を過ごすバスガイドや女性運転手たちがいます。そして、バスを利用する高校生、酒蔵の娘、フェリー窓口職員、離島の子どもたち。様々なキャラクターたちがここに集います」。

主要なバス停、羽幌町内循環バス「ほっと号」などラッピングバス4台に描かれる「萌えっ子」キャラクターは2009年にスタートした。既製キャラクターとのコラボレーションではなく沿岸バスオリジナルで、作者は札幌在住の佐倉はなつみさん。社が指定する路線バスが乗り放題と

萌えっ子キャラをあしらったフリーきっぷ

なる広域周遊きっぷ「絶景領域・萌えっ子フリーきっぷ」(2009年発売)は毎年デザインが変わり、2024年で16シーズンを数える。利用者からは好意的に受け入れられ、中でもバス停に描かれるチビキャラが好評だ。

「行政から管内を周遊できるきっぷの提案を受けて実現しました。留萌~豊富間は、往復5000円を超えますが、フリーきっぷ1日券が2700円。効率よくバスで周遊すればとてもお得です。かわいらしいキャラクターを配したデザインですが、もっとも利用されるのは、遠別、天塩地区の高齢者の方で、専ら留萌市への通院に利用されるそうです」(斉藤氏)。

第三章
生活バス路線を守る——道東・中標津町の闘い

根釧台地をT字形に結んでいた標津線が廃止されたのは、1989（平成元）年4月のことだった。

開通から51年と6カ月。春、泥濘《でいねい》と化す原野の輸送に貢献した鉄道は不採算を理由に廃止され、地域交通を守る重責は路線バスに託されることになった。当初、鉄道の代替輸送を目的としたバスだったが、その後、少子化と若年層の都会指向によって急激な人口減少、老齢化が進み、人流に大きな変化が起きたことで新たな輸送体系を模索することになる。2023年に改正された「地域公共交通活性化再生法」は、地域交通のリ・デザイン（再構築）には地域関係者の連携と協働がより重要と規定している。地域公共交通の維持に力を注ぐ沿線市町村とバス会社の苦闘を追う。

1　北海道最長の路線バス——釧路羅臼線乗車記

釧路を出発——101カ所の停留所

2023年5月、北海道でもっとも走行距離の長い路線バス、釧路市立病院と羅臼《らうす》を結ぶ釧路羅臼線（阿《あ》寒《かん》バス）に乗る。釧路駅前の発車は7時25分。このバスは茫々たる根釧台地を斜めに横切り、標津からはオホーツク海に沿い、はるか国後島《くなしりとう》を望みながら知床《しれとこ》半島・羅臼まで走る。途中の走行距離およそ166㎞は釧路から新得《しんとく》、東京から静岡県・清水までの距離に匹敵する。途中の停留所の数101カ所。この数は釧路羅臼線の路線バスが住民の足である証だろう。

運行本数は平日が4往復、土曜日曜、祝日は2往復が設定され、平日のみ釧路駅前〜標津営業所間の区間便（下り最終、上り始発）が運転される。運賃は全区間で4940円、釧路市立病院〜中標津《なかしべつ》間が2930円、標津営業所〜羅臼間は1940円である。

釧路駅前を発車した羅臼行きのバスは乗客7人。いったん北上して日赤病院、労災病院を通り、国道44号線に戻ってイオン釧路店にも寄る。長距離バスとはいえ、乗客の利便を考慮した路線バスらしいコース取りだ。釧路と根室を結ぶ花咲《はなさき》線・別保《べっぽ》駅前を通り、別保原野交差点を左折して国道272号線・釧標《せんぴょう》国道に入る。進路は北東。根釧台地を斜めに横切り、根室海峡に面した標

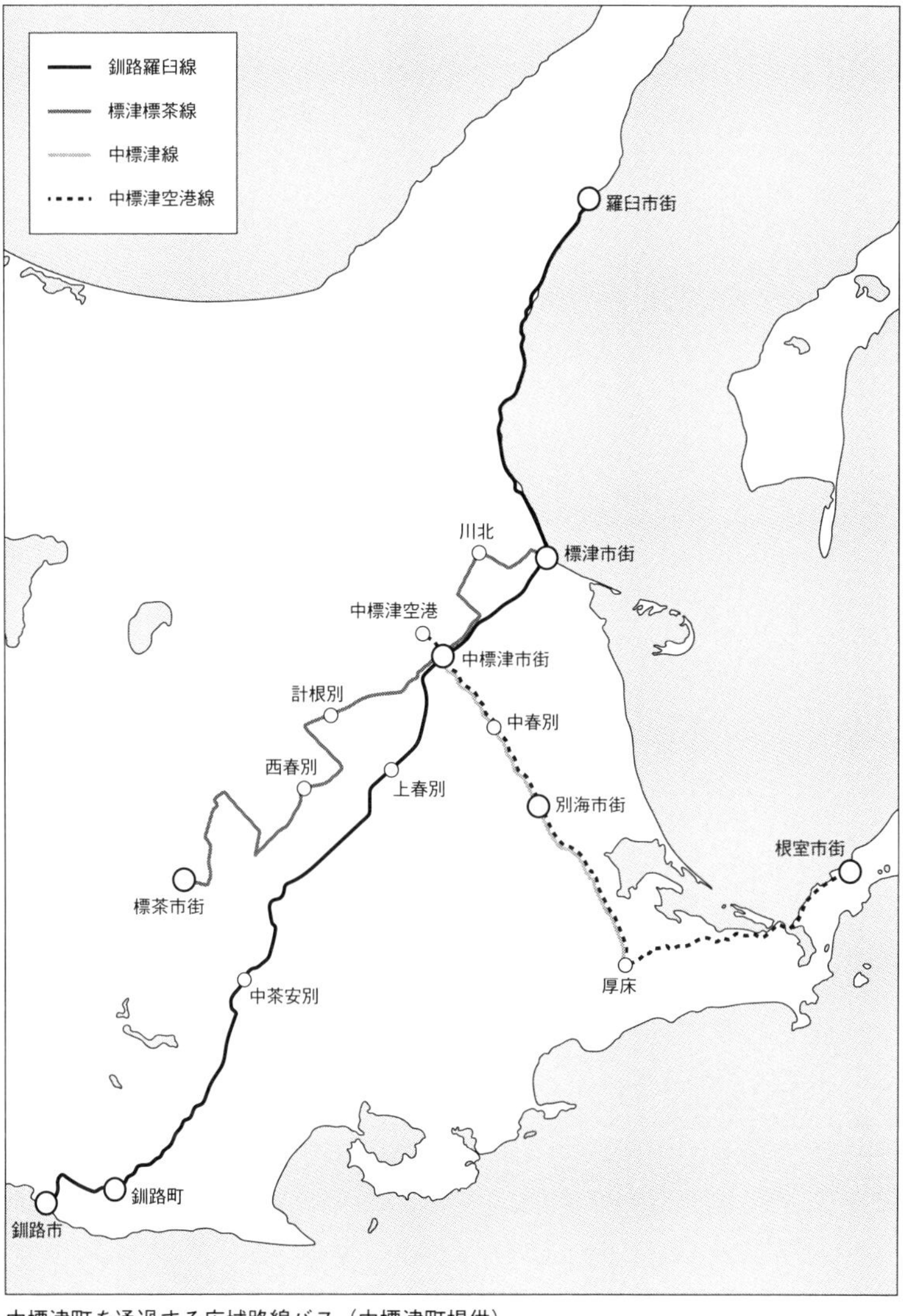

中標津町を通過する広域路線バス（中標津町提供）

津まで延びる快適な国道だ。この国道は厚床《あっとこ》や標茶《しべちゃ》を経由した旧国鉄・標津線に較べると、釧路から中標津、標津方面へ最短距離で到達できる短絡ルートである。

緑滴《したた》る5月、根釧台地は1年でもっとも美しい風景を見せてくれる。見渡す限りの牧草地は美しいグリーンの濃淡に彩られ、白樺、ミズナラ、防雪林の落葉松を背景に、サイロが点在する。定規で引いたような国道はゆるやかなアップダウンに富み、下っては登りを繰り返していく。中茶安《ちゃん》別、共春《きょうしゅん》の小さな町並みを過ぎると別海町《べつかいちょう》に入る。東西61・4km、南北44・3km、総面積1319㎢の広大な町域を持つ別海町は、町として足寄《あしょろ》、遠軽《えんがる》に次ぐ道内3位の広さを誇っている。

1972年、別海は村から町へ昇格したが、その際、「日本一広い村」ではなくなることに反対の声が上がったという。かつて、百万里と呼ばれ、一村が四国・香川県に匹敵する広さを誇った別海村には小学校39校、中学校20校が置かれていた。当時の人口は2万2000人余。駅間距離が軽く10kmを越す標津線の5駅（奥行臼《おくゆきうす》、西別《にしべつ》、春別《しゅんべつ》、泉川《いずみかわ》、西春別）がひとつの村の中にあったのだから、その広さが知れるというものだ。

著書『北海道の旅』（社会思想社、1960年）のなかで更科源蔵《さらしなげんぞう》は次のように書く。

「国鉄根室本線の厚床駅から標津線に乗り換えると間もなく別海村に入り、いくらのろのろのローカル線とはいえ、延々二時間走って、釧路から網走《あばしり》に行く釧網《せんもう》本線に連絡するあたりまでが、全部別海なのだからあきれる。その間何キロも人煙を見ない、蝦《え》夷榛《ぞはんのき》の湿原だったり、昔のままの柏の林の丘、だから人家を見るとほっとする」。

根釧台地の亜寒帯系植生はサハリンの凍土帯（ツンドラ）に似ていると荒澤勝太《あらさわかつた》郎《ろう》は書く。

「ミズゴケ丘塊には岩高蘭《がんこうらん》が、融雪期《ゆうせつき》に顕微鏡的な朱紅色の雄花・雌花を咲かせ、少し乾燥した地帯では綿スゲの花穂が黄色い花粉にまみれる。水芭蕉《みずばしょう》の苞《ほう》が開く。ホロムイツツジ、蔓《つる》コケモモ、姫シャクナゲ、コケモモ、ヤチ柳が序曲を奏でる。そしてイソツツジが白く敷きつめる」(『日本随筆紀行1』作品社、1986年)。

広大な根釧台地を進む路線バスは、四車線の国道を快適なスピードで北東に進み西別《にしべつ》川を渡る。原野をくねくねと流れるこの川は秋味サケの遡上《そじょう》で知られ、かつて素手で摑み取りできるほどサケであふれたという。広い川面が銀鱗《ぎんりん》で埋めつくされたというから入植者たちの貴重な蛋白源だったのだろう。西別川のサケが美味なのは鉄分を多く含む摩周《ましゅう》湖《こ》の地下水が混じっているためといわれ、1959年の統計で漁獲高は12万本にのぼっていた。

中標津・標津から羅臼へ

釧路を出て2時間半弱でバスは中標津バスターミナルに到着する。

中標津は根釧台地でもっとも活気のある町で、大型スーパーやカーディーラー、レストランなどの見慣れた看板が目に入る。バスターミナルはかつての国鉄・中標津駅に代わって、根釧台地をネットする公共交通機関の要衝《ようしょう》となっている。釧路からの運転手はここで交代し、10分ほどの停車ののちバスはオホーツク海に面する標津に向かって発車した。

ゆるやかな丘陵を下ったバスの前方に根室海峡が見えてくると標津である。ミルクロードの異名を持つ国道272号線はここが終点。バスは左折して国道244号線に入る。市街地を抜けた

オホーツクに面した標津町から釧路に向かう長距離路線バス

ところで244号線・野付《のつけ》国道は左へ折れ、根北峠《こんぼく》を越えて斜里、網走へ向かう。バスは分岐点を直進し羅臼へ向かう国道335号線に入った。

国道244号線をそのまま進むと、厚床、中標津から標津（根室標津）に達した国鉄・標津線が斜里への延伸を目指した道筋に重なる。その一方で知床半島の東を巡り、羅臼まで鉄道を延ばす計画が具体化することはなかった。殖民鉄道は根釧台地の輸送機関として各地に敷設されたが、標津地方でも殖民軌道根室線の川北から集乳所のある古多糠《こたぬか》へ至る忠類《ちゅうるい》線が建設されている（1935年建設、1957年廃止）。

1859（安政6）年、幕府は北方警備政策により標津を会津領とした。会津藩は標津、紋別《もんべつ》、斜里を領有し網走の警備も任されたが、氷点下20℃にもなるきびしい気候や病気、食糧不足によって多くの藩士が命を落としたという。作物が育たないなか会津藩はサケ漁を中心とする漁業の普及に努め、根室海峡沿地域における水産業の基礎を築いた。標津町と自衛隊によって野付半島に顕彰碑が建てられたのは昭和43年。道の両側に海が広がる野付半島の不思議な風景を走っていくと、いまでも「會」の文字を意匠した会津藩の旗印のはためきが見えてくるはずだ。しかし、会津藩領時代に建てられたと伝えられる御陣屋《ごじんや》の正確な位置はいまだ特定されていない。

羅臼行きのバスは知床半島の東縁を海沿いに走る道をたどっていく。羅臼までの一本道、国道335号線・国後国道。左手は切り立った山やこんもりした丘が続き、右手には群青《ぐんじょう》色の根室海峡が広がっている。行き交うクルマは驚くほど少ない。根室海峡の沖に横たわる国後島までの距離は20kmに過ぎず、双眼鏡を覗けば木立の一本一本が見えるほどの近さだ。

羅臼から知床半島を横断してウトロへ抜ける国道334号は冬期通行止めとなるから、国道335号線だけが羅臼と標津、斜里地方を結ぶ生活路線となる。2015年1月31日から2月2日にかけて道東を襲った強力な低気圧が知床半島を直撃したときは、国道335号線が3日間不通になり、羅臼は文字通り陸の孤島となった。2月2日の羅臼町の積雪量は観測史上最高の179cmを記録し、家屋が埋まる事態となったことから陸上自衛隊への災害派遣要請がなされている。

刻々と変わる冬道に対応する技量

阿寒バス中標津営業所所長の内藤一仁氏は標津線が廃止された1989(平成元)年に入社し、路線、貸切の運転手を経験してきた。

「標津と羅臼の間は冬になると強風に吹かれるのです。薫別《くんべつ》のあたりは海際を走るので特に風が強くて、強い横風を食らうとそのまま路肩まで滑っていくのです。路肩の段差でやっと横滑りが止まったこともありました。羅臼からの上り便は海からの強い風がまともに当たると、ドアが押されて開いてしまうこともあります。バスのフロントドアは二つ折りになっていますからね。

羅臼を朝の6時半に出る始発バスはスリップがこわかった。このあたりは真冬でも夜中から明け方に雨が降ることがあるのですが、それがカチンカチンに凍ってスケートリンクみたいになるのです。夜が明けてクルマの通行が増えてきて、少し気温が上がればアイスバーンの表面が溶けてくる。それまでの20～30分が一番滑るので、カーブでは決してフットブレーキを踏まないとか、バス運転には細心の注意が必要です。どうしても10分や20分は遅れ気味になってしまいますが、バス停で寒い思いをして待っているお客さんのことを考えるとできるだけ遅れないようにしようとがんばるわけです。路線バスの運転手は、どこが凍るとか滑りやすいとか、自分の走る運転経路の道の状況がすべて頭に入っていますから、刻々とコンディションが変わる冬道にも対応できる技量があるのです」。

雪が融け、夏から初秋にかけて羅臼への道は北国の自然に美しく彩られる。車窓から還らぬ北方領土・国後島を食い入るように見つめる観光客もいる。わざわざ国後を見に来る欧米からの旅人も少なくない。

北海道随一の長距離路線バスは、釧路を出て4時間で羅臼へ到着する。6月から10月初めまでは羅臼から知床半島の脊梁を越えてウトロへ出るバスが1日4往復運転される。北海道に残された貴重な秘境の旅。羅臼はその出発点である。

「羅臼に着くと一交番ごとにバスを洗車します。冬は大変ですが、融雪剤の塩化カルシウムがびっしり付くので床下も念入りに洗い流さなければなりません。運転も大変に神経を遣いますし、洗車も時間がかかるので冬の運行は倍疲れますね。昔はバスは悪天候でも走るものという意識がありましたが、いまは本社と標津営業所が開発局と情報交換して無理しないで運休を決めることになっています」（内藤氏）。

悪天候による運休は阿寒バスの公式サイトでアナウンスされる。標津〜羅臼間の停留所35カ所に運休の貼り紙をするわけにはいかないが、それでも「バスは来るもの」と信じて疑わない年輩者がいないわけではない。

「事故を起こさないよう、立ち往生してお客さんに危険がおよばないよう、いまは天候情報を共有して、ウェブサイトで告知するなど早め早めに対応するようにしています。ウェブサイトを見られないお客さんは、雪や風が強い日は早めに営業所に電話してほしいと思います」と内藤氏は訴える。

オホーツク地方で、かつてない気象災害が起きたのは2013（平成25）年3月2日のことだった。その日の午後からオホーツク海沿いの湧別町《ゆうべつちょう》は暴風雪に襲われ、猛吹雪に馴れた地元の住民でさえ身の危険を感じるほどの激しさだったという。一瞬先も見えないほどの猛吹雪の中で吹き溜まりに突っ込み、進退窮《きわ》まった父親は小学生の娘を連れて近くの知人宅に避難しようとさまようちに方向を見失ってしまう。視界ゼロ。それほどひどい地吹雪だったのだろう。翌朝、二人は農業倉庫の前で雪に埋まっている姿で発見された。すでに父親は亡くなっていたが、その懐《ふところ》に抱かれていた小学生が生還できたことは奇跡だった。この日の暴風雪によって、中標津町、北見市、富良野《ふらの》市などで9名もの人命が失われたのである。

2　根釧台地の開拓を支えた標津線の廃止

馬を動力とする殖民軌道

根釧台地を「人」文字の形に走る標津線は、標茶～中標津～根室標津と、中標津を分岐点とした厚床への区間に分かれていた。総延長116・9㎞。標津線の起点、標茶で釧網本線と接続し、根室本線とは厚床で交わる。広漠たる大地を縦横に巡る標津線は、最果ての大地で生きる開拓農家や漁業関係者の貴重な足として走り続けたが、国鉄民営化の2年後、1989（平成元）年4月30日に廃止された。

1922（大正11）年4月公布の改正鉄道敷設法に「北海道根室支庁根室町厚床付近より北海道根室支庁標津郡標津町中心街を経て北海道網走支庁斜里郡斜里町中心街に至る鉄道」（第149号）と「北海道根室支庁標津郡中標津町中心街より北海道釧路支庁川上郡標茶町中心街に至る鉄道」（第150号）が記載されている。注目すべきは第149号路線の工事区間が厚床～標津～斜里とされている点で、斜里～越川《こしかわ》間を部分開業した根北線が知床山地を越え根室標津まで通じる前提で計画が立てられていたことが分かる。つまり、この時点で釧路と網走を結ぶ釧網本線ルートとは別に、根釧台地を縦断して斜里経由で根室と網走、北見を直結し、豊富な乳製品の輸送を担う鉄道の必要性が認識されていたことになる。根北線は１９５２（昭和27）年に起工し、５年後に斜里〜越川間が開通したが、沿線の急激な過疎化によって１９７０（昭和45）年12月に廃止された。

一方、標津線が本線と接続する厚床まで根室本線が延びたのは１９１９年11月、釧網線・釧路〜標茶間が開業したのは１９２７年のことである。標津線の建設は１９３２（昭和７）年３月に始まり、まずは厚床〜西別間が着工された。翌年、標津線は中標津まで延長され、標茶から東進してきた第１５０号と中標津で合流して１９３７（昭和12）年10月に標津線全線が開通した。

根釧台地の開墾が始まったのは、標津線開通の52年前、標茶に集治監《しゅうちかん》が設置された１８８４年のことだった。ロシアに対する防備を強化する目的で、オホーツク海沿いの地域を開発する動きと呼応し、国策として道東の開墾が進められたのである。

元来、ゆるやかなアップダウンが続く根釧台地の交通機関として、もっとも簡便、安価に整備できるインフラは馬車が走れる道路のはずだった。しかし、火山灰を含んだ根釧台地の土壌は春の融雪期に足を没する深い泥濘地と化し、馬車も馬橇《ばそり》も役に立たない悪路となった。根釧台地の浅春《せんしゅん》は交通が途絶する季節であり、生乳、農産物の搬出や営農資材の運搬もままならない状況が続いた。

長年にわたって根釧台地で牧場を営んだムツゴロウ先生、畑正憲《はたまさのり》氏は随筆『根釧原野』（朝日新聞社、１９７８年）で次のように記している。

「桜が咲くのがやっと五月の末だ。そのことからして、いかに春の訪れが遅いか、想像いただけるかと思う。大地の深い部分にシバレが残っていて、表面だけが温められるので、道はひどいぬかるみになる。丁度コンクリートの板の上で、雪どけの水分を加え、泥をこねまわしたようなものだ。普通の車はもちろん使いものにならない。ジープだって、ちょっと運転を間違えると泥沼にはまりこんで、当分の間放棄しておかねばならぬ」。畑氏はぬかるみで動きがとれない時期を「春ごもり」と表現して根釧台地におけるきびしい春の生活を描写している。

　春先に道路がぬかるみ、主たる生産物が日持ちのしない生乳という根釧台地の特殊事情から、内務省北海道庁は開拓民の交通の便を図るため馬を動力とする殖民軌道を建設する方針を打ち出した。軌間《きかん》762㎜の軽便《けいべん》軌道規格である。殖民軌道の計画に当たった北海道庁拓殖部殖民課は、1924年、全道で47路線、延べ800㎞におよぶ軌道を建設する計画を立て、そのうち釧路支庁は12路線、網走支庁は6路線が予定線に組み入れられた。

　地方鉄道法や軌道法に準拠しない殖民軌道は「道路の一変形」であり、個々の入植農家が所有する馬で台車を牽《ひ》く特殊な輸送形態だった。軌道の建設は道庁が行ない、建設後10年間は住民が無償で自由に使用できるうえ、貨車なども貸与された。11年目からは開発の状況に応じて町村に運営の主体が移るとされ、建設費を内務省が全額負担する公設軌道としてスタートしたのである。

　根釧台地の殖民軌道のなかで最初に営業を開始したのは、厚床～中標津間の根室線48・8㎞。その使用開始は1925（大正14）年のことで、翌年には中標津～三本木間31・7㎞が延長され、同時に中標津～計根別《けねべつ》間の計根別線が開業している。厚床～中標津～三本木《さんぼんぎ》間の根室線は道東に張りめぐらされた殖民軌道のなかでもトップクラスの輸送量があり、住民の移動、作物や生活物資の輸送に活躍した。開墾による順調な人口の増加によって根室線、計根別線の接続点となった中標津は大きく成長することになった。それまで馬にトレーラーを牽かせる馬鉄《ばてつ》が動力化されたのは1929（昭和4）年8月。ガソリンエンジン付きの機関車が導入され、同時に軌条《きじょう》が6kgから12kgに強化されたことで輸送力は一気に高まることになった。1934（昭和9）年の輸送実績をみると貨物4496t、旅客1779人に達している。貨物の内訳は中標津から大豆、小豆、燕麦《えんばく》、小麦、木材、木炭、厚床からは開拓農家向けに米、木材などが運ばれている。

標津線の建設と酪農・漁業興隆

前述したように、1932（昭和7）年には殖民軌道にほぼ沿う形で国鉄・標津線の建設が始まっているが、建設理由の一つは根室線、計根別線沿線の輸送力増強にあった。国鉄・標津線は1934年10月に中標津まで開通し、輸送力は飛躍的に増大した。中標津～根室標津間、標茶～中標津間は1937（昭和12）年10月に竣工し、ここに標津線は全線開通することになった。

標津線の最急勾配は25‰、最小カーブは半径300m、レールは全線30kg軌条を使用している。その一方で路線が重複する殖民軌道・根室線の厚床～中標津間、計根別線は順次廃止されたが、根釧台地全体の輸送ネットワークを拡大する目的で、国鉄・標津線の奥行臼、西別、春別、西春別、計根別、上武佐《かみむさ》、川北《かわきた》などの駅を起点とする殖民軌道が続々と建設されることになった。

戦時中、標津線は根釧台地に建設された陸軍飛行場の建設資材の輸送に利用された。飛行場は計根別、西春別村の周辺に5カ所造られ、陸軍は1942（昭和17）年に第1飛行場（300m

×1300m）を建設、その後造られた第2、第4、第5飛行場は誘導路でつながっていた。

一方、海軍は1943（昭和18）年になって標津航空第一基地（中標津）の建設に取りかかった。アッツ島玉砕、キスカ島撤退によって、アメリカ軍による千島《ちしま》方面からの脅威が増したため、美《び》幌《ほろ》航空隊と呼応する部隊のための飛行場建設で、1944年春に滑走路が完成したが、航空機の配属のないまま終戦を迎えた。戦後、基地は1962（昭和37）年に第三種空港の指定を受け、現在、根室中標津空港として供用されている。

軍用飛行場が集まっていたこともあり、標茶、標津地区は大規模な空襲を受けた。釜石《かまいし》への艦砲射撃、青函連絡船が空襲を受けた1945（昭和20）年7月14日、米軍機が標茶に来襲し、機関区を爆撃するとともに、釧網本線・標茶〜磯分内《いそぶんない》、遠矢《とおや》〜細岡《ほそおか》間、標津線・春別〜西別間を運行中の列車に銃撃を加え、ともに機関士が殉職している。

根釧台地に広大な酪農地を開墾する工事が始まったのは1956（昭和31）年6月のことで、別海町床丹《とこたん》地区を例にとると、1万haの原野に7000haの農地を造成し、一挙に460戸を入植させて、1戸当たり平均19haの土地と13頭の乳牛を飼育する開拓酪農村の建設が図られた。いわゆるパイロットファームは世界銀行調査団の勧告で計画された機械開墾による開拓農場で、春別の床丹地区を中心に入植が進んだ。

「標津線の貨物輸送は盛んでした。標茶、厚床へ向かう上り列車ばかりでなく根室標津方面の下り列車も重かったんです。道路が整備されていなかったから、開拓農家で使う米や味噌をはじめとする食料品や調味料、暖房用の石炭から牛のエサまで何でも鉄道で運びましたからね。漁師や役所、漁協、農協などの給料も緩急車で運びましたよ」と回想するのは1968（昭和43）年に新得機関区から標茶機関区に転勤した信太惟禎《しだこれさだ》氏だ。

酪農で息を吹き返した根釧原野の住民は安定した所得を得られるようになり、一方で漁業も興隆の一途をたどった。

パイロットファームの輸送機関として活躍した標津線（写真：酒井豊隆）

「標津線は貨物が多かったですよ。下りも上りも定数一杯の貨車を牽いて苦労したものです。当時は道路が未整備だったので何でも鉄道貨物でしたからね。根室標津に上がった魚を標茶経由で釧路や網走に出したり、根室で捌ききれなくなったカニを網走の工場に運ぶため無蓋車《むがいしゃ》にバラ積みして厚床、中標津、標茶と回して網走へ運んだりと、それは忙しかったですよ。カニをおすそ分けしてもらって、蒸気機関車のボイラで茹でたこともありました」と語るのは標茶機関区で機関士を務めた羽石仁郎《はねいしじんろう》氏である。

　毎日新聞社が全国の国鉄線区をルポした『日本の鉄道』の1巻（有紀書房、1960年）には次のような記述がある。

「（標津線の）上武佐という駅長一人のちっぽけな、請負いの駅で、話していると、白いアゴヒゲぼうぼうの老人がやってきて〝なにしにござった〟とたずねた。用向きを話すと、「この線は、わしらの命の綱みたいなもんでの、取りはずすなどと、とんでもないことじゃ」と、ひどく、つっけんどんにいった。白ヒゲ老人は、七十一才、秋田県平鹿《ひらか》郡十文字町《ぐんじゅうもんじまち》の出身で池田清五郎と名乗った。根釧原野に開拓民としてやってきて五十年になり、子供が十三人できたとか。赤字線の廃止が叫ばれているが、たとえ、もうからぬといっても、こんな辺地で生きているものから、唯一の足を取り上げるという法はあるまい、というのである。ところが、国鉄側の計算によると、この線では乗客一人あたり五十六円七銭さし上げて、どうぞお乗りくださいという勘定だ。延長一一六・九キロの標津線は、こんな、辺境開拓者のためのサービスラインともいえるが、それだけに、国鉄も、廃止に踏み切れない理由がある」。

標津線凋落と廃止

昭和40年代後半から50年代に入り、管内国道の整備、自動車保有率の爆発的な上昇などの条件が重なり、根釧台地における交通インフラの重責を果たしてきた標津線の凋落《ちょうらく》が顕著となった。そんななか、地元自治体が国鉄債権を引き受ける形で、1967（昭和42）年11月に根室標津駅、翌年11月に中標津駅が新築されている。立派な新駅舎の完成をみた誰もが標津線廃止など思いも寄らなかったろう。

国鉄諮問委員会が標津線廃止を国鉄総裁に答申し、猛烈な廃止反対運動が起きたのは1968（昭和43）年のことだった。しかし、生乳や農作物の輸送はトラックに代わり、昭和40年代初めにピークを迎えた根室中標津空港建設資材輸送を最後に貨物扱い量は激減していた。奥行臼、西春別、標津、計根別などが貨物扱いを停止したのは１９８０（昭和55）年のことである。

１９７６（昭和51）年に発表された国鉄監査報告によると、国鉄の赤字は１日当たり25億円、年間９１４１億円にのぼっていた。それを受けて１９８０年には国鉄再建法案が成立し、翌年には赤字ローカル線廃止基準が決定する。その内容は輸送密度（旅客営業キロ１kmあたりの１日平均旅客輸送人員）が４０００人未満の地方交通線を廃止するというものだったが、その後、基準は２０００人未満に緩和され、それに該当する全国76線区が廃止の対象となった。標津線は第二次特定地方交通線に指定され、１９８２（昭和57）年に運輸大臣に廃止申請が出されたが、総距離５４８・８kmにおよぶ北海道長大４線区（名寄《なよろ》本線、池北《ちほく》線、天北《てんぽく》線、標津線）に指定されたことで廃止は一時保留されることになった。

現在も保存されている標津線・奥行臼駅跡

沿線市町村の首長は結束して廃止反対運動を展開し、自治体はのべ６回におよぶ対策会議を開いたが、冬期における代替輸送機関（バス）が確保されていることを理由に、１９８５（昭和60）年８月、長大４線区の廃止が承認された。

ここに至り沿線自治体は標津線の第三セクター化構想に取り組むことになったが、民営化され国鉄時代の負の遺産を背負い込みたくないJR北海道の思惑もあって、ついに鉄道存続は実現には至らなかった。その過程を報じた1988（昭和63）年10月4日付の『朝日新聞』（道内版）記事を引く。

「道試算では、同線を第三セクター化した場合、要員数は八十五人で、池北線や名寄線の約半分。また、赤字も初年度約二億五千万、六年目は約四億七千万円で、池北線を初年で約一億、六年後も約一億四千万円下回る数字だった。試算が出されたあと、道が再びはじいた試算でも、地元の負担が約四十三億円で、五十億円の池北線を下回っていた。（中略）ある自治体の担当者は「道に対し選択基準の説明を求めたが『政治的決着』というだけで、明快な説明はなかった」という。阿部悟郎標茶町長の「JRや道が負担しない以上、町村が億単位の負担を背負うことはできない」という言葉に象徴される苦しい思いが、バス転換に踏み切らせた」。

その後、標津線の沿線自治体で組織される標津線確保対策協議会でバス転換が確認され、1988（昭和63）年10月に運輸省、JR北海道、道庁が加わった第4回標津線特定地方交通対策協議会でバス転換が正式に決定された。それにともない、1市4町（根室市、別海町、中標津町、標津町、標茶町）による標津線代替輸送連絡調整協議会が発足している。なお、2023（令和5）年10月には根室市、標茶町が脱退し同協議会の構成町村は3町となった。

3　自治体とバス会社の共闘

クルマ社会化による利用者減

標津線の廃止は1989（平成元）年4月30日。厚床～中標津間は根室交通、標茶～根室標津間は阿寒バスによる代替輸送態勢が敷かれることになった。廃止直前、標津線は、標茶～中標津～根室標津間6往復（そのうち2往復が標茶から釧路へ直通）、厚床～中標津間4往復が設定されていたが、バス転換直後、阿寒バスによる標津標茶線（標茶～西春別～中標津～標津間）は9往復（休日は7往復）、根室交通による中標津線（厚床～中標津間）は6往復（休日は5往復）が運行されることになり、鉄道廃止と引き替えに利用者の利便性は向上した。バス転換直後の1990年のバス利用客総数は40万人にのぼった。1971年から運行されている釧路～中標津～羅臼間の路線バスは、釧路と中標津を直結する重要な役割を果たしていることから増便されている。

「当初、廃止されたJRがつないでいたルートに沿ってバス路線を作ったのですが、思った以上にクルマ社会化が進み、バスの利用率が下がっていきました。それに加えて、標津線の主要駅があった厚床、標茶、根室標津は人口減少が著しい。協議会のなかでも、いつまでもコストをかけてJR代替バスを走らせていくのがいいのか疑問の声が上がってきたのです。つまり、鉄道廃止ルートに沿って駅につなげる意義が薄れていったわけで、地域交通はどうあるべきかのそもそも論から、もう一度バスを走らせる意味を考えようという空気になっていきました」と語るのは中標津役場町民生活部生活課の田中道行課長である。

1990（平成2）年に40万人を数えたバス利用者は2021（令和3）年には5万4000

人に減っていた。町役場の職員が調査のため実際にバスに乗ってみると、路線によっては乗客ゼロではないものの、思ったより利用率が低いことが判明した。西別〜標茶間や厚床〜別海間は1、2人しか乗っていない時間帯もあった。この利用者のために大型バスを走らせることが必要なのか。旧標津線の跡にそのままバスを走らせる時代は終わっているのではないか。

利用者の減少によってローカル線が廃止になり、代替バスに転換される。それによって赤字がふくらむ事態が避けられ、一方で利用者の足はバスによって確保される。そのストーリー立てによって、交通問題は、一件落着となったようにみえるが、その先にはさらにきびしい現実が待っていた。国鉄時代には沿線自治体に対する地域負担金はなかったが、バス転換されることによって運行経費の一部を沿線自治体、行政が負わなければならなくなったのである。

標津線代替輸送連絡調整協議会（以下協議会）は代替バス路線の運行経費を年に1回集計し、参加市町村の負担額を算出、バス会社への支払い精算を行なってきた。標津線代替バスの名目がある以上、輸送実績にともなう路線の見直しが行なわれなかったのは当然だったが、一方で代替バスの運行はスタートから20年間、つまり２０１９（令和元）年までを目処とすることになっていた。それを受け、２０２０年ごろから協議会の内部で、代替バスはすでにＪＲの代替輸送という役割を終えているのでないかとの意見が出る。さらに、バス転換時に国から各自治体に渡されていた転換交付金も残りがわずかとなり、バス路線運営の継続が困難になりつつある背景もあった。

特定地方交通線転換交付金制度は廃止線区営業キロ１km当たり上限３０００万円を沿線自治体

に交付する制度で、特定地方交通線転換鉄道等運営費補助制度によって転換後5年間は赤字が補塡された。しかし、利用者の減少、バブル崩壊後の低金利によって予想を上回る目減りを見せていた。

「バス運行への補助金は、沿線自治体の税収に応じたものではなく、路線ごとの利用人数によって決まります。乗客が少なくなると補助金も減らされる。運行に必要なところにこそ補助金が必要なのですが、国が定めたノルマをクリアしないと査定されないことになります。いまの状況では運転経費（燃料、人件費、償却費など）に補助が入って、バス会社は収支とんとんになり、残りは自治体が負担していますから、行政の負担がますます増えている状況です。お客さんがたくさん乗って収入が増えれば行政の負担も減るわけですが、これから人口減少が進むと先行きは不透明です」（田中氏）。

代替輸送から生活交通路線へ

2022（令和4）年も押し詰まった12月27日、中標津、標津、別海町による第1回標津線代替輸送連絡調整協議会が開催され、JR代替バス路線はそれまで堅持してきたJR駅接続の意義を終え、今後は生活交通路線として再編することが決まった。

再編の方針は次の三点である。

①JR代替輸送を撤廃し、生活交通路線へ転換

標津線・旧中標津駅はバスターミナルに改装されている

②利用実態に即した運行形態への見直し
③通学者や交通弱者に配慮し、地域の足を支える

「ダイヤ再編のポイントは住民にとってより使いやすいバスにすることです。沿線には中標津、別海、標津に道立高校があって、計根別には町立中標津農業高校があります。農業高校には酪農食品科が設置されていますが、この地域は酪農が一次産業なので、後継者を育てようと農家の子弟が集まっています。交通費支給、完全給食制ということもあって話題になりましたよ。これらの高校の通学ルートは非常に入り組んでいるのですが、再編のポイントは朝夕の登下校時に便利なダイヤにすることでした。そのためにわれわれは乗降調査を何回も行なって案を作り、それまでのＪＲ代替路線から生活路線への脱皮を図ったのです」（田中氏）。

バス転換された当初の運行本数は、中標津〜厚床間が6往復（うち1往復は休日、休校日運休）、標茶〜中標津〜根室標津間は11往復（うち1往復は休日運休）だった。運行本数は鉄道時代よりも格段に増え、利用者の利便性は高まったことになる。

再編成の2年前、２０２１（令和３）年の時刻表を見ると中標津〜厚床間は平日5往復、休日

2往復、標茶～中標津～標津間は平日4往復、休日3往復に減便されている。そして、2023(令和5)年10月の再編成時、ダイヤは大幅に手が入れられた。標津～中標津～西春別(別海町)を結ぶ標津標茶線は、中標津を中心に平日7往復(土日休日3往復)と高校生の通学便が増加した一方、高校生の利用が数人しかない標茶～西春別間を減便し、2025(令和7)年3月末を目処に廃止されることになった。持続可能な路線の維持という観点から考えれば、極端に乗車率が悪い路線は切り捨てざるを得ない苦痛の決断だった。

一方、厚床～中標津間の中標津線は厚床～別海間を区間廃止することになった。阿寒バスが運行する残存区間の中標津～別海は平日4往復(土日休日2往復)だが、廃止される区間は根室交通による根室中標津空港～根室間の空港線が重複運行しているため、中標津～厚床間の足は確保されている。

JR代替の二路線は、中標津線が根室交通、標茶標津線は阿寒バスが運行してきた。今回、中標津線の別海～厚床間が短縮されるに当たり、中標津町役場は残存する中標津～別海間については従来通り、根室交通に運行してもらうよう働きかけた。

「しかし、根室交通は本社、営業所が根室ですから中標津～別海間を運行するとなると根室からバスと乗務員を回送しなければなりません。さらに乗務員の点呼をどうするか。そういった問題もあって運行管理がむずかしいという話になりました」(中標津町役場町民生活部生活課交通町民相談係・山田公平氏)。

「うちの町長が阿寒バスの社長に直談判《じかだんぱん》して、車両代や人件費の一部を行政が補填することで、中標津〜別海間の運行を引き受けてくれることになりました。阿寒バスさんも、根室交通と同様、この地域の公共交通を守ってきたという自負があったのだと思いますね」(田中氏)。

町民の足を確保する中標津町の市内循環線は阿寒バスによって運行されている。保養所、町役場、小学校、高校、町立病院、中央十字街、中標津バスターミナル、団地、雪印工場などをめぐる1時間10分の行程。1日3往復。運賃は160円均一である。

町民のニーズへの対応と苦慮

一方、中標津町では町内バスが運行されている。中標津地区は町域が広く、域内を細かくネットするバス路線は欠かせない交通機関だ。昭和30年代には阿寒バスと根室交通による町内バスが設定されていたが、急激なモータリゼーションの拡大によって利用者が減少し、昭和40年代に入って運行の縮小、廃止に追い込まれている。さらに、1971(昭和46)年5月には阿寒バスによって運行されていた保落《またおち》線、養老牛《ようろうし》線、計根別線が採算上の理由によって運行廃止となった。

そのあとを継いで中標津町が町営バスを走らせることになった。1971年5月10日、まず復活したのは計根別農業高校、養老牛市街を経由して養老牛温泉をめぐる養老牛線。現在はマイクロバスを使った1日3行程のダイヤで、朝夕の登下校に合わせて運行されているからスクールバスの側面もある。保落線はやや中標津市街寄りの北光《ほっこう》、新生《しんせい》集落をめぐり、中標津高校や中学、町立病院への足を確保する役割がある。いずれの路線も途中に自由乗降区間が設けられているから自宅の前からでもバスに乗れる。1972年6月からは空港の北側を経由して武佐《むさ》市街を巡回する武佐線が運行を開始した。いずれの路線も夕方には運行を終えるダイヤが組まれ、通学や買い物、病院通いの利用者に対象を絞っている。料金は距離によって160円から410円だ。

「根釧原野は高く険しい山がなく、だだっ広いのでどこにでも人が住めます。どこにでも集落が作れるのであちこちに人が住んでいるわけです。地域交通でカバーするには一番悩むパターンですね。ですから、町営バスは碁盤の目のように道路が交差するなかをきめ細かく回らなければなりません。もともと阿寒バスが運営していましたが、採算面で撤退することになり、町として対策しようということになったのです」(田中氏)。

1985(昭和60)年4月、町営バス路線のうちで、俣落線と武佐線の運行を日東交通に委託。1998年に全路線を北都ハイヤーに委託したが、2006(平成18)年には再び日東交通による運行に変わっている。

「町民アンケートではいろいろな意見が出てきます。スクールバスに混乗《こんじょう》させてほしい、通院に特化した時間帯に運行してほしい、便数を増やしてほしい、料金を下げてほしいなどです。バス料金は現在のところ160円から410円ですが、燃料費や人件費の高騰もありますし、すべての要望に応えるには財源には限界がありますからね。ただ、公共交通は学生や交通弱者に幅広く対応する必要がありますから、乗車率が悪い路線はハイエース級の小型車を投入するなど、廃止ではなく合理化は必要と思います」(山田氏)。

生活路線に対するさまざまな要望があることは確かだが、そのすべてを聞き届けるにはマンパワーも財源も制限がある。交通弱者を見捨てるわけにはいかないが、人件費、燃料、車両保守費など運行経費が高騰する中で、通学生や交通弱者に対応する町営バスの運営は厳しさを増している。

「中標津モデル」の展望と課題

中標津町を中心とした公共交通ネットワークの維持に、バス会社はどのような役割を果たしているのだろう。

釧路市に本社を置く阿寒バスは、広域路線バス5路線（標津標茶線、釧路羅臼線、中標津別海線、中標津市内線、中標津計根別線）を運行している。これらの路線は中標津町と近隣自治体を結ぶ一方、中標津町と釧路市を直結する役目を果たしている。路線が集中する中標津町交通センターを経由することでさまざまなニーズに応えているのである。また、町内の循環バスの運行を担う一方、高校の夏休み、冬休み期間に臨時バスを運行するなど、中標津町内の交通ネットワーク維持に大きく貢献している。

日本最東端のバス会社である根室交通は、根室着発の中標津空港線と根室から札幌に直通する都市間バス「オーロラ号」を運行している。飛行機のダイヤとリンクする中標津空港線は、根室と札幌、東京を行き来する利用者にとって重要な役割を果たしている。

２０２３（令和５）年７月24日に中標津町は地域公共交通計画を策定、町営バス路線をオンデマンド型交通へ移行する検討を始めることになった。

地形の面でも経済の面でも、中標津町は根釧台地の中心都市である。

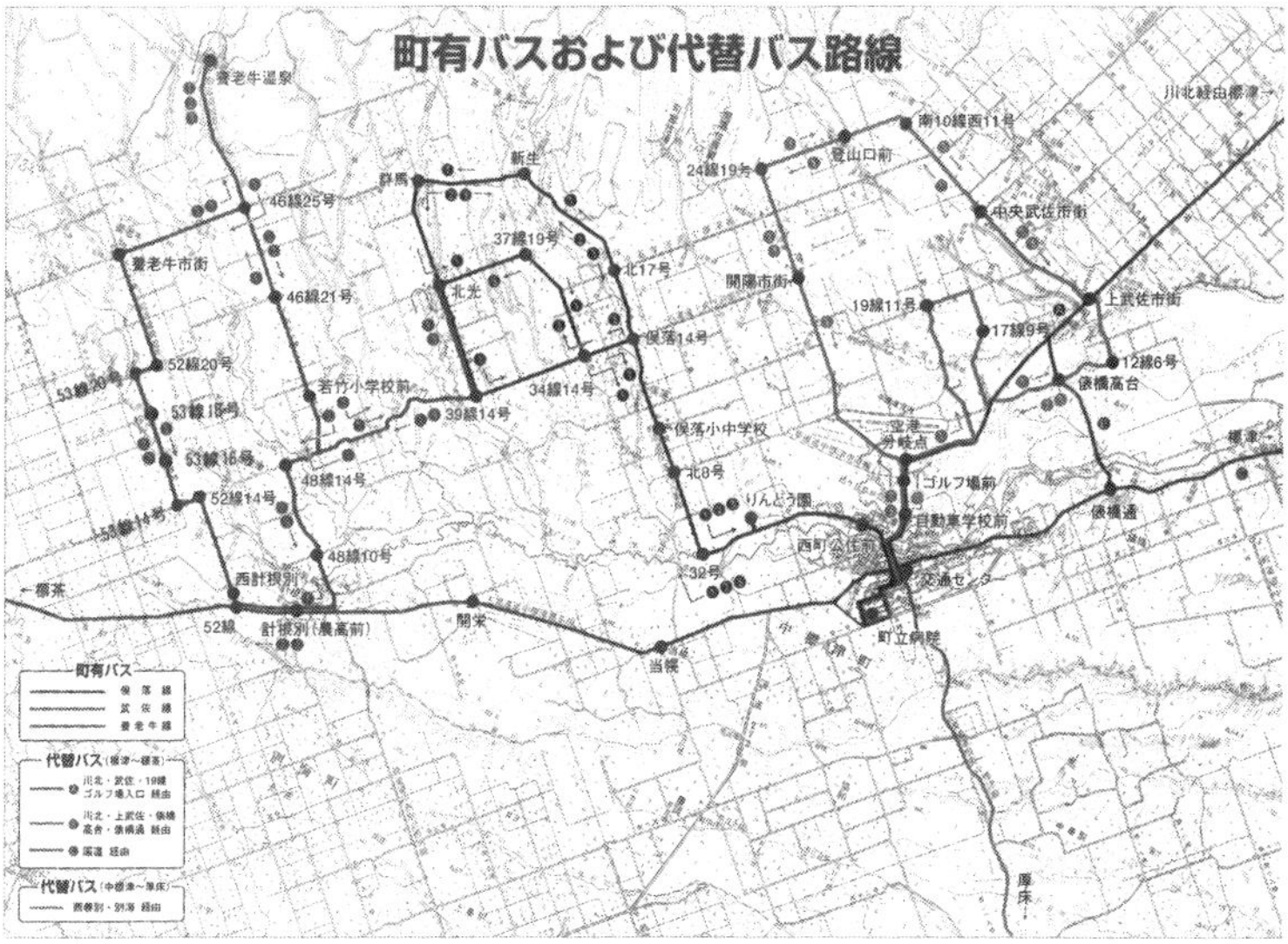

中標津町を細かくネットする町営バス路線

人口は2020（令和2）年現在で2万3010人。もっとも人口が多かったのは2010年の2万3983人だった。一方、国立社会保障・人口問題研究所がまとめた人口推移予測によると、中標津町の人口は2025年は2万2611人、2035年は1万9972人、2050年は1万6552人と減少が見込まれている。しかし、道東各地の市町村の人口減少率が2025年から将来に向かって大きくなっていくのに対して、中標津町の減少率は比較的ゆるやかである。人口数は1980年を100とすると2040年は93を保っていて、これは周辺町村や釧路市に較べても驚くほど高い。人口減少の甚だしい根室市にいたっては1980年の3分の1、指数35まで下がる予測が立てられている。

一人の女性が一生のうちに産む子供の数

	1980年		1995年		2005年		2015年		2025年		2040年	
	人口	指数	人口	指数	人口	指数	人口	指数	人口	指数	人口	指数
中標津町	21,187	100	22,326	105	23,792	112	23,774	112	22,611	107	19,739	93
別海町	19,035	100	17,549	92	16,460	86	15,273	80	13,746	72	11,150	59
標茶町	12,297	100	10,015	81	8,936	73	7,742	63	6,575	53	4,924	40
標津町	7,730	100	7,087	92	6,063	78	5,242	68	4,456	58	3,214	42
釧路市	227,234	100	209,680	92	190,478	84	174,762	77	156,671	69	124,945	55
根室市	42,880	100	34,934	81	31,202	73	26,917	63	22,005	51	15,190	35
帯広市	153,861	100	171,715	112	170,580	111	169,327	110	167,296	109	155,438	101
全国（千人）	117,060	100	125,570	107	127,768	109	127,095	109	122,544	105	110,919	94

中標津町と周辺各地の人口推移と将来推計人口（国立社会保障・人口問題研究所）

を表わす合計特殊出生率を見ると、２０２３（令和５）年の統計で中標津町は１・４９と北海道平均の１・０６、全国平均１・２０を大きく上回り、中標津保健所管内の別海町１・６４、標津町１・５７に次ぐ出生率を記録している。ちなみに、全国最低の出生率を記録した東京都は０・９９である。

「中標津モデル」と呼ばれる中標津町の繁栄は、同町が生産地の中心であり、同時に大きな消費都市である両面性によってもたらされている。中標津から釧路まではおよそ１００㎞あるから気楽に往復できる距離ではない。中標津町はプチ釧路といわれるヒトとモノの物流拠点だからこそ商業は活発である。根釧台地に利便性の高い町があれば人が集まるのも自然な成り行きだろう。

中標津の町内にはすべてのメーカーのカーディーラー、大型商業施設、飲食店、ショップなどが出店し、それらが周辺からの消費者を呼び込む好循環を生んでいる。さればこそ、便利な暮らしをしたいと希望する人たちが集まり、若年層や定年退職者の移住も多い。スポーツ施設や文化施設の誘致、集客活動も活発だ。大いなる自然に囲まれながら「住みやすさ№１のまち」を標榜する中標津町は、生活に必要な公共施設や販売、飲食サービスを集め、人びとの交流拠点とネットワークを整備しようとする拠点づくりに成功していると言っていいだろう。

１９５４（昭和29）年、世界銀行の調査団によって提言された根釧台地の酪農事業（パイロットファーム）は成功を収め、別海村を中心に大規模な牧場が見渡す限りの平原を緑の絨毯《じゅうたん》で埋めつくすことになった。酪農は生き物から食糧を生産することから、付帯する業種も多く、それだけ地域に及ぼす経済効果も大きい。

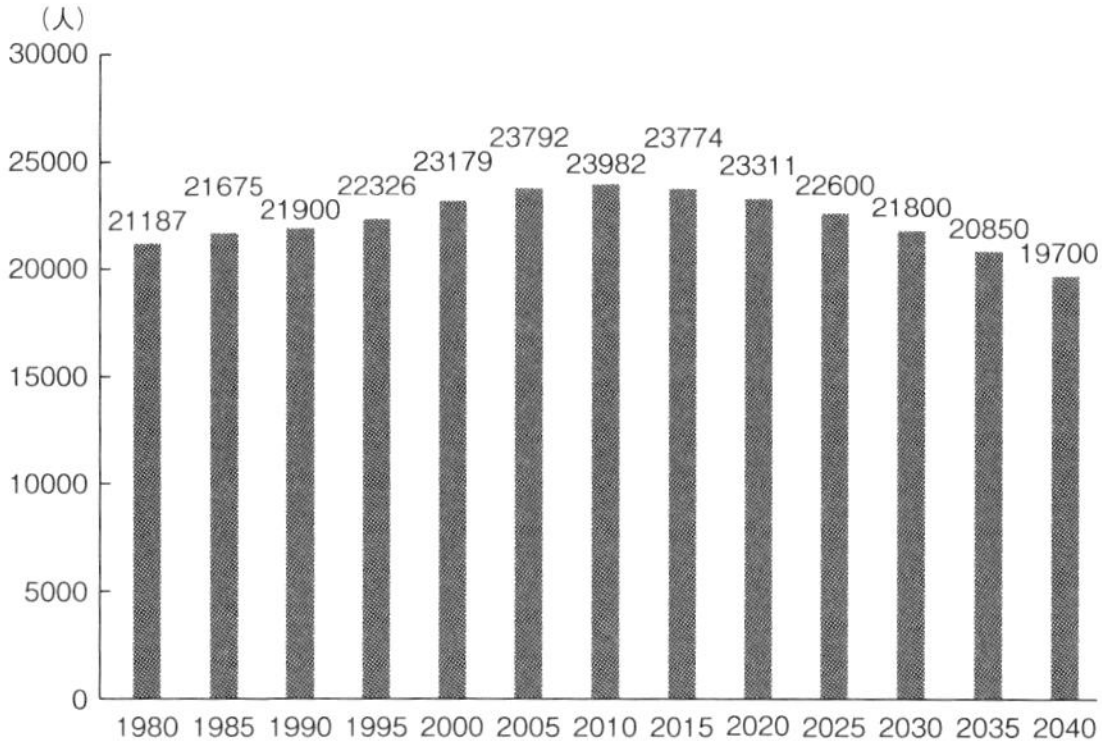

中標津町の人口推移と将来推計人口（国立社会保障・人口問題研究所）

中標津には雪印メグミルク、ＪＡに加え、２０２３年には明治乳業が新工場を建設するなど、３カ所の乳製品工場が集まっている。また、食品加工工場や農機具などの整備工場、チップ工場などもあり、それにともなう飼料、燃料などの運送関連企業も拠点を置いていることから多くの雇用を生んでいる。

人流あるところに繁栄あり。しかし、その人流を呼び込んでいるのはなによりも「仕事」である。地方の人口減少を食い止める方策は、産業の種類を問わず、その町に仕事があることが条件のひとつであることを中標津の繁栄は伝えている。

もうひとつの好条件として根室中標津空港がある。日本航空、全日空によって東京便、札幌便が定期運行され、

根室と中標津空港を結ぶ根室交通による直行便

根釧台地に点在する市町村と札幌、東京を直結する重要な拠点となっている。しかし、空港があるからといって町の繁栄に直結しないことは、オホーツク紋別《もんべつ》空港が良い例になるだろう。2020年の紋別市の人口は2万1249人。1980年に較べて37％減少していて、2045年にはさらに1万人減るといわれている。漁業の不振で仕事が減り、それが急激な人口減少を招く。空港は人流、物流に大きな役割を果たすが、それ自体が町の繁栄を約束するものではない。

　根釧台地の民間空港は1959年に供用が始まった西春別空港（旧日本陸軍計根別第四飛行場）が最初だが、1965年に根室中標津空港に移った。当時は日本近距離航空が丘珠《おかだま》便を就航させていたが、1980年から千歳《ちとせ》便が飛ぶようになり、1990年に滑走路が延長されDC9による羽田便が新設された。

4　中標津空港線を守る根室交通

生活路線としての中標津空港線

現在、根室中標津空港からは東京へ1便、札幌新千歳へ3便、札幌丘珠へ2便が運行されている。羽田空港、新千歳空港を利用すれば、その日のうちに中標津から全国各地、関西、九州へも容易に乗り継ぐことができる。

根室交通が運行する中標津空港線は根室市有磯《ありいそ》（営業所）と根室中標津空港を結ぶ空港連絡路線である。空港バスといいながら、走行距離は87・1㎞および所要時間は2時間余の長距離バスだ。全日空の羽田便、新千歳便と接続する4往復が運行され、年末の帰省ラッシュ時には日本航空の丘珠便に接続する2往復が走る。普通の空港連絡バスと違うのは途中の停留所が多いことだろう。バスは根室市内の各所に停まったのち、厚床駅、風連《ふうれん》、別海高校、別海病院などで客扱いを行なう。停留所の数は31。厚床駅から町立別海病院まで8カ所もの停留所に停まるのは、2023年10月に中標津厚床線のうち厚床～別海間が区間廃止されたためで、空港連絡路線に生活維持路線の役割が負わされたためである。空港線の注意書きに「根室行きは飛行機が遅延しても連絡しません」とあるのは、途中の停留所でバスを待つ乗客を考えてのことだ。

標津線の廃止跡、厚床から別海までは根釧台地らしい起伏に富んだ道を走る。国道243号線は別名パイロット国道。周囲は鬱蒼《うっそう》たる森林であったり、一転、見晴らしのきく牧草地帯だったり、かつて入植農家が苦心して生乳を運んだ道筋をたどる。ほとんど人家を目にすることもなく、日が暮れればあてどのない漆黒《しっこく》の闇に閉ざされるに違いない。停留所は数カ所設置されているが、待つ人の姿はなく、それでもバスは徐行しながら通過していく。

中標津空港線の運行と平行して、根室交通は根室駅前ターミナルと釧路空港を結ぶ新路線の実証運行を行なった。釧路空港からは羽田へ6往復、新千歳へ3往復、丘珠へ4往復が飛んでいるから、根室から直通バスがあれば利便性が増すというものだ。直通バスの所要時間は根室発釧路空港行きが2時間55分、空港発根室行きが3時間40分。2023年11月20日から翌年2月11日まで運行されたが、現在は根室と釧路を結ぶ高速バス「ねむろ号」と釧路空港連絡バスの乗り継ぎが案内されている。

根室交通の納沙布《のさっぷ》線は、根室駅前バスターミナルと日本最東端の納沙布岬を結ぶ路線バスである。根室の市街地を抜け、左手に温根沼、タンネ沼、右手に友知《ともしり》湾を望む花咲半島の茫漠たる風景の中を走っていく。根釧国道44号線は根室が終点だから、ここから岬までは道道35号線をひた走る。晩秋の澄みきった冷気のなか、文字通り、最果てへの細道である。

日本最東端を走る根室交通

1950（昭和25）年に設立された根室交通が花咲半島突端の納沙布岬までのバス路線免許を申請したのは1958（昭和33）年7月のことである。

当時、根室から漁港のある歯舞《はぼまい》までは根室拓殖鉄道が運行していた。起点の根室駅は国鉄駅から1・5㎞ほど離れた根室港近くに置かれ（現・根室交通有磯営業所）、1927（昭和2）年4月に路線免許を取得、1929年12月に根室〜歯舞間15・1㎞を開業した。春先に道路がぬかるみ、通行不能となる地域で、歯舞漁港から根室までの輸送軌道は大いに歓迎され、1933年の輸送実績は、旅客2万3294人、貨物2512tと記録されている。

1959（昭和34）年夏に根室拓殖鉄道を訪れた星良助《ほしりようすけ》氏は『鉄道ピクトリアル』（No.98、1959年9月号）に次の一文を寄せている。

「開業当時、根室—歯舞間は冬ともなれば一切他界と没交渉となり、陸の孤島化し、春になれば申しわけ的な道路は泥海と化すので、当時の歯舞村々長の陳情書に「馬腹《ばふく》を没する……」と書かれて、驚いてこの軌道が作られたというエピソードがある。その2フィート6インチの軌道は、シーズンになると漁獲物や缶詰工場の女工さんらを満載して、8tのタンク機関車が客貨車をひいて最急40‰を上り下りしていた。開業の翌々年1931年、日本車輌東京支店製の単端式ガソリンカーを1両購入した。戦後は釜石礦山から2両の機関車及び札幌田井《たい》自動車製の片運転台式ガソリンカー2両購入と、漸次《ぜんじ》車両の面でもサービスが向上されてきた」。

根室交通が納沙布岬までの路線免許申請を知り、根室拓殖鉄道、歯舞村は同区間のバス路線免許を申請したが、陸運局の仲裁により、1958（昭和33）年12月、根室拓殖鉄道は根室交通と合併することになった。根室拓殖鉄道は1959年9月21日に鉄道路線を廃止し、根室交通が代替する形で根室～納沙布岬間のバス運行を始めるに至った。

根室拓殖鉄道の終点、歯舞駅跡は根室市歯舞歯科診療所が建っている。花咲半島を横断してきた軌道はここからさらに東進する道を探ったが、それは叶わず、いまはその面影を知ることもむずかしい。納沙布岬行きのバスは太平洋を遠くに望みながら、いくつもの集落を通りすぎ、岬へ

根室市と納沙布岬を結ぶ路線バス。根室拓殖鉄道の終点・歯舞駅跡

向かっていく。ここからも根室の高校へ向かう学生がいるし、病院への通院客も少なくない。風が強いことは風力発電の風車の数が物語っている。

根室への折り返し時間、休憩を取る運転手に話を聞いた。

「納沙布岬線は夏のあいだ観光客が多いですが、ふだんは根室とつなぐ生活路線なのです。高校生はもちろんですが、根室の病院に通ったり買い物したりする高齢者の足ですね。集落の小学校は統合されて数が減ったのでスクールバスを走らせています。冬は運転するのがこわいからバスに乗るというお客さんも多いですね。このあたりの地吹雪はすごいですよ。岬なので日によっていろいろな方向から風が吹くから風向きが予想できないのがこわいですね。バスは車体が重いのでまだましですが、空荷のトラックは突風で飛ばされそうになりますよ。夜中に雨が降って夜明けに路面が凍結するとツルツルに滑ります。凍結したところを走ると、タイヤの音がしなくなってハンドルの手応えがなくなる。もちろんブレーキも効きません。速度を落として凍結している箇所を通りすぎるのを待つしかない」。

納沙布岬線は1日5往復（うち1往復は休日運休）。9時55分、バスは40分の休憩ののち根室へ向かって出発する。季節外れということもあって乗客はいないが、途中でクラブ活動に向かうとおぼしき高校生や根室へ買い物に行くらしい老人が乗り込んでくる。歯舞停留所はいつの間にか湧いてきた海霧《かいむ》に包まれていた。

第四章
道北を走る長距離都市間バス——札幌〜枝幸298㎞、5時間半の旅

北海道には札幌を中心に、各主要都市を結ぶ都市間バスが多数運行されている。直接、JR北海道と競合する路線もあれば、すでに廃止された線区の跡をたどるルートもある。その多くが高速道路を走り、それが尽きると一般国道に下りる。長距離路線だけに、季節によっては天候や路面コンディションが目まぐるしく変わる。運転手にとって緊張を強いられるきびしい仕事だ。札幌から音威子府《おといねっぷ》をへて、かつての歌登《うたのぼり》町営軌道のルートをたどって、オホーツク海に面した枝幸町まで走る宗谷バス「えさし号」に乗り、ベテランドライバーのバス人生を垣間見る。

1　豪雪地帯を横断する道央自動車道

冬道の怖さを知り尽くす熟練ドライバー

札幌〜枝幸《えさし》間を5時間半で結ぶ宗谷バスの都市間バス「えさし号」は午前11時30分に札幌・大《おお》

通《どおり》バスセンターを発車する。

美深《びふか》、音威子府、歌登経由で総走行距離は298km。3列リクライニングシート、USB電源、車内WiFi完備のハイデッカーバス。1日1往復とはいえ、国鉄時代には札幌からの直通列車がなかっただけに枝幸町民にとってはたのもしい存在だ。

オホーツク海に面する枝幸は、国鉄時代、南北海道西岸の要港として栄えた江差《えさし》と区別するため駅名を北見枝幸《きたみえさし》と称した。

オホーツク海沿いを稚内から網走まで鉄道で結ぼうとする雄大なオホーツク海縦貫線構想は、「北見国興部《きたみのくにおこっぺ》ヨリ幌別、枝幸ヲ経テ浜頓別《はまとんべつ》ニ至ル鉄道」、すなわち興部と浜頓別を結ぶ興浜線《こうひん》の全線開通を待つばかりだった。北見枝幸～浜頓別間の興浜北線《ほくせん》は1936年、興部～雄武《おうむ》間の興浜南線《なんせん》は1935年に開通していて、残る区間の工事も戦後になって着工される。しかし、予算の割り振りなどやトンネル工事で月日を費やすうち、1980年に国鉄再建法が施行されると興浜北線／南線とも廃止対象となり、当然の成り行きで北見枝幸～雄武間の建設も中止となった。

国鉄時代、札幌から北見枝幸へ向かうには、札幌を11時に発車する急行「天北《てんぽく》」を利用し、浜頓別で乗りかえる必要があった。浜頓別回りとはいえ急行列車の所要時間は7時間を要していたから、札幌～枝幸間を5時間半で走る都市間バス「えさし号」の快速ぶりが分かる。

14人の旅行客を乗せた「えさし号」は粉雪が舞う札幌・大通バスセンターを出発し、豊平川《とよひらがわ》に沿って東進、札幌ICから道央自動車道に乗る。

町域の大部分が森林で、特別豪雪地帯に指定されている美深へ帰るという婦人客は「えさし

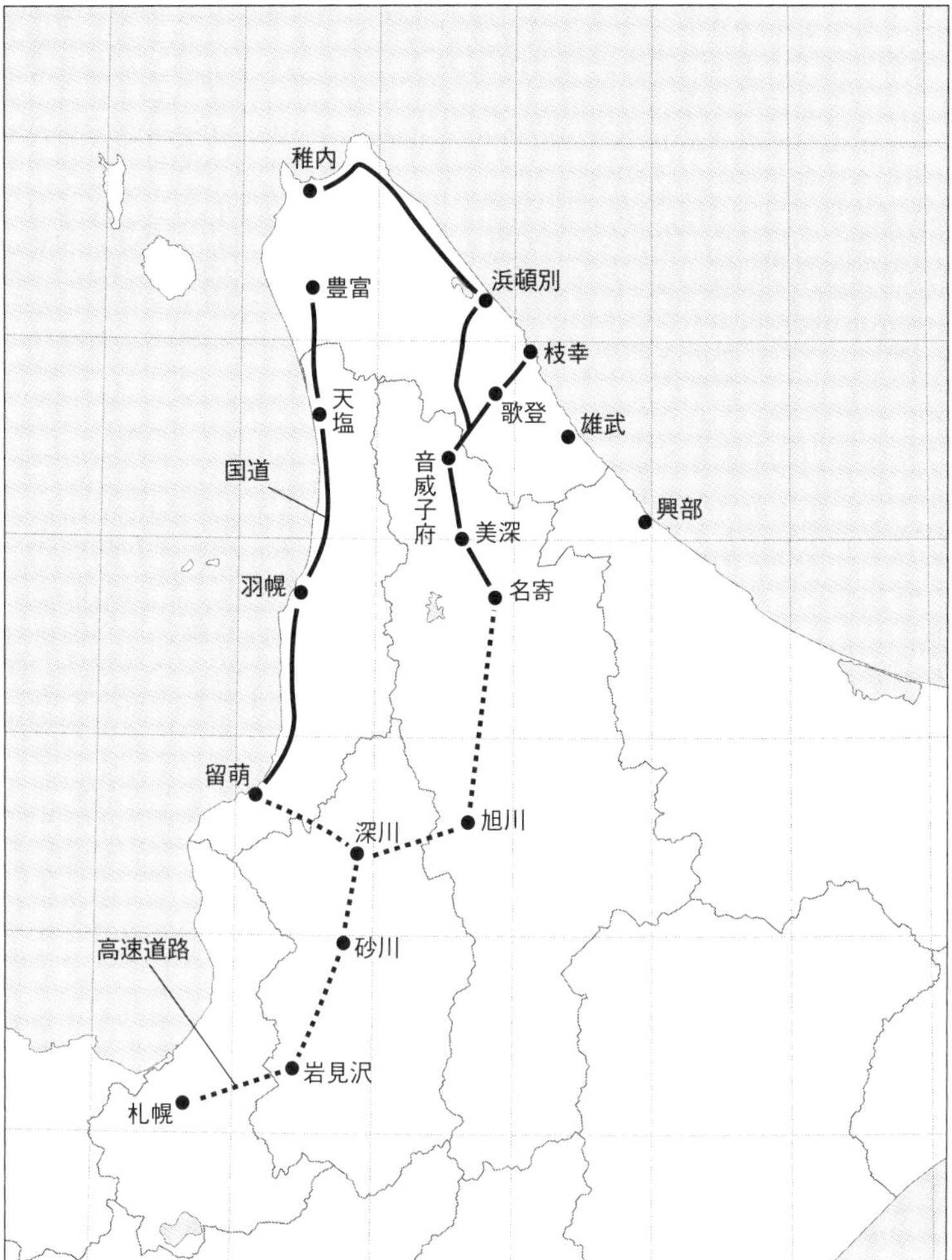

道北のバス路線と本章行程図

号」の常連で、宗谷バスのボディに描かれた美深町のイメージキャラクター「びふか君」がお気に入り。頭がカボチャなのは美深町が栗カボチャの名産地だからだ。「秋に収穫して冬まで寝かせるとぐっと甘さが増すのよ」と教えてくれた。

札幌から美深まで3時間50分。同じ時間帯にJRを使うと、札幌12時発の「ライラック15号」から旭川で「サロベツ1号」に乗り換え美深到着は14時50分。都市間バス「えさし号」は美深に15時20分着だから所要時間はJRの方が1時間短いが、旭川での乗り換えがあり、運賃は350 0円高い。乗り合わせた男性客は美深に住む両親のご機嫌伺いにいつもこのバスを使うと話してくれた。

札幌インターチェンジ手前の交差点は路面が荒れていて、補修工事の後にできたと思われる段差があった。ある程度のショックを覚悟して身構えるが、ほとんど衝撃もなく乗り越える。エアサスペンションの効果もあるにせよ、段差の手前で減速していったん前輪に荷重をかけ、すぐに加速して前輪の荷重を心持ち抜くことで衝撃を和らげる運転テクニックである。

札幌インターチェンジを入ってすぐ、上りの札幌行き「えさし号」とすれ違う。枝幸ターミナルを早朝7時に発車し札幌に12時25分に着く便利なダイヤだ。

「都市間バスは営業所を出ると無線が入らないのですが、バス同士は直線距離で20〜30㎞くらいまで無線が到達するのでその日の情報交換をします。行く手の天候や高速道路の工事や渋滞を聞くわけで、周波数の関係で他社のバスの無線も入りますよ」と語るのは今日の「えさし号」の運転手・今井一郎氏である。氏は2018年に夕張《ゆうばり》鉄道に入社し、夕鉄バスの運転手を5年務めたのち2023年に宗谷バスに移った。豪雪地帯として知られる夕張西方の石狩平野での路線バスの経験が長く、油断できない冬道のこわさを知り尽くしているベテランだ。

「事故や悪天候、視界不良で通行止めになるとサービスエリアに入って営業所に連絡します。自分なりの対応策、つまり迂回するルートなどを伝えて営業所の許可を取るわけです。道央自動車道が江別や岩見沢で通行止めになったとき、混雑する国道12号線を避けて国道275号線に迂回したいというようにです」(今井氏)。

JR特急との熾烈な乗客獲得競争

宗谷バスの都市間バスにはインターネット回線を使ったデジタルタコグラフが装備されているので営業所と本社は常にバスの現在位置を把握している。それに加え、一部のバスには、冬の都市間バスの路面状況や動物の飛び出しを写すリアルタイムカメラが試験的に装備されている。これは北海道大学との共同研究によるものだ。

本線に合流した「えさし号」は進路を東に取り、小雪のちらつく道央自動車道を快調に飛ばしていく。制限速度100km/hに対して85~90km/hの快適な巡行だ。

この日は危惧していた市内の渋滞もなかったが、札幌の恒常的な問題として、バスの発着する駅周辺や大通と道央道のインターチェンジをつなぐ市内高速がなく、高速道路に乗るまでの市内通過に時間がかかる点があげられる。積雪時、除雪された雪の壁が道路両側を狭め、車線が減ることで生じる渋滞も悩みの種だ。東京でも関越自動車道・練馬インターチェンジから都心へ直通する首都高速道路がないため、練馬出口から都心へ向かう上り線の渋滞は慢性的だ。札幌ＩＣも練馬ＩＣも周辺部にクルマを分散させる環状高速道路に接続させているが、直接中心部へは向かえないため渋滞緩和の効果は限定的にならざるを得ない。

大通バスセンターを出て30分で野幌《のっぽろ》パーキングエリアを通過し千歳川を渡る。気温氷点下７℃、風速８ｍ。いつの間にか速度は１００㎞／ｈに上がっていて「横風注意」の点滅信号が後方へ飛んで行く。路面が黄色っぽく見えるのは融雪剤（塩化カルシウム）のためだ。

３列シートでゆったりすごす車内はまったく快適だ。圧雪を踏みしだいて直進するトップドアバスの乗り心地はおどろくほどフラット。ある程度の最低地上高が確保される都市間バスは、バリアフリー対応の低床路線バスと違ってサスペンションストロークに余裕があるためだろう。

乗客はスマホに見入ったり居眠りしたり。枝幸まで乗り続けるという仲のいい老夫婦は弁当を頬張り、思い思いの時間を過ごしている。日常生活を運ぶ路線バスに対して、週末の都市間バスは旅の空気に満ちている。さまざまな人生を乗せ、「えさし号」は小雪の舞う道央自動車道を疾《しっ》駆《く》していく。

岩見沢のあたりは雪が深い。石狩川が荒れ狂って作った平地は遮るものがなく、北側の樺戸《かばと》山地と南側の三笠《みかさ》山地にはさまれているから、石狩湾から進入する湿った北西の風が流れ込んで大雪を降らせる。年によって、季節風が真北から入ってくると札幌が大雪、西向きに入ってくると岩見沢、江別《えべつ》が大雪となる。

岩見沢インターチェンジを過ぎたあたりで、高速道路上を後方から接近してきた道北バスを先行させる。札幌駅前バスターミナルを「えさし号」と同時刻に発車した「高速あさひかわ号」だ。札幌~旭川間を結ぶ都市間バスは26往復。そのうち16本を北海道中央バス、６本を道北バス、４本をＪＲ北海道バスが運行しているが、ＪＲの特急「ライラック」より1時間近く所要時間がかさむため先を急ぐ必要がある。札幌~旭川間の料金は２５００円、ＪＲ特急は４６９０円だ。されば、長距離ランナーの「えさし号」は、ダイヤ通りに走っている限り、ＪＲ相手に熾烈《しれつ》な競争を挑んでいる「あさひかわ号」に道を譲るのがバス運転手の仁義というものだ。

全長１０００ｍの美唄トンネルを抜けると、まぶしさのなか長い下り坂にかかる。

先を急ぐ北見行きバスを先行させる

２０２４年の冬はとりわけ美唄付近の雪が深く、江別~岩見沢~美唄~滝川間で高速道路の通行止めが頻発した。石狩川に沿った美唄、岩見沢、滝川、深川エリアは、豪雪地帯対策特別措置法に定める「積雪の度が特に高く、かつ、積雪により長期間自動車の交通が途絶する等により住民の生活に著しい支障を生ずる地域」として特別豪雪地帯に指定されている。

夏場より車間距離を長く取れとの指示「冬道車間２００ｍ」の標識の先で工事規制が始まった。一車線をつぶしての舗装補修工事によって制限速度は50km／ｈとなった。

旅ならではの時間の流れ

心持ち速度を落とした「えさし」号の横をゆっくりと北海道北見バスが追い越していく。札幌中央バスターミナルを11時30分に発車した網走バスターミナル行きの「ドリーミントオホーツク」号である。全行程6時間半（夏期は6時間）の長距離バスは留辺蘂《るべしべ》、北見、美幌《びほろ》、女満別《めまんべつ》に停まり、同じ区間を走るJRの特急「オホーツク」より1時間ほど余計にかかる。高速道路（旭川紋別道）が遠軽までしか開通していない現状を考えれば、「ドリーミントオホーツク」号の時間のきつさは容易に想像できる。みるみる視界から去っていく真紅のバスの運転台では、ドライバーが眦《まなじり》を決して、運行ダイヤを守ろうと奮闘しているはずだ。

12時35分、茶志内《ちゃしない》パーキングエリアを通過。気温氷点下7℃、路面温度氷点下5℃、風速3mのハイウェイ情報表示を確認する。坂を下りきって奈井江川《ないえがわ》を渡り、ゆるやかなアップダウンを通過すると、最初の休憩を取る砂川《すながわ》サービスエリアまでは2㎞を切る。

12時48分、砂川サービスエリアに入りおよそ20分の停車。眠りこけている何人かを除いて乗客がバスを降り、つかのまのリラックスタイムを楽しんでいる。

ゆっくりとトイレを使い、熱い飲み物を仕入れ、時間があればサービスエリア内を散策する。一角に設けられた「シマエナガ」コーナーは好評だ。日本では北海道にしか生息しないシマエナガは、本州で見られる褐色のエナガと違って全身真っ白の愛らしさ。タオルやら、ぬいぐるみやら、ボールペンやら、ほかでは見られない品揃えがうれしい。

途中駅の停車時間は2分に過ぎず、車内販売もなくなったJR特急に対して、都市間バスの20分停車は忘れかけていた旅の余韻を思いださせてくれる。

「片道400kmを越えない限り運転手交替はしなくていいことになっています。ただし4時間以内に30分休憩しなければなりません。「えさし号」は砂川と音威子府で休憩停車を取ることになります。札幌から枝幸までの道の状況はだいたい把握しています。どこの路面が荒れているか、音威子府から先の山道ではどこにどれだけのカーブがあるかも記憶しています」（今井氏）。

鉄道の機関士は走る路線のカーブ、勾配、トンネル、橋梁、踏切などをすべて諳《そら》んじていて、荒天や前灯故障で視界が閉ざされていても走ることができたといわれるが、長距離バスの運転もそれに似た能力を求められるのだろう。

「ここから先、旭川への登りが長くてきついのです。道北の各地に燃料を運ぶタンクローリーに道をふさがれて往生することがありますよ。片側2車線ですが雪が多いと交通量が多い走行車線は滑りやすいので、トレーラーは追越し車線をゆっくり登ることがありますからね」。

2　士別剣淵インターチェンジから国道40号線(名寄国道)へ

道央自動車道からの眺め

砂川サービスエリアを13時10分に発車した「えさし号」は薄く圧雪された道央道《どうおうどう》を快調に飛ばし、5分後に滝川インター、7分後には深川留萌道との分岐点に差しかかる。沿岸バスの豊富行き都市間バス「はぼろ」号はここで本線と分かれ、留萌まで快適な高速道路（一部無料）を走っていくはずだ。

深川インターチェンジを過ぎてしばらく行くと道央道は大きく左へカーブを切り、切り通しや谷間、トンネルが断続する山あいの道を登っていく。常盤《ときわ》トンネルの入口付近の標高は305mあって道央自動車道の最高点だ。積雪が目立って深くなっている。

かつて函館本線や国道12号線（神居《かむい》国道）は、石狩川の急流が形作った急峻《きゅうしゅん》な隘路を進んだが、鉄道は神威古潭《かむいこたん》の勾配とカーブを避ける長大トンネルを掘り1969年に山中を貫く新線に切り替わり、国道12号線も1983年に神威古潭トンネルを通る新ルートが開通している。

道央道からの眺めは季節により、天候により、時間によって変幻するという。ある日の情景を今井氏は次のように書き記している。

chikuma primer shinsho ★ ちくまプリマー新書《さいしょのしんしょ》

★3月の新刊 ●10日発売

〈ちくまプリマー新書創刊20周年〉

484
自分にやさしくする生き方
伊藤絵美 公認心理師、臨床心理士

セルフケアは「一人で頑張る」ものではありません。本書と一緒に、心の根っこにあるストレスに気づき、解消して、自分にやさしくする技術を身につけましょう。

68515-5 990円

485
AIに書けない文章を書く
前田安正 「未來交創株式会社」代表取締役

AIが文章を生成する時代に、私たちはいかにことばと向き合っていくのだろう。ベストセラー『マジ文章書けないんだけど』著者と探求する書くことの意義と技術。

68517-9 946円

486
自己肯定感は高くないとダメなのか
榎本博明 心理学者

高校生の7割が「自分はダメな人間だ」と思うことがある。その心理メカニズムを解明すると、何を鍛え何を高めればいいのか、自己肯定感を育む方法が見えてくる！

68519-3 924円

好評の既刊 ＊印は2月の新刊

イスラームからお金を考える 長岡慎介 無利子銀行、喜捨。イスラーム経済とは？ 68507-0 924円

よりみち部落問題 角岡伸彦 被差別部落に生まれて。今語る過去と未来 68511-7 990円

読まれる覚悟 桜庭一樹 書き手の心を守る〝読まれ方入門〟 68512-4 880円

「嘘をつく」とはどういうことか——哲学から考える 池田喬 悪いとわかっているのになぜ人は嘘をつく？ 68509-4 990円

読めば分かるは当たり前？——読解力の認知心理学 犬塚美輪 認知心理学の観点で読解のプロセスを紐解く 68513-1 990円

＊**池上彰の経済学入門** 池上彰 キホンの仕組みや考え方を解説します 68481-3 880円

＊**大学でどう学ぶか** 濱中淳子 大学4年間を無駄にしないための成長の条件 68514-8 946円

＊**国際協力ってなんだ？**——つながりを創るJICA職員の仕事 大河原誠也編 JICA若手職員が語る、人と協力する仕事 68510-0 1078円

6桁の数字はISBNコードです。頭に978-4-480をつけてご利用下さい。

3月の新刊 ●12日発売

ちくま学芸文庫

新版 古代ギリシアの同性愛

K・J・ドーヴァー 中務哲郎／下田立行 訳

西洋古典学の大家が、文学・美術・法文献を徹底的に調べあげ、同性愛の道徳・美的感覚から具体的作法にまで迫った記念碑的名著。（栗原麻子）

51290-1 1980円

詩の構造についての覚え書

入沢康夫 ■ぼくの《詩作品入門》

「詩は表現ではない」。では、詩とは何か。作者と発話者の区別など、詩作品成立の根本問題を論じ、大きな反響を呼んだ長篇評論。（野村喜和夫）

51292-5 1210円

新編 人と人との間

木村敏 ■精神病理学的日本論

日本人が自己存在の根底に置いている超個人的な場所「人と人との間」を精神医学的に論じる。講演「人と人とのあいだの病理」を併録。（清水健信）

51293-2 1430円

増補 古典としての旧約聖書

月本昭男

旧約聖書とはいかなる書物か。複雑で多層的な構造をもつその内容を、様々な角度から読み解く珠玉の講演集。文庫化にあたり5本もの講演を大幅増補。

51294-9 1430円

事物の本性について

■宇宙論

ルクレティウス 藤沢令夫／岩田義一 訳

万物の原理を知ることで心の安定を得よ——。エピクロスの原子論的宇宙観を伝える貴重な史料であり、後代にも絶大な影響を与えたラテン語詩の傑作。

51301-4 1760円

6桁の数字はISBNコードです。頭に978-4-480をつけてご利用下さい。
内容紹介の末尾のカッコ内は解説者です。

3月の新刊 ●14日発売

筑摩選書

0299
虚構の日米安保
獨協大学名誉教授
古関彰一

▼憲法九条を棚にあげた共犯関係

平和憲法を骨抜きにした日米共犯の安全保障史をひもとき、強引な安保関連法制定の舞台裏を読む。米国の一貫した戦略、日本と米国の信頼が揺らぐ理由とは。

01817-5
2090円

0300
ドキュメント 北海道路線バス
交通ジャーナリスト
椎橋俊之

▼地域交通 最後の砦

危機に瀕する北海道の路線バスの現状を現地徹底取材。経営者、運行管理者、運転手の生の声を記録し、地方交通問題を総合的に考察。問題解消への方策を提言する。

01818-2
1980円

好評の既刊 ＊印は2月の新刊

「信教の自由」の思想史——明治維新から旧統一教会問題まで
小川原正道 宗教法制の動向から読み解く近現代思想史
01804-5 1925円

日本半導体物語——パイオニアの証言
牧本次生 「ミスター半導体」が語る内側からの開発史
01806-9 1925円

天皇たちの寺社戦略——法隆寺・薬師寺・伊勢神宮にみる三極構造
武澤秀一 伽藍配置に秘められた古代天皇の戦略を探る
01807-6 2310円

アルジャイ石窟——モンゴル帝国期 草原の道の仏教寺院
楊海英 草原の仏教寺院とその貴重な文化財を紹介
01808-3 2090円

基軸通貨——ドルと円のゆくえを問いなおす
土田陽介 強いドルの歴史と現在の深層を解説する
01809-0 1870円

個性幻想——教育的価値の歴史社会学
河野誠哉 学校教育における〈個〉の意識の変遷を探る
01811-3 1925円

都市社会学講義——シカゴ学派からモビリティーズ・スタディーズへ
吉原直樹 都市／都市社会学の現在と未来を問う
01810-6 1870円

比較文明学の50人
小倉紀蔵 編著 鋭敏な感覚を持つ日本の五〇人の知を論じる
01814-4 2420円

ゴッホ 麦畑の秘密
吉屋敬 画家ならではの視点で画業の真実に光を当てる
01812-0 2200円

ほんとうのフロイト——精神分析の本質を読む
山竹伸二 フロイトの発見した人間性の本質に迫る
01815-1 1925円

＊清沢満之の宗教哲学
山本伸裕 真の復権はここから始まる
01813-7 1980円

＊国連入門——理念と現場からみる平和と安全
山本栄二／中山雅司 元外交官と研究者が実像に迫る
01816-8 1870円

6桁の数字はISBNコードです。頭に978-4-480をつけてご利用下さい。

3月の新刊　●10日発売

ちくま新書

1845
なぜ人は自分を責めてしまうのか
公認心理師、臨床心理士
信田さよ子

「自責感とうまくつきあう」。当事者の言葉を辞書として、私たちを苦しめるものの正体に迫る。公開講座をもとにした、もっともやさしい信田さよ子の本。

07674-8
968円

1846
フッサール入門
立命館大学准教授
鈴木崇志

現象学は私と世界の関わりを問い、身近な他者ともう一度出会いなおす試みだ。前人未踏の地平で孤独に考え、現代哲学を切り拓いたフッサールの思想の全貌に迫る。

07673-1
1034円

1847
風俗嬢のその後
NPO法人風テラス　前理事長
坂爪真吾

性風俗で働かざるを得なかった原因をインタビューをもとに分析し、誰もが自分の名前で働き、経済的・精神的に自立できる社会を実現するための方策を示す。

07675-5
1100円

1848
私たちは何を捨てているのか
▼食品ロス、コロナ、気候変動
食品ロス問題ジャーナリスト
井出留美

年間4兆円、大手コンビニ1店舗468万円――日本の食品ロスで「捨てる」金額だ。地球規模の事件と複雑に繋がり、持続不可能な食料システムを明らかにする。

07677-9
1012円

1849
ファラオ
▼古代エジプト王権の形成
早稲田大学考古資料館学芸員
馬場匡浩

エジプト文明はなぜ三千年にもわたり存続しえたのか。その統治者たるファラオの王権はいかにして形成されたのか。最新研究から古代エジプト世界の根源に迫る。

07676-2
1056円

6桁の数字はISBNコードです。頭に978-4-480をつけてご利用下さい。

山々が　冬尽く空に　白光り

昨日、今日と良い天気。

雑念の無い空気が、まだまだ雪深い山の白を引き立てる。

札幌から枝幸へ。

道央道の札幌ＩＣから高速に乗ると久し振りに遠くを見通せる空気になっていた。

野幌《のっぽろ》パーキングを過ぎると緩やかな左曲線。

我が愛する夕張岳が左から右に移動してきて正面になると、余りの美しさにうっとり。

更に進むと生死の境を垣間見せられた因縁の芦別岳は荒々しくもやはり美しかった。

夕張岳は女岳《めだけ》。芦別岳は男岳《おだけ》。

夕張山地が右に流れ出すと左にピンネシリ、隈根尻《くまねしり》を主峰《しゅほう》とする樺戸連山。

またコレも美しい。そして奥に暑寒別岳《しょかんべつだけ》。

毎日、道央道を走っているが、年に数回あるかどうかの美しい山の競演。

そして旭川への隧道《すいどう》を３つ抜けると大雪山系《たいせつさんけい》。

凍結する冬の道央道

控えめな北大雪《きたたいせつ》の天《て》塩岳《しおだけ》も光輝いていた。

道央自動車道は神威古潭の北側を常盤、江《え》丹別《たんべつ》、嵐山《あらしやま》の長いトンネルで貫き、旭川盆地へ下っていく。今井氏の言うように、前に足の遅いタンクローリーやトレーラーがいたら定時運行はむずかしくなるだろう。

函館本線に沿って東進してきた道央自動車道は旭川から進路を北に取り、宗谷本線に沿って北上していく。冠雪した比布《ぴっぷ》ジャンクションで、上川《かみかわ》、丸瀬布《まるせっぷ》経由で遠軽まで延びる旭川紋別自動車道を分岐。蒸気機関車時代、宗谷本線の難所だった塩狩《しおかり》峠も高速道にはなだらかな丘陵越えに過ぎず、長い坂を下って14時5分に和寒《わっさむ》を通過した。宗谷区間に入ってさすがに雪は深まり、凍結防止のため道路に撒かれた融雪剤を白く巻き上げながらバスは疾駆していく。

道央道の暫定的な終点・士《し》別剣淵《べつけんぶち》インターチェンジを下り、国道40号線（名寄国道）を走る。士別はバイパスがないから街中を進むことになるが、見通しのいい市街地の直線道路には信号機が林立していて、青信号に変わって進んでいくとまた信号で停められるの繰り返し。バス運転手の間では、士別市内の国道を30km／hか60km／hで走れば信号で引っかからないという噂もあるが定かではない。

「えさし号」は天塩川を渡り、半ば凍結した国道を60km／hで走って名寄市街に入る。士別に較べて道が広いこともあってバスは快調に北上を続けている。名寄美深道路の右手には宗谷本線が並走し、「稚内へ179km」の標識を通りすぎれば美深は近い。

美深インターチェンジを出て市街に入る。15時10分、札幌市内を出て最初の降車地で5人がバスを降りる。言葉を交わした婦人客は家族の出迎えを受け、大通バスセンターでバスの乗車口を教えてくれた男性客は足早に通りを歩き始めた。いつの間にか雪は密度を増してきて、窓の外にまぶしいほどの明るさがあふれ、除雪車を先頭に雪捨てダンプの列が忙しげに追い越して行った。

ちなみに、人口3700人余(2024年3月)の美深町は宗谷地方における稲作の北限地である。また、宗谷本線の初野、恩根内《おんねない》駅は2024年3月に廃止されることが決定していて、これで広い美深町内のJR駅は美深のみとなる。

閑散とした音威子府交通ターミナル

左手に天塩山地、右側を北見山地を望む名寄国道はほとんどカーブのない直線基調の道路である。一気に定規で引いたような雄大なストレートが延々と続き、60km/hの巡行速度がもどかしいほどだ。吹雪が大きなフロントガラスをチリチリと音を立てて叩き、ワイパーが忙しく往復している。

15時45分、バスは音威子府駅に到着、25分の停車となる。

本来、「音威子府駅」と表示されるべき駅の看板は「音威子府交通ターミナル」と表記してある。音威子府駅には1日8本の列車が発着し、そのうち3本は特急列車だ。札幌に直通する特急は「宗谷」だけとはいえ、オホーツク海沿いと札幌や旭川を結ぶ都市間バス「えさし号」、「天北」号も発着している。音威子府村の人口は全盛期の4000人超(1950年)から632人

鬼志別発旭川行き「天北」号（右）と枝幸発札幌行き「えさし」号が接続する音威子府交通ターミナル

（２０２４年２月）まで減っているが、かつて宗谷本線と天北線が分岐していた時代と同様、道北の交通拠点であり続けようとする村の意志が「音威子府交通ターミナル」の看板に込められているのだろう。

「えさし号」に並んでハイエースが停まった。乗り換え客は２人。これは２０２３（令和５）年９月まで宗谷バスによって運行されていた天北宗谷岬線（音威子府〜中頓別《なかとんべつ》〜浜頓別《はまとんべつ》）の代替オンデマンドバスだ。ボディに牛や白鳥のイラストがあしらわれ、「地域間デマンドバス」の文字があざやかだ。運営は音威子府村、中頓別町、浜頓別町が行ない、国土交通省自動車局の規定では交通空白地有償運送に含まれる。運転者は二種運転免許あるいは自家用有償旅客運送に関する大臣認定講習を受けた一種免許保有者であることが求められる。旧・天北線に沿って走る音威子府→浜頓別間の料金は１５００円、所要時間は１時間20分。運行ダイヤは音威子府発が３本、浜頓別発は１本で、予約は電話で前日18時まで。都市間バスで来たら音威子府に家族がクルマで迎えに来たという雰囲気だった。

高速道路のサービスエリアと違って交通ターミナルは閑散としていて売店もない。ソフトドリンクの販売機が冷たい飲み物ばかりなのは、温める電気代が莫大になるためか、あるいは温めるには置き場所が寒過ぎるからなのか……。乗客は吹雪の舞う駅前の寒さにたじろぎ、早々にバスへ戻っている。

「都市間バスとはいえ、ここから先、音威子府から枝幸までは路線バスの代替扱いで、停留所ごとにお客さんがいれば乗せるわけですが、その一方でこの区間は制限速度ギリギリで行かないとダイヤ通りの運行はむずかしいですよ」（今井氏）。

おもむろに雪空の明るさが失われてきて、氷点下8℃の寒さが身に沁みる。夜の気配が忍び寄る16時5分、「えさし号」は国道40号線と別れ、北見山地の北の縁をかすめて浜頓別へ向かう国道275号線（美深国道）に足を踏み入れる。

音威子府～浜頓別を結ぶ町営オンデマンドバス

宗谷本線のガードをアンダーパスし、冠雪凍結した二級国道275号線を60km／h少々で登っていく。速度が落ちれば時間通りの運行はむずかしい。

「音威子府を出てすぐに宗谷本線のガードをくぐるのですが、ここが大雨で通行禁止になったことがあって、そのときは「えさし」号のルートを変更し、音威子府の手前の咲来《さっくる》から峠を越えて歌登《うたのぼり》に出たことがありました」（今井氏）。

道の両側に美しい雪模様をみせる防雪林が広がり、人家の絶えた原野が落陽の薄い闇に沈んでいる。暖房で曇った窓ガラス越しに頼りなげな夕陽がぼんやりと浮かび、葉のひとつもない林が流れていく風景は、ここがシベリアと言われてもいささかも違和感がない眺めだ。

3　天北線跡から歌登町営軌道跡へ

凍てついた国道を進む「えさし号」

音威子府から小頓別までは天北線の跡に沿って走る。

鉄道建設当時、名寄以北の路線選定はサロベツ原野経由とオホーツク海沿い経由の二案が検討されたが、天塩川の舟運を利用できる幌延経由（宗谷本線）より天然資源の豊富な浜頓別回りのルート（天北線）が優先されることになった。計画当初、咲来から現在の道道220号線に沿って咲来峠を越え、北見枝幸に至るルートが検討されが、当時の技術では咲来峠の峻険《しゅんけん》を越える困難を克服できず、音威子府から小頓別《しょうとんべつ》、浜頓別を経由して稚内を目指す天北線ルートとなった。

浜頓別に向かう天北線が、無尽蔵といわれた原木の積出しを目的に小頓別まで開通したのは1914（大正3）年。その後、中頓別、浜頓別、鬼志別《おにしべつ》と路線が伸び、1922年に南稚内《みなみわっかない》まで開通した。しかし、樺太《からふと》連絡の幹線（宗谷線）として脚光を浴びたのはわずか2年。1924（大正13）年に音威子府〜南稚内間の天塩線（後に宗谷本線に改称）が開通すると、勾配のきつさもあってたちまち主役の座を奪われ、線名も北見線に改称された。しかし、北見市からは遠く離れていることもあって、１９６１（昭和36）年から天北線を名乗ることになった。

人家もない、対向車もやってこない凍《い》てついた国道を「えさし号」は進んでいく。天北川に沿った片側二車線は右へ左へゆるやかなカーブを切り、天北峠の頂きを目指して徐々に高度を上げていく。浜頓別へ48km。峠の頂上にはトイレ付きの休憩所があるが広い駐車場にクルマの影はない。寝息が聞こえる薄暗い車内。ヘッドライトに照らし出される小頓別への下り道は部分的に凍結していて、乗客７人分の人生を引き受けるドライバーは慎重かつ大胆に峠を下りていく。

16時20分、小頓別バス停に到着。その手前に木造の歴史的建造物がある。小頓別のランドマーク、旧丹波屋《たんばや》旅館は１９１４年、天北線・小頓別駅の開業に合わせて開業した。１９２８年には腰折れ屋根と観音開きの上下窓を持つ３階建てのサロン風洋館を増築し、２０００年には国登録有形文化財に指定されている。小頓別は大正から昭和の初めにかけて勃興した造林ブームの中心地で、良質のトドマツ、エゾマツを求めて材木商が集まり、その多くが宿泊した丹波屋旅館は村のにぎわいの象徴でもあった。

旭川〜鬼志別間を結ぶ宗谷バスの都市間急行「天北号」は小頓別から旧・天北線に沿い、上頓《かみとん》別《べつ》、中頓別を通ってオホーツク海に面した浜頓別に出る。一方、枝幸を目指す「えさし号」は小頓別で道道12号「枝幸音威子府線」に入り歌登を経由して東進していく。

「この区間は鹿が多くて熊も出ます。先輩の運転で便乗していたとき親子熊がいきなりバスの前を横切って急ブレーキで避けたことがありました。夕張の鹿は道路に出る前に止まるのですが、道北の鹿はいきなり飛び出してくる。気をつけるのは朝と夜です。夜、目がキラリと光ると身構えますよ。カラスがパッと飛び上がるときも鹿がいる可能性が大きい。そういうときは速度を落とさないと危ない。50～60㎞／hで鹿に衝突したら乗用車ならたちまち廃車ですよ」（今井氏）。

道道12号線に入ると毛登別《けとべつ》峠へ向けて、くねくねと曲がる登り坂がはじまる。道路は雪に覆われているが、圧雪路とその底が凍っているアイスバーンの見分けはむずかしく、そこは経験がものをいう領域である。

「重量バランスの関係なのか都市間バスはそれほど滑らないのです。それでも路面のコンディションはさまざまで、凍っているかどうかはタイヤ音がひとつの判断材料になります。凍っていないときはタイヤが水をはじく音が聞こえてきますが凍ると音がしなくなる。摩擦係数が落ちて水を引っ張らなくなるからでしょうね。だからタイヤ音がしなくなったら減速します。幹線道路は長距離トラックが車体に付着した融雪剤を落としていくのでシャーベット状になることが多く、市街地は建物の陰になったところが凍結しているので、路面コンディションが目まぐるしく変化するから注意が必要です。途中のバスターミナルに入る道は地元の人しか通らないのでカチカチに凍っていることがありますね。冬道はいろいろなコンディションがありますから、走ってみて自分なりの経験を積むしかないのですが、運転手同士のコミュニケーションを通してそれが伝承されていけばいいと思います」（今井氏）。

殖民軌道の光芒とともに

天北線が浜頓別へ抜ける天北峠ルートを採用したことで歌登、枝幸は官設鉄道網から外れることになった。当時、鉄道幹線から外れた奥地の鉄道として内務省が出資する殖民軌道が敷設されていたから、小頓別～歌登～枝幸間にも軌道を建設する気運が高まったのも当然だったろう。

　１９２８（昭和３）年４月に小頓別で起工された殖民軌道は、翌年12月に上幌別まで、１９３０年９月には枝幸まで全線35㎞が開通、さらに翌年には上幌別《うえほろべつ》から志美宇丹《しびうたん》までの分岐線も完成した。軌道の建設作業は冷害に苦しむ住民にとってかっこうの現金収入となったと『歌登町史』は記している。このときは線路上を馬でトロッコを牽かせる馬鉄だったが、地盤の悪い湿地帯の交通機関として開拓に果たした役割はきわめて大きかった。１９３３年に内燃機関車を導入し輸送力の増強が図られ、小頓別～枝幸間に３往復の列車が運転された（所要時間３時間30分）。１９３６年に興浜北《こうひんほく》線（浜頓別～北見枝幸）が開業すると、枝幸～歌登間の輸送量が減り、軌道の経営が道庁から軌道組合、歌登村に移管されたこともあって同区間は１９４９年８月に廃止された。その後、沿線道路の整備、周辺人口の減少などにより、１９７１年５月、歌登村営軌道は42年の歴史に終止符を打った。

音威子府から旧・歌登町営軌道跡をたどる

「道道12号線に入るとすぐに左手の藪の中に鉄橋の橋脚らしきものが見えたり、トンネルの跡が見えたり、いまでも歌登町営軌道の遺構が残っていますよ」（今井氏）。

　軌道の運営主体となった歌登町は開拓時代から酪農一筋で

繁栄した。

『歌登町史』は次のように書く。

「和人移住当時の歌登はまったく無人の原始林で、わずかにパンケナイ川の川口付近（枝幸――筆者注）に数戸のアイヌが住んでいただけであった。このような原始の森に、最初に開拓の鍬《すき》をおろしたのはいったい誰であったろうか。それは桧垣《ひがき》農場の開設に始まるのである。歌登町の開拓の歴史において管内他町村と異なるのは、山師《やまし》、杣夫《そまふ》、または漁師が自然に住みついたものではなく、農場を設置し計画的に入地開墾したのを初めとするところで、この点本町の誇りとしてさしつかえないものと思う」。

かつて、幾多の開拓者たちの希望と収穫を運んだ軌道の跡を「えさし号」は走る。吹雪に閉ざされた毛登別峠を越え、当てどのない闇にヘッドライトの光芒を鋭く投げかける。ポツリと人家の灯が見えてくると、前方に歌登の市街地が現われる。降車客は3人。人通りのない街路の向こうに佇む歌登バスターミナルに停車し、お客さんが無事にバスを降りたことを確認して発車、「えさし号」はいよいよ最終行程に入る。

アイヌ語のエサウシ（岬）を語源とする枝幸の町にも人通りはほとんどない。夕方というのに町は夜の気配が濃い。風が強まり、地吹雪がますます激しさを増すなか、「えさし号」は17時、定刻に宗谷バス・枝幸ターミナルに到着した。

4　終点枝幸ターミナル到着——極寒のなかの洗車作業

長距離バス運転手の過酷な業務

プラットホームで3人の乗客を降ろすとバスは下水設備のある一角に移動し、トイレ抜きと呼ばれる作業に入る。係員が太いホースをつなぎ、汚物を吸い出す作業は鉄道の車両基地でもみられる。それが終わるとターミナル内を移動し給油に入る。軽油400リットルを入れるのには意外に時間がかかる。水銀灯に照らしだされた給油所に横付けされた「えさし号」の車体が吹雪にかすみ、作業は2回に分けて黙々と続けられる。

給油の間、今井氏は運転手の制服から完全防寒着に着替えている。渓流釣りに使うようなゴム長靴と防水キャップで身を固め、厳寒のなかでバスの洗車作業に取りかかるのである。

まずホースでボディに水をかける。タイヤハウスのなかは巻き上げた雪がガチガチに凍り付いているから温水スプレーの水圧で飛ばすのだが、それでも凍り付いて取り除けないときは道具を使って氷塊を叩き落とさなければならない。冬場は融雪剤の付着や泥汚れも半端ではない。ボディの汚れを水圧で落としていくと、水が跳ね返ってずぶ濡れになるからやっかいだ。

気温は氷点下10℃に近く、一向に吹雪は弱まらない。少しでもじっとしていると、たちまち身

枝幸ターミナルに到着後、氷点下での洗車作業。モップも凍る寒さ

体の熱を奪われる寒さだ。いつの間にか夜の気配が忍び寄り、雪空は漆黒に塗り込められてきた。

水を噴射しながら長いボディを一周して汚れを落とすと、今度は長い柄のついた水切りとバスタオルで水気を拭き取っていく作業に移る。これが一番つらい。さいはての寒気は容赦がなく、水気を拭き取った窓に残った水滴がみるみる凍っていくと、今度はバスタオルが凍ってきてバリバリに突っ張ってくる。バスの大きさ、窓の多さが恨めしく思える瞬間だろう。

凍てつく３００㎞の道を運転したあとで、なおボディ洗車の重労働。車体洗いの専属職員が配置されていた国鉄に較べて、長距離バス運転手の仕事は過酷である。

「冬場の洗車も大変ですが、夏になるとフロントガラスにびっしり虫の死骸がこびりつくのです。これは落とすのに時間がかかります。営業所に着いたら給油時にフロントガラスに洗剤水をかけて汚れを浮かせておくわけです。一度、深川でバッタの大群に遭ったときは前が見えないほどでした。走行中、フロントガラスに虫の死骸が付いたときはワイパーは使えません。虫の油が広がってまったく前が見えなくなるので、がまんしてそのまま走るしかない。そういうときに雨が降ってくれると助かるのですけどね。虫は昼間の方がたくさん出てきます。夜になると気温が下がって活動しなくなるのでしょう」（今井氏）。
宗谷バス札幌営業所に籍を置く今井氏の勤務は、札幌～枝幸（えさし号）、旭川～枝幸（えさし号）、旭川～鬼志別（天北号）の都市間バスである。この日は札幌～枝幸（泊）～札幌の行程で、翌日の準備を万端終わらせ、終業点呼を受けると、枝幸の借り上げアパートで一泊するスケジュールだ。

宗谷バスは運転手のアルコールチェックにきびしい車内基準を設けている。道路交通法は呼気1リットルにつき0・25mg以上のアルコール分が検出された場合を酒気帯び運転としているが、宗谷バスは少しでもアルコールチェッカーに反応すれば、その日は乗務を認めていない。

2022年11月2日付の『朝日新聞デジタル』に「蒸しパン食べてアルコール検知　「業界で常識」、市バス運転手を処分」の記事が掲載されている。

「市交通部によると、運転手は10月23日午前9時過ぎ、営業所に車で出勤。乗務前のアルコール検査で、呼気から、市の内規で定める基準値（1ℓあたり0・07ミリグラム）を超える0・11ミリグラムのアルコールが検知された。（中略）市交通部によると、この蒸しパンに含まれる「酒精《しゅせい》」という食用に使われるアルコールが、検知器に反応した可能性が高いという。市交通部ではパンのほか、栄養ドリンク、うがい薬、キムチなどの発酵食品も、検知器で反応する可能性があるとして、乗務直前に食べないよう、営業所内で貼り紙をするなどして注意喚起していたという」。

道交法の定める基準以下でもアルコールが検出された場合、宗谷バスは内規によって乗務を認めないから、運転手は乗務時にアルコール濃度が０・００mg、すなわちアルコールゼロとなるようきびしい自己管理が求められている。出先だろうが、自宅から出勤だろうが、翌日に乗務があるとき、バス運転手は体調を考慮した上で、どれだけの量のアルコールを前の晩、何時までに飲み終わればいいかという自分なりの目安を守っているという。

５　夕張炭鉱から鉄道をへてバス運転手へ

石炭の栄枯盛衰とともに

野幌《のっぽろ》は国鉄・函館本線と夕張鉄道の分岐駅だったから、この地に生まれた今井一郎氏は石炭列車の出入りを飽かず見て育った。１９６３（昭和38）年生まれの氏にとって、炭鉱全盛期のにぎわいは深く記憶に残ったことだろう。ディーゼル機関車に牽かれた石炭列車は野幌駅の構内で国鉄に引き渡され、小樽や室蘭を目指して発車していく。石炭を満載したセキ３０００型貨車の車輪の重い響きが地面を揺るがしたに違いない。

石炭に親しんで育った今井氏は、１９８４（昭和59）年、三菱石炭鉱業南大夕張《みなみおおゆうばり》炭鉱の関連会社に就職し、盤打《ばんぶ》ちと呼ばれる坑内作業に従事することになった。地中深く掘った坑道には非常に大きな盤圧《ばんあつ》がかかっていて、坑道は圧力によって縮んでくるのでそれを元に戻さなければならない。それが拡大盤打で坑道下部をコールピックで広げていく重労働である。

その後、今井氏は三菱石炭鉱業鉄道に移った。南大夕張駅の外勤となり石炭車の入換作業に従事する。前の職場、三菱石炭鉱業南大夕張炭鉱で62人が犠牲となったガス爆発事故が起きたのは1985（昭和60）年5月17日のことだった。仮にあのまま炭鉱に残っていたらの思いは、運命のいたずらとして片づけるにはあまりに重かったに違いない。

1987（昭和62）年7月、最後に残った清水沢《しみずさわ》～南大夕張間が廃止された。今井氏は東京で再就職したが、その後北海道に戻り、1994（平成6）年、1年間限定でタクシー会社に就職、どうせ二種免許を取るならと大型二種免許を取得することになった。もともと、クルマの運転は好きだったし、バスを運転してみたい願望もあった。

宗谷バスの都市間バスを運転している今井一郎氏

教習所に通い練習を積んで、札幌市手稲《ていね》区にあった道警運転試験場で試験を受けた。大型二種免許の試験で一番むずかしいのは、90度以下の角度しかない角を脱輪しないで曲がる「鋭角曲がり」だった。手稲の大型車試験場にはA、B、Cの3コースがあり、Aコースは右折、B～Cコースは左折して鋭角コーナーに入るレイアウトだ。大型車は左曲がりがむずかしいのだが、1回目はもっとも難度が高いCコースで完走したものの不合格。２回目はＳ字コースで路肩線を踏み減点、不合格となった。

「試験車は道有1号、道有2号の２台があって、試験には1号車が当たることが多かったのですが、どういうわけか道有1号は左のミラーが上を向いていて路肩が見えないのです。３回目の試験の前に「ミラーを直していいですか」と教習所の教官に聞いたら、直してもいいけど心証が悪くなるなぁと。結局、路肩が見えなくてまた試験に落ちたのですが、一緒に受験していた人たちが「車庫に忍び込んで道有1号車のミラー下げときます」とまで言ってくれましたよ。一緒にむずかしい大型二種免許に挑戦しているんだという連帯感ですね。結局、ミラーをいじることなく５回目で合格でした」（今井氏）。

今井氏はその後およそ四半世紀続けた自営業をやめ、２０１８（平成30）年、夕張鉄道に入社、夕鉄バスの運転手となった。当時、夕鉄バスは新さっぽろ～りすた間の急行路線、新さっぽろ～南幌《なんぽろ》～栗山《くりやま》～夕張間の路線バス、さらに新夕張～清水沢～夕張市石炭博物館間の夕張市内線など数多くの路線を運行していた。

夕鉄バスによる夕張から札幌市内への直通バスは、由仁《ゆに》経由の短絡ルート（所要約1時間40分）と、栗山～南幌～野幌経由の大回りルート（所要約2時間50分）があった。

なかでも大回りルートは運転時間の長さもさることながら、南幌の豪雪地帯を通るだけに真冬の運行は苦労の連続だったという。

「南幌は夕張をはじめ都市部に米を供給する広い田園地帯なのですが、なにしろ、石狩平野は古い時代には海峡だった地域で、石狩川や中小の支流が荒れ狂ってまっ平にした平地ですから、そもそも風を遮るものがないのです。石狩湾からの湿った北西の風がそのまま入ってきて大雪を降らせる。年によって風が真北から入ってくると札幌が大雪になるのですが、風向きの関係で北西の風が強いと江別、南幌、栗山方面に大雪を降らせるのです」(今井氏)。

大雪が降り続き風が強ければ、南幌周辺は深い吹き溜まりとホワイトアウトがバスの運行を妨げる要注意地点となる。定時運行もおぼつかない悪条件の中でも札幌便は走り続けた。夕張〜栗山〜野幌を結んでいた夕張鉄道なきあと、札幌と夕張を効率的に行き来する足はバスをおいてなかったのである。さらに、夕鉄バスは野幌に営業所を置き、南幌、江別の住民にとっての通勤通学の足の重責を果たしていた。

ツーステップバスの利点

今井氏が入社したころはまだ床の高いツーステップバスが残っていた。タイヤ径が大きく床下のスペースもあるから前さえ見えれば、たいていの吹き溜まりは突破できる頼もしい相棒だった。しかし、その後、バリアフリー対策で入ってきたワンステップ、ノーステップバスは床が低いのでフロアの下に雪を抱き込むし、ブレーキがロックしやすく運転がむずかしかったという。

「その日、吹雪の中で乗務した新さっぽろ6時40分発の栗山高校行きのバスは古いツーステップでした。南幌のあたりは完全に視界不良状態でしたが、なんとか左側の路肩の雪山は確認できていました。だいたい前方10mくらいまで見えれば走れますからね。道の行く手がどっちへ曲がっているかは路肩の矢印が頼りですから、左目で矢印を見上げて右目で前方を見るという感じです。

乗用車は視線が低いので視界が完全に閉ざされるからこわいですよ。同じ条件でクルマで走れと言われても無理かもしれません。困るのは視界を奪われて止まっちゃう乗用車がいることで、こちらは１００ｍ先に止まっているクルマがいる前提で40㎞／ｈくらいで運転していきます。視界不良でも対向車のライトが見えるぶん夜の方がずっと楽です。実は雪の降り始めの季節が一番こわい。まだ路肩に雪の壁ができていないから道路と路肩の境が分からず、下手をすると路肩へ落ちてしまうおそれがあります。

この日は悪天候だったので栗山高校は休校じゃないかと思ったのですが、途中から高校生がゾロゾロ乗ってきたから、とにかく終点の高校前まで行きました。そこから回送で栗山駅まで行こうと思ったら、猛烈に吹雪いてきてまったく視界が利かないのです。国道２３４号線からいつも駅方面へ曲がる角が見えないほどの降りで、ようやく駅入口を見つけて駅前に入ることができましたが、視界ゼロなので乗降ドアを開けて、道の端を確認しながら曲がるほどでした」（今井氏）。

折り返しのダイヤでは栗山駅を９時10分に発車し、新さっぽろに向かうことになっていた。新さっぽろ到着は10時29分の予定である。地上クリアランスのあるツーステップバスだし、今井氏は栗山駅前を発車したが、道路状況はひどいことになっていて、パトカーも含めて何台ものクルマが吹き溜まりに突っ込んで動けなくなっていた。パトカーさえ雪山に差さる始末だったが、積雪が深い中でバスが止まると発進できなくなるため立ち往生しているクルマの間をすり抜けるように走った。あまりの悪天候で夕鉄バス本社が運休を決めたこともあって新さっぽろ行きバスは途中で運行打切りが決まった。

札幌 ↔ 北広島団地広島市街 ↔ 長沼 ↔ 栗山
札幌 ↔ 広島市街 ↔ 由仁 ↔ 夕張

運賃 札幌から	停名 ＼ 行先	広島市街	栗山	特急夕張	〃	広島市街	特急夕張	栗山	特急夕張	広島市街	特急夕張	特急夕張	広島市街	特急夕張	栗山	特急夕張	広島市街	広島市街	特急夕張	〃	栗山	特急夕張	広島市街	広島市街
	札幌ターミナル(発)	8.10	8.15	8.20	9.25	9.30	10.20	10.40	11.20	11.50	12.20	13.10	13.30	14.20	14.40	15.10	※15.25	16.10	16.20	17.20	17.40	18.20	18.30	20.00
120	大曲	8.45	8.50	8.46	9.51	10.05	10.46	11.15	11.46	12.25	12.46	13.36	14.05	14.46	15.15	15.36	16.00	16.45	16.46	17.46	18.15	18.46	19.05	20.35
150	輪厚ゴルフ場	8.50	|	|	|	|	|	|	|	|	|	|	14.10	|	|	|	|	16.50	|	|	|	|	|	|
160	北広島団地	9.01	9.04	|	|	10.19	|	11.29	|	12.39	|	|	14.21	|	15.29	|	16.14	17.01	|	|	18.29	|	19.19	20.49
160	広島市街	9.06	9.09	9.00	10.05	10.24	11.00	11.34	12.00	12.44	13.00	13.50	14.26	15.00	15.34	15.50	16.19	17.06	17.00	18.00	18.34	19.00	19.24	20.54
260	長沼ターミナル	(輪厚ゴルフ場経由)	9.36	|	|	(産業学園経由)	|	12.01	|	(産業学園経由)	|	|	(輪厚ゴルフ場経由)	|	16.01	|	(産業学園経由)	(輪厚ゴルフ場経由)	|	|	19.01	|	(産業学園経由)	(産業学園経由)
320	由仁駅前		|	9.28	10.33		11.28	|	12.28		13.28	14.18		15.28	|	16.18			17.28	18.28	|	19.28		
370	栗山駅前		9.58	|	|		|	12.23	|		|	|		|	16.23	|			|	|	19.23	|		
460	鹿の谷			10.00	11.05		12.00		13.00		14.00	14.50		16.00		16.50			18.00	19.00		20.00		
500	夕張駅前			10.09	11.14		12.09		13.09		14.09	14.59		16.09		16.59			18.09	19.09		20.09		

運賃 夕張から	停名 ＼ 行先	札幌	〃	特急札幌	札幌	特急札幌	札幌	特急札幌	札幌	特急札幌	札幌	特急札幌	札幌	特急札幌	〃	札幌	〃	特急札幌	札幌	特急札幌	札幌	特急札幌	〃	月寒ターミナル
	夕張駅前(発)	(産業学園経由)		7.45	(輪厚ゴルフ場経由)	8.45	(産業学園経由)	9.45		10.45	(産業学園経由)	12.45	(輪厚ゴルフ場経由)	13.45	14.45		(産業学園経由)	15.45	(輪厚ゴルフ場経由)	16.45		17.45	18.45	(産業学園経由)
60	鹿の谷			7.53		8.53		9.53		10.53		12.53		13.53	14.53			15.53		16.53		17.53	18.53	
|	栗山駅前		7.05	|		|		|	10.30	|		|		|	|	15.20		|		|	17.40	|	|	
280	由仁駅前		|	8.25		9.25		10.25	|	11.25		13.25		14.25	15.25	|		16.25		17.25	|	18.25	19.25	
|	長沼ターミナル		7.30	|		|		|	10.55	|		|		|	|	15.45		|		|	18.05		|	
400	広島市街	※7.00	7.54	8.53	9.15	9.53	10.35	10.53	11.19	11.53	13.00	13.53	14.35	14.53	15.53	16.09	※16.30	16.53	17.10	17.53	18.29	18.53	19.53	21.00
|	北広島団地	7.04	7.58	|	9.19	|	10.39	|	11.23	|	13.04	|	14.39	|	|	16.13	16.34	|	17.14	|	18.33	|	|	21.04
|	輪厚ゴルフ場	|	|	|	9.30	|	|	|	|	|	|	|	14.50	|	|	|	|	|	17.25	|	|	|	|	|
450	大曲	7.18	8.12	9.07	9.35	10.07	10.53	11.07	11.27	12.07	13.18	14.07	14.55	15.07	16.07	16.27	16.48	17.07	17.30	18.07	18.47	19.07	20.07	21.18
500	札幌ターミナル	7.54	8.48	9.34	10.11	10.34	11.29	11.34	12.13	12.34	13.54	14.34	15.31	15.34	16.34	17.03	17.24	17.34	18.06	18.34	19.23	19.34	20.34	21.31(月寒着)

※便は日曜・祝日運休：栗山線は長沼～栗山線間を東二線経由で運行
特急夕張線停車停留所：南1条西1（上りのみ）、南4条東1（下りのみ）、豊平3条8、中央通り10丁目、月寒ターミナル、大曲、農場入口、産業学園前、広島市街、由仁駅前、由仁高校、角田夕張線、継立、新二股、千代田、鹿の谷、北高前、末広、本町4丁目、本町2丁目、夕張駅前

1974年当時の夕張鉄道バス時刻表

ようやくバスを止めたのは南幌ビューロー停留所。南幌町ふるさと物産館・南幌ビューローは2000（平成12）年に建設された情報&交通拠点で、5階の展望台からは石狩平野が見渡せる。レストランでは北海道名産のタモギダケを煮込んだカレーが人気だ。運行打切りになった乗客を避難させるには格好の場所だったが、そのまま待機が続き、除雪車の活躍で運行再開したのは夕方遅くなってからだったという。

「ビューローには朝10時頃に着きました。お客さんを降ろしたあと、バスが雪で埋まらないよう前後に動かしていました。無線を傍受していると、鉄道の踏切が2時間開かないとか、坂でトレーラーがスタックして後続車が数珠《じゅず》つなぎになっているとか、大変な状況になっている。自分が高校の頃を思い出すと、国鉄も国鉄バスも止まっても夕鉄バスだけは動いていましたよ。そういう社風の会社だったんだけど、いまのバリアフリー対応の

ノーステップバスではあの雪は走れないでしょうし、悪天候の中でうちのバスだけ走っていると、運休している他のバス会社にお客さんからクレームが来て困るだろうという事情もあったようです」（今井氏）。

２０２３（令和５）年10月1日、夕張鉄道は夕張と札幌を結んでいた４路線のうち３路線を廃止した。廃止になったのは以下の３路線である。

①新夕張駅前〜栗山駅前〜新さっぽろ駅前

②りすた〜由仁駅前〜新さっぽろ駅前

③栗山駅前〜南幌ビューロー〜新さっぽろ駅前

「人口が９万人を越えていた１９６５（昭和40）年ごろは朝の通学時間などはバスに乗りきれなくて臨時便を2〜3台出すほどでした。夕張市内には北校、南校、東校、道立工業高校と高校が４つありましたからね。北炭清水沢炭鉱が閉山した１９８０（昭和55）年には４万１０００人、三菱南大夕張炭鉱が閉山した１９９０（平成２）年には２万人に減り、２０２３年は６５００人まで落ち込んでいます」（夕張鉄道関係者）。

路線廃止の大きな理由は運転手不足にある。人口減少は北海道に限らず全国的な傾向だが、その減り方のカーブが地域によってさまざまあるなかで夕張市の人口減少度合いは急激だった。特に若年層の減り方が顕著で、バス運転手のなり手がない、他の地域から来る見込みもないという深刻な事情があった。バス路線の廃止、減便は運転手不足と乗降客減少などが要因となるが、夕張市の場合は市勢の衰えとともに運転手不足が顕在化したのだった。惜しむらくはスキーリゾートを持つ夕張市が欧米人インバウンド客の誘致に失敗したことだろう。トマムや富良野、ニセコに匹敵する雪質、新千歳空港に近いという強みがあるにもかかわらず、観光客が25万人に届かない。観光客の受け皿たるホテルマウントレースイの売却は悩める夕張の象徴に映る。

6　2024年問題がバス業界に落とす影

零下20度ならではの美しい世界

翌朝、枝幸発札幌行き「えさし号」の発車は午前7時。枝幸から札幌に直通するただ一本の糸である。

今井氏は夜明けの気配もない6時15分に出社し、さっそく始業点検を行なう。タイヤを点検してエンジンを始動、バスを引き出し、プレヒーターによる冷却水の予熱、車内点検など忙しく立ち回り、300㎞を走るバスの完調を確認する。点呼でアルコールチェックを受け、天候、道路状況などを確認するうち乗客がターミナルに集まってくる時刻になる。

明けきらぬ雪空の下、定刻、ターミナルを発車した「えさし号」は枝幸町内の新港町《しんこうちょう》、商工団地前で男性客を乗せる。一晩中降り続いた雪で町内もかなりの積雪だ。樋口前《ひぐちまえ》を過ぎたところで右折、オホーツク海を背後に道道12号を歌登に向かう。路面は圧雪状態。不快な微振動もなく、時おり氷塊《ひょうかい》を踏みしだく小さな衝撃が伝わるばかりだ。

ときおり枝幸町への通勤車とすれ違い、「えさし号」は真っ白な雪に覆われた緩い勾配を力強く登っていく。枝幸から音威子府までおよそ50㎞。ダイヤではこの区間を1時間5分で走ることになっているから、雪道を知り尽くしたベテランドライバーでなくては務まらない。

空は少しずつ明るさを増していく。夏なら滴るような緑にあふれる区間だが、雪の閉ざされる季節は目前にモノクロームの世界が広がるばかりだ。

ある年の正月元旦、枝幸から札幌に向かった今井氏は厳冬時ならではの佳景を目にした。


今朝の枝幸は雪で初日の出は拝めませんでしたが、歌登からは快晴。歌登は約零下21度。音威子府は約零下24度。

宗谷バス入社が去年の1月10日でしたので間もなく1年。札幌～枝幸、枝幸～旭川の都市間バスを運転し、去年の10月からは旭川～鬼志別の便にも乗務。

路線沿線の景色にも慣れたのですが、今朝は今までで一番の素晴らしい景色を堪能しました。凜《りん》とした透明度の高い空気に快晴の空。雪原、山。気温差で発生した雪原に低くたなびく霧。立ち木や農家さんの家や納屋《なや》を絹綿《きぬわた》で包み込むかの如く。

通過する街の前後で道路は天塩川を渡るのであるが、天塩川が近づくと川霧の中へ。橋を渡る時が最も霧が濃く暗くなるが、橋を渡り終えると少しずつ明るさが戻り霧が薄くなる。するとまた眩しい太陽。前方右斜め5度の方向に太陽柱（サンピラーとも云うらしい）が現れる美深。

零下20度の世界ではこんなにも景色が美しく見えるのであるなと改めて感動した次第でありました。

さすがに正月であるから道路もスイスイ。終点の札幌駅前には定時到着。

自然が織りなす奇跡の風景。今井氏もその後は一度も目にしていないというから、この朝はさまざまな条件が重なったのだろう。けだし、都市間バス運転手の役得というべきか。

歌登に7時35分到着。今朝は2人が乗車。名残惜しげに手を振り続ける見送りの人たち。歌登西町でも1人が乗ってくる。あわただしく「えさし号」は発車し、雪深い毛登別峠を越えて小頓別へ。雪化粧された旧丹波屋旅館の板塀が美しい。

7時57分、音威子府に着くと駅前に濃紺の大型ハイデッカーバスが停まっている。鬼志別を朝6時5分に発車した旭川行きの「天北号」である。

上り便に限り、札幌行き「えさし号」と旭川行き「天北号」は音威子府で接続を取り、乗り換えを可能にしている。

音威子府から、美深を経由して札幌へ直通する「えさし号」に対して旭川行きの「天北」号は名寄、士別で客扱いをするから、枝幸から高度医療を受けられる名寄市立病院に行くには音威子府で「天北号」に乗り換えればいいし、鬼志別、浜頓別から札幌に向かうなら「天北号」から「えさし号」に乗り継げばいい。毎朝8時に2台の都市間バスが接続する音威子府は、交通ターミナルの面目躍如である。この朝も何人かの乗客が乗り換えのためそそくさと旭川行きのバスに乗り込んでいった。「えさし号」の乗客は音威子府から乗ってきた数人を加えて10人余。札幌へ行く人、札幌へ帰る人、こもごも旅人の思いを乗せて8時10分の発車を待っている。

2024年問題と定時運行の狭間で

2024年4月1日から施行された「自動車運転者の労働時間等の改善のための新基準」、いわゆる2024年問題はバス業界にも少なからぬ影響を及ぼしている。中でも1日の休息期間が従来の継続8時間から、継続11時間を基本として9時間下限に変わったことで、折り返し乗務に従事するバス運転手が大きな制約を受けることになった。

ひとつの例として、旭川〜鬼志別間の「天北」号のケースを考えてみる。

旭川15：30→名寄市立病院17：35→音威子府18：40→鬼志別20：28
鬼志別6：05→音威子府8：05→名寄市立病院9：00→旭川11：10

「天北」号を運転して鬼志別に20時28分に到着した「天北」号の運転手は翌日6時5分発に乗務して鬼志別を発車する。このダイヤでは規定の休息期間9時間に対する余裕は、わずか32分しかないことになる。終業点検や点呼、翌朝の車両検査や始業点呼などに要する運転外の時間を考えると、実際には休息期間は9時間ぎりぎりである。「えさし」号は折り返しの枝幸で運転手がバスの洗車を行なっているが、「天北」号はそれを省略せざるを得なくなる。鬼志別で洗車などしていたら規定の休息期間を確保することができないからだ。

さらに道央自動車道～国道40号線～275号線を経由して223kmを走る「天北」号は、冬場の悪天候や高速の通行止めとそれにともなう迂回などでまま遅れることがある。仮に30分遅れて鬼志別到着が21時になれば、翌朝の発車を少なくとも30分は遅らせなければならなくなる。休息期間9時間の壁が定時運行を旨とするバス会社の前に大きく立ちはだかる格好だ。

鬼志別における折り返し時間に余裕を持たせるため、宗谷バスは旭川行きの鬼志別発車を1時間繰り下げる案を検討したが、名寄市立病院の到着が10時になってしまい、朝一番の診療予約に間に合わなくなることから時刻改正を見送った。鬼志別、浜頓別、枝幸などのオホーツク海沿いの町から高度医療設備を備える名寄市立病院に通う乗客は意外に多いのである。また、仮に「天北号」の鬼志別発を1時間繰り下げると、音威子府で接続する札幌行き「えさし号」の時刻も遅くせざるを得ず、影響は広範囲におよぶことになる。

なお、2024（令和6）年8月1日から旭川～鬼志別線「天北号」の旭川発車が1時間繰り上がり、鬼志別における折り返し休憩時間に余裕が持たされることになった。

ひと足先に「天北号」が旭川に向けて発車していく。内地へ向かうなら新千歳空港より近い旭川空港を利用する方が便利だ。冬でも

車内に貼られた北門神社の札

道内の空港のなかで旭川はトップクラスの就航率を誇っている。ちなみに、もっとも年間の欠航が多いのは稚内空港である。

8時10分、5分遅れで発車。気温は氷点下10℃。いつの間にか風はやんで雪も小降りになってきた。「えさし号」は丘陵を越え、見渡す限りの雪平原を突っ切り国道40号線を南下していく。

前方に後面雪まみれの路線バスが現われ、しばらく雁行《がんこう》を余儀なくされる。恩根内〜美深〜名寄駅前を結ぶ名士《めいし》バスは1日8往復。所要時間はおよそ1時間だ。美深付近から名寄市立病院に通院する住民にとって欠かせない足であり、恩根内《おんねない》を7時に出る始発バスは通院の乗客で混雑するほどだという。名寄市の北方、内淵《ないぶち》には陸上自衛隊名寄駐屯地があり、かつては名寄駅前から直通バスが運行されていたし、現在でも名士バスの車内には自衛官募集広告が掲示されている。

街中、いたるところで除雪作業が行なわれている名寄、士別を通り抜け、士別剣淵から道央自動車道に乗る。インターチェンジに「日本最北の料金所」のサイン。そういえば、車内に貼られている北門《ほくもん》神社の交通安全札には「日本最北の神社」の文字がある。

12時35分、「えさし」号は札幌駅前に到着した。枝幸、浜頓別、鬼志別と200万人都市・札幌を結ぶ1日1本のスジは今日も守られたのである。

第五章
日本最北のバス路線——宗谷バスを走らせる人たち

日本最北端を走る宗谷バスは、日本海とオホーツク海を分けるように突き出す野寒布（ノシャップ）岬から、オホーツク海沿いのエリアを網羅し、札幌、旭川方面への都市間バスも走らせる。利尻、礼文島を訪れる観光客輸送も宗谷バスの仕事だ。冬のきびしい自然のなか、宗谷バスは乗客の人生を運び、敢然として地域交通を守っている。昭和のはじめに相乗りタクシーとして創業し、稚内の人びとの足を支え続けた宗谷バスのＤＮＡは、今も脈々と受け継がれている。

1　宗谷バスの歴史

昭和27年、国策統合の道北バスから独立

宗谷バスは稚内周辺、利尻島《りしりとう》、礼文島《れぶんとう》、オホーツク海沿いエリアで広範なバスネットワークを維持している。

稚内と札幌を結ぶ都市間バス「わっかない号」は、夜行1本を含む6往復が設定されていて（北都交通と共同運行）、利便性の面で札幌への直通特急が1本しかないＪＲ北海道に大きく水をあけている。料金は６７００円。対するＪＲは特急券込みで1万５６０円。所要時間はＪＲの方が50分短いが、それを除けばバスにハンディキャップはない。

一方、枝幸、鬼志別と札幌、旭川を結ぶ都市間バス「えさし号」、「天北号」は、廃止された天北線、歌登町営軌道の代替バスの意味合いを持ち、オホーツク海沿岸と北海道の中心地を結ぶ貴重な公共交通となっている。

路線バスは駅前ターミナルを中心にノシャップ岬、宗谷岬、稚内空港などをきめ細かく網羅し、枝幸営業所は雄武、浜頓別方面に路線を伸ばしている。

稚内地方のバス事業が最初に記録に現われるのは１９２１（大正10）年、宗谷開拓使出張所時代に石山兼太郎、井上時次郎によって稚内〜声問《こえとい》間の乗合営業が始まった。二人は英国製の大型セダンを運転手ともども横浜から迎え入れたが、陸運といえばもっぱら馬力だった当時、自動車を見た町民は腰を抜かすほど驚いたという。しかし、高性能を誇った乗合自動車は宗谷地方の悪路に音を上げ、あまりの休業の多さに二人の試みは無に帰することになった。それでも稚内町内専用の相乗りタクシーとして土煙を巻き上げながら走ったのだから、稚内に自動車を走らせる試み自体は成功を収めたのである。その後、石山、井上の営業権は鬼志別在住の末永清一が譲り受け、さらに１９２７年、稚内でタクシー会社を経営していた林三二雄が取得した。林はＴ型幌型フォードで稚内市内と声問までの乗合事業を始め、悪路、降雪、極寒といった悪条件と闘いながら、1934（昭和9）年にはバス事業を軌道に乗せることに成功した。クルマの後部を改造して荷置き台を作り、郵袋《ゆうたい》を山のように積んで走ったのも収益のためだった。1935年にはシボレー製のバスを導入している。

戦後、宗谷バス社長を務めた河内光《こうちあきら》氏は『宗谷バス10年のあゆみ』のなかで次のように記している。

「昭和10年、宗谷管内に初めて今いうところのバスを走らせた。新車でピカピカ光っていたし、その当時としては非常に大きく感じた。然し道路は馬車道で、自動車の走れる道ではない。悪路のほどは形容の言葉もない。その当時の道路行政の管轄は留萌土木現業所で、稚内と枝幸に出張所があり、所長を監督さんと呼んでいた。監督さんが出張所に来られるのには、留萌から旭川を経由して来ておられた。稚内と枝幸は、道路が寸断されていて、往来不能であったが枝幸と旭川は昭和10年頃から通行可能となった」。

1937（昭和12）年7月、盧溝橋《ろこうきょう》事件が起き、世情が騒然とするなかで、燃料、資材の消費規制が始まった。ガソリンの配給停止、バスの新製中止が決まった1942年からは、木炭ガスによる代燃化が決まり、木炭の緊急増産によってバス運行の確保に努めることになった。時を同じくして地域ごとにバス会社を統合することになり、宗谷管内は利尻自動車、吉野自動車（礼文）、林自動車（稚内）、末永自動車（鬼志別）、枝幸乗合の5社、それに留萌、名寄、旭川の64社を統合し、道北バスとして発足した。戦時中のバス運行は辛苦の連続だった。馬力の乏しい木炭バス、運転手の出征、まったく手入れされない道路。雨漏りが激しい古いバスは傘なしには乗れなかっ

バス路線運行系統一覧表

（昭和37年9月1日現在）

系統番号	路線名	運行系統	粁程	所属営業所
①	礼文	知床＝船泊	22.0	礼文営業所
②	高山	上泊＝白浜	13.8	〃
③	元地	香深＝元地	7.2	〃
④	利尻	沓形＝沓形（島内一周）	53.6	利尻営業所
⑤	富士岬	沓形＝鴛泊	13.3	〃
⑥	稚内市内	汐見町5＝ノシャツプ	8.9	稚内営業所
⑦	波止場	稚内駅前＝波止場	1.2	〃
⑧	坂の下	港町3＝坂の下	14.3	〃
⑨	声問	市役所前＝声問	10.6	〃
⑩	大岬	〃＝東浦	48.4	〃
⑪	知来別	鬼志別＝東浦	18.3	鬼志別出張所
⑫	猿払	〃＝猿払	18.5	〃
⑫	小石	〃＝小石	5.9	〃
⑭	浜頓別	枝幸＝浜頓別	32.2	枝幸営業所
⑮	小頓別	〃＝小頓別	35.6	〃
⑯	歌登	志美宇丹＝本幌別	29.6	〃
⑰	雄武	雄武＝枝幸	54.1	雄武・枝幸営業所
⑱	上幌内	〃＝上幌内	27.5	雄武営業所
⑲	紋別	〃＝紋別	45.6	〃

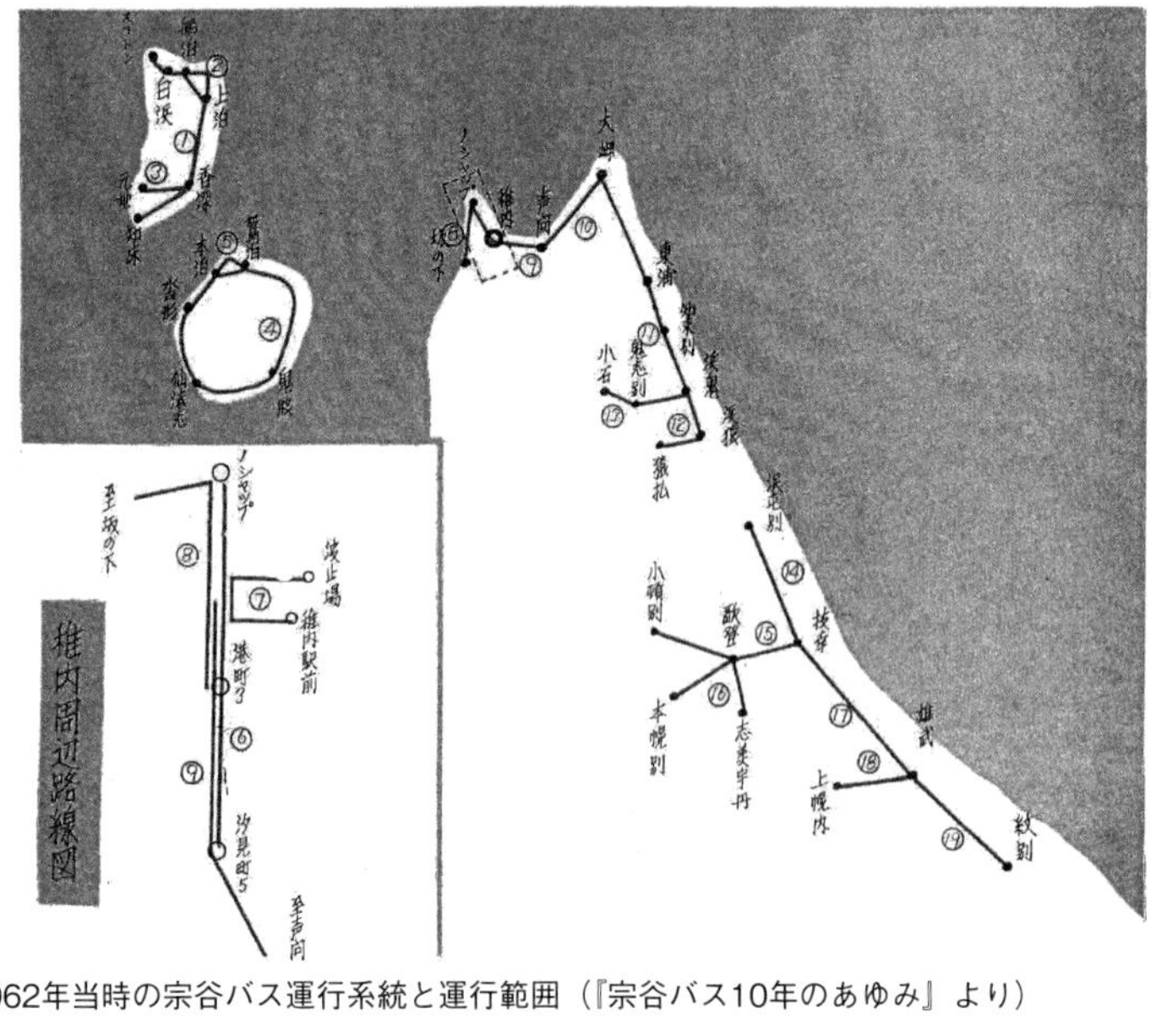

1962年当時の宗谷バス運行系統と運行範囲（『宗谷バス10年のあゆみ』より）

たし、交換部品がないから休車が続出し、ローカル路線は開店休業の状態だった。

戦後、バス不足はいっそう深刻化した。そこで軍放出のトラックの払い下げを受け、荷台に板張りの箱を作って乗客を乗せるありさまだった。それに加え、樺太からの引揚者が宗谷管内の沿岸、原野の開拓に従事することになり、管内のバスは開拓者たちの日常輸送を引き受けることになった。

ようやく世の中が落ち着きを取り戻した1952(昭和27)年、国策で統合されていた道北バスを分割することになり、旭川市と上川支庁にそれぞれ1社を設立、留萌支庁に沿岸バス、宗谷支庁に宗谷バスが誕生した。

「宗谷バスは資本金800万円、本社を枝幸町に置いて、営業所は利尻、礼文、稚内、鬼志別、枝幸、雄武の6カ所、従業員60名、道北バス分割による譲受《じょうじゅ》車両17両で発足した。創立時の年間輸送人員は114万人で、年間総走行粁61万kmであったが、創立10周年の昭和37年7月現在は車両60両(バス60両、ハイヤー17両=著者注)、従業員273名、年間総走行粁推定は171万km(1日当たりのバス営業距離568km=著者注)、およそ地球を43周する走行粁である。北海道を開拓した先住者が、並々ならぬ辛酸をなめ、いばらの道を辿ったであろう事は想像に難くない。われわれのバス事業も亦、苦難の連続であったが、之は当初から採算がとれないことであったからである。如何にして企業を持続させて行くかが最大の悩みであった。企業は基本的に採算のとれているものであれば、経営者の苦労は半減するものと思う。宗谷バスは非採算経営の宿命的悪条件下において発足した」(『宗谷バス10年のあゆみ』)。

除雪問題の解決、そして東急傘下へ

創業当時、宗谷支庁管内の人口密度1㎢あたり27人だったが、10年たった1962年になっても26人とほとんど変化していない。この時期、炭鉱景気に沸く北海道各地の炭鉱町では人口が急増していたことを考えると、大きな炭鉱を持たない宗谷支庁は時代の恩恵を受けることがむずかしかったのだろう。それでも稚内市内線の年間走行距離は創業当時の11万kmから64万kmに増加し、総輸送人員は113万人から721万人へと6・4倍に伸びている。

沿線人口の自然増が見込めない状況のなかで、宗谷バスが長い間公共交通機関に恵まれなかった宗谷地方にもたらした恩恵は大きかった。しかし、道路事情の悪さは相変わらずだった。稚内市内こそ舗装されていたが、郊外の国道、道道は未舗装のままで、タイヤやバスの損耗、劣悪な乗り心地、乗務員の疲労などバス運行に関する大きな課題が残されていた。

それに加えて冬季の運行の困難さがある。北海道のバス会社で最初に自主除雪に取り組んだ北海道中央バスは『五十年史』の中で次のように記している。

「当社は、この冬期除雪計画に基づいて、旧陸軍払い下げの九五式軽戦車、九七式中戦車、一式重戦車や古トラック、米軍払い下げのアンヒビアンバスなどを除雪車に改造し、自主的に主要路線の除雪に力を入れた。昭和25年度の当社の除雪実施状況をみると、小樽市内、余市《よいち》、岩内《いわない》、寿都、札幌市内、石狩、長沼《ながぬま》、岩見沢、美唄、滝川、芦別地区で一斉に除雪を開始、これには各地の土木現業所も除雪機材を提供し、応援協力してくれた。除雪で苦労したのは、多雪地帯の空知地方である。滝川地方営業部は昭和25年冬から逐次、芦別線、旭川線、滝川―砂川―歌志内《うたしない》―赤平《あかびら》線、芦別―神居古潭線、滝川―浜益《はまます》線などの除雪に乗り出し、バスの運行を確保した。当時は性能のよい除雪車はなく、古戦車や古トラックを改造してV羽根(排雪板《はいせつばん》)を取り付けた、にわか仕立ての除雪車ばかりで故障も多く、日中フル稼働して夜は故障の修理、そして夜が明けるとまたフル稼働という悪戦苦闘の連続。しかし従業員たちは決して弱音をあげず、行く先々で沿道の農家に泊めてもらいながら、つらく厳しい作業に取り組み、ここ一番というときには文字通り不眠不休で頑張った」。

宗谷地方は道内きっての寒冷、豪雪地帯だから、冬はよほど気象条件がよくないと定時運行はむずかしかった。稚内からオホーツク海沿いの漁業関係者が冬籠もりに入ると通行量が減り、除雪も行き届かないのでバスだけの運行は困難になる。

1955(昭和30)年ごろ、宗谷バスは主要路線の冬季運行を維持するため、枝幸~雄武間で雪上車の試験を行なったことがある。雪上車を使えば除雪の必要がなく、吹雪のなかでもバス運行は可能である。試験は南極探検で実績のある小松製作所製の雪上車で橇付きのキャビンを牽引し、圧雪、凍結路を走破する性能を確認するものだったが、各種試験の結果、速度性能や部品構成に問題があり実用化は見送られた。

1956(昭和31)年、「積雪寒冷地における冬期交通確保に関する特別措置法」が成立し、主要道路の除雪は全面的に道路管理者である国や道、地方自治体の責任と負担において実施されることになった。この法令によってバス会社は自社除雪から解放されることになり、同時に高性能なスパイクタイヤが出現したことで、ようやく冬季の安定した運行が可能となったのである。

　１９５６（昭和31）年暮れ、宗谷バスは本社を枝幸から稚内市に移した。稚内市の人口は宗谷バス発足時の３万５０００人から１９５６年には４万７０００人に増加、宗谷管内の行政、経済、産業の中心として発展を遂げ、さらに、利尻、礼文島への観光拠点でもあったからである。

　１９５９（昭和34）年12月、宗谷バスは東京急行電鉄（東急）の系列に入った。当時、東急は地方バス事業の展開、なかんずく北海道に力を入れていて、１９５７（昭和32）年に定山渓《じょうざんけい》鉄道（じょうてつバス）、函館バスを、１９６０（昭和35）年に北見バスを傘下に収めていた。利尻、礼文島にも路線網を有する宗谷バスは東急・五島昇《ごとうのぼる》が企図した「オホーツク急行」を形成する重要なピースである。稚内〜枝幸〜雄武〜紋別を相互乗り入れの長距離バスで結ぶ構想は、経営難に苦しむバス会社を統合し、新たな観光ルートを作り出そうとする東急の試みでもあったろう。河内光氏は東急傘下に入るに当たっての心境を次のように書く。

「当社経営の地域は道路、人口、気象など悪条件下にあって、而も各営業所が小規模ながらも一つの経済圏、交通網を構成し、特に離島を包含しているので設備、車両、労働力などが分散分断され、合理化経営は極めて困難な特異性を有している。したがって営業原価が割高となり、而も開拓の使命を果たしつつ設備、車両の増強、労働給与の条件引き上げを図り、これを実行することは至難と申すべきと思う。（中略）東急系列に自ら参画したのは、企業の恒久的な安定を図るために外ならない。資本主義下における営業上の競合は、飽迄《あくまで》も自由競争の減速に基づくものであるけれ共、バス事業は公共事業であるから、不当な競争によって無駄な営業費を費消《ひしょう》するようなことをさけ、相互の企業努力によって、施設、車両等の改善、運行の増強などに振向けるべきであると思う。五島会長は北海道のバス業者は相互に経営の合理化を図り、余剰力を培養して、建設費に投入すべきであるとの御意見であった」。

2　昭和を駆け抜けた2人のベテラン

高度経済成長の真只中で

宗谷バスで運転手を務める黒田政則氏と山下繁光氏が入社したのは、東京オリンピックの年、1964（昭和39）年のことだった。

クルマ好きだった黒田氏がバスの運転手にあこがれを抱いたのは、中学生の修学旅行で洞爺湖《とうやこ》を訪れた際だった。さっそうと大型バスを運転する白い手袋姿がかっこよく思えたのである。

「運転手になりたくて、中学校の卒業式の翌日、15歳のときに宗谷バスに入ったのですが、免許を持っていないので、まずは資格のいらない車掌からスタートです。車掌は当時、運転手になるためのステップでした」（黒田氏）。

運転手を目指す若者にとって、先輩の仕事ぶりを間近に見られることはこの上ない勉強となった。国鉄の機関助士はカマ焚きをしながら機関士の運転技術を「盗む」ことで腕を磨いたという。

人目のないところで蒸気機関車の運転席を譲った先輩は、蒸気の使い方やブレーキ操作のコツを機関助士に伝授したというから、機関士志望の若者に運転台は格好の教室だったに違いない。

「宗谷岬を過ぎてお客さんが降りてしまうと、「やってみるか」というわけです。うれしいやら、ビックリするやら、のんびりしたいい時代でしたね」と黒田氏は回想する。

山下氏はもともと整備士志望だった。バスの整備がやりたくて入社したが、車掌を2年経験しないと運転手にも整備士にもなれないという社の方針に従ったのだが、別の先輩二人が整備士の道に進んだことで、心ならず運転手を目指すことになった。

当時、黒田氏と山下氏が車掌として乗務したのは、稚内営業所管内の路線バスである。稚内市の中心部を南北に走るノシャップ線、稚内駅前から南稚内駅を経由して富岡《とみおか》、潮見《しおみ》に至る富岡線、ノシャップから稚内駅前経由で声問《こえとい》を結ぶ声問線、さらに稚内駅前と宗谷岬、鬼志別を結ぶ長距離路線もあった。途中、猿払村《さるふつむら》の知来別《ちらいべつ》には営業所があって、最終で行くと一泊して翌朝の始発で戻る仕事も含まれていた。

昭和40年代の始め、二人が乗務を始めた当時はまだボンネットバスが残っていたが、時代は乗車定員の多いリヤエンジン・キャブオーバータイプへと移行していく。

終戦後、アメリカ駐留軍が持ち込んだリヤエンジンバスを参考にして国産バスが登場したのは

宗谷バスのベテラン運転手・黒田政則氏（左）と山下繁光氏

1949（昭和24）年。フレームを省略したモノコック構造で、車体の全長にわたって座席が設置できることから、たちまちスペース効率のよくないボンネットバスを駆逐することになった。

宗谷バスの所有するバスの中に、エンジンを車体中央に吊るすセンター・アンダーフロア・エンジン車があった。日野自動車工業が1952（昭和27）年に発表した「ブルーリボン」は、ボディ（全長10m、ホイールベース4・8m）中央の床下に直列6気筒7リッターエンジン（110馬力）を吊り下げたことで、車内全長にわたってフラットな床が得られ、最大限の床面積を確保していた。エンジンは、国鉄の液体式気動車と同じように、横倒しに配置されていたが、防火性を考慮してシリンダーブロック上部にドレン通路を設け、噴射ポンプからの燃料漏れに備えている。エンジン下面と路面のクリアランス確保は特に留意され、試験の結果、空車で30㎝、定員乗車時に26㎝と決められた。広大なフラット床、前後軸重の理想的な配分などリヤエンジン車にまさる特長を持ち、1954（昭和29）年にはエンジン出力を125馬力に上げた沖縄向け左ハンドル車も製造されている。

「アンダーフロアエンジンバスは、車内から点検フタを開けてオイルをチェックするのですが、エンジンの音がまともに車内に入ってきてうるさかったですよ。それにダンパーがよく壊れて振動が止まらなくなる。歯の根も合わなくて、酔っちゃうお客さんもいましたね」（黒田氏）。

黒田氏と山下氏が宗谷バスに就職した1964（昭和39）年、稚内の人口は過去最高を記録した。1万2688所帯、人口5万8223人。宗谷バスが発足した1952年の人口が3万5793人だったことを考えると、その増加ぶりは際立っている。市内の公共交通機関はバスだけだったから朝夕の混雑は想像を超えるものがあった。

「ノシャップには米軍のキャンプがあったので、市内から朝一番で出勤する人たちがたくさんいました。ノシャップの周辺は人口も多くて、そこから駅方面に向かう通勤客や高校生でバスは超満員でしたよ。バス以外に交通機関がなかったですからね。どんどん乗せて、詰めてもらって、閉まりきらない扉から人があふれても手すりに摑まっているのです。仕方がないので運転手に「危ないからゆっくり走って」と頼みましたよ」（山下氏）。

「地形的にノシャップは風が強いのです。冬は毎日10mくらいの強風が吹きますからバスがあおられる。トラックと違ってバスは真四角の箱なので風がうまく抜けず、まともに横風を食うとずるっと横滑りします。冬は道が凍ってツルツルですからね」（黒田氏）。

寒さと吹雪、そして道路舗装の遅れ

稚内の冬は凍えるような寒さと吹雪に閉ざされる。

黒田氏と山下氏が車掌生活を始めて2年目、１９６６（昭和41）年の12月から2月までの累積降雪量は４６３㎝、１日当たりの最大積雪量30㎝、この期間の最深積雪量は１２０㎝と記録されている。３カ月間の平均風速は５・１ｍ／ｓ、最大風速17・８ｍ／ｓ、瞬間最大風速は28・１ｍ／ｓというから吹雪の猛威が想像できよう。積もった雪が暴風で舞い上がり、視界の利かないホワイトアウトが頻発するとともに、深い吹き溜まりがたちまちクルマの自由を奪ってしまうのである。

「市内の道幅の狭いところで路面がねっぱると（雪が粘りついてタイヤがグリップしない状態）、バスは図体が大きいので自由が利かなくなりすれ違いできなくなるのです。雪で路肩が盛り上がっているとバスが傾いて屋根同士がぶつかりそうになります。そういうときは車掌がバスに積んであるスコップで、盛り上がった路肩寄りのタイヤの下を掘って水平に戻さないと走れません。女性車掌のときは運転手が代わりに掘る。バスが完全に埋まって掘り出せないときは営業所に「バスが埋まってしまった」と電話して応援を呼びます。職員総動員で猛吹雪のなか何時間もかかって作業するのですが、なかなか作業が進まず、冬はどうしても運休が多かったですね」（黒田氏）。

オホーツク海に沿って走る路線バス

　稚内市内から宗谷国道を東進して宗谷岬を回り、オホーツク海沿いに猿払村方面まで走る郊外線は、海からの強い風にあおられる一方、海から離れて丘陵に分け入る区間もあって、真冬は坂を登るのに苦労したという。

「大岬《おおみさき》から東浦《ひがしうら》までは山の中を走るのですが、チェーンを巻かないと雪で滑って坂を登れない。当時はスノータイヤが足りなかったこともあって夏タイヤにチェーンを巻いていました。ダブルタイヤの両側にチェーンを巻くのは営業所でしかできないから、途中の着装場では外側のタイヤだけ巻きます。地面にチェーンを広げてバスを移動させて巻くわけですが、チェーンは太さが親指くらいあってものすごく重い。運転手と車掌が一緒になって作業するのですが大変でした。ワンマンカーになってからは除雪態勢が整ってきたのでチェーンを巻くこともなくなりましたよ。それでも除雪の効果はいまを10とすると昔は2くらいでしたね」（山下氏）。

一方、宗谷管内の道路舗装の遅れもバスの運行に大きな負担をかけていた。渡島半島南東に位置する椴法華村《とどほっけそん》が編集発行した『椴法華村史』（1989年）には次の記述がある。

「昭和四十二年北海道の旧一級国道は、改良率九十三％、舗装率八十三％に達し、ほぼ整備は完了の域に達したので、道路の整備の重点は旧二級国道や地方道に移行しつつあった」。

一級国道は羊蹄《ようてい》国道（5号線）や中央国道（12号線）などの幹線道路で、旭川〜稚内間の天塩国道（40号線）もそれに当たるが、それでも舗装率は全道で83％。一級国道と重要都市を結ぶ役目の二級国道に至っては舗装率が50％に満たなかった。道の拡幅や舗装などの道路改良が本格化するまで地方交通の主役は鉄道だったのである。

「稚内の市街地を出て空港までは舗装されていましたが、その先はホコリがもうもうと舞う砂利道でした。国道238号線は改良されるまでカーブが多くてひどいものでした。枝幸まで往復するとバスはホコリで真っ白。車内にも入ってくる。それがシートに吸い込まれて、砂利道の振動でホコリが車内に舞い上がるわけです。いつも車内はもうもうとホコリで霞んでましたね。お客さんも辛抱強かった。手拭いを口に当ててじっと目をつぶって我慢している。それが当たり前の時代でした。あれだけガタガタ揺れても不思議と酔う人はいなかったですね」（山下氏）。

「天北線が浜頓別から天北峠の方へ入っていくので、稚内から枝幸までのバスとの競合はないのです。稚内から網走まで乗り継ぎで走るオホーツク急行（バス）は稚内から枝幸、雄武、紋別までで1日1往復が宗谷バスの受持ちでした。終点で一泊して戻るダイヤでしたね。宗谷バスの路線免許は紋別までなので、そこから網走までは別のバスが接続するわけです。ただ、冬は除雪が間に合わず運休することが多かったですね」（黒田氏）。

バス運転手のキャリアパス

黒田氏と山下氏は18歳になるや普通免許を取った。当時、大型二種免許の受験には3年の運転経験が求められたが、ともかくはバス運転手になるステップをひとつ上がったことになる。

「普通免許を取って3年目に大型一種免許を受験しました。教習は25日かかりましたが、試験場の外周路を走ったとき教官に「キミは運転がうますぎる！　どこで練習したんだ」と言われましたね。運転は慣れですから、こっそりバスを動かしていたのが役立ったのでしょう。そのあと大型二種免許は1週間で取れました。たしか大型二種を取るので4万円持って行ったのですが1万円余りましたよ。二種を取って会社に戻ったのは１９７０年でしたが、ちょうどバスがワンマン化しているときで車掌はいらなくなった時期でした。私が入ったときは女性車掌が多くて男の車掌は5人だけでしたが、ワンマン化で女性の車掌さんたちは貸切バスのガイドになっていきましたね」（山下氏）。

宗谷バスに限らず、バスの運転手は、最初に路線バスで腕を磨き、次に都市間バスへと進み、そして貸切バスの運転を任されるようになる。

「当時は運転手になってから11年目に貸切をやれるようになりましたが、私が入ったころは路線と都市間バスに5年乗って6年目から貸切に乗れるようになりました。貸切の仕事は楽しかった。事前に地図を頭に入れて景色のいい岬を六カ所回ったこともあります。私は旅行好きなのですが貸切バスを運転して北海道中行きましたよ。ガイドさんや旅行会社の添乗員とも仲よく仕事して楽しかったですね」(黒田氏)。

3　宗谷バスのエース、札幌直通「わっかない」号

数々の困難を伴う冬季運行

そして運転手は路線バスから都市間バスへステップアップしていく。

宗谷バスの稚内営業所は札幌~稚内間を直通する「わっかない」号を運行している。昼行5往復のうち2往復が宗谷バスの車両で残りは北都交通の受持ちだが、夜行便は交互の運行。運転は稚内~小平間が宗谷バス、小平~札幌間は北都交通が担当している。

札幌行き「わっかない」号の運転経路は、宗谷本線に沿った天塩街道・国道40号線を南下するのではなく、幌延から天塩、羽幌、留萌を経由して深川へ出る国道232号線の留萌海岸ルートである。豊富~札幌間を走る沿岸バスの「はぼろ」号と同じ経路だが、競合を避けるため「わっ

かない」号は稚内市内を出ると札幌市内までの区間では客扱いをしない。

宗谷バス専務取締役の船谷守氏は語る。

「日本海に沿って南下する留萌経由の方が時間が短いのです。国道40号線回りだと15分ほど余計に時間がかかります。名寄から士別の間がネックなのですが、ここが高規格道路になって70～80㎞／ｈで走れるようになれば、時間の面でも安全性の面でもずっとよくなると思います」。

宗谷バスの乗務員が受け持つ「わっかない」号の稚内～小平間は、冬季、日本海からの強い西風にさらされ、それによって引き起こされる視界不良、ときにホワイトアウトに悩まされる。サロベツ原野を突っ切って走る国道40号線もゆるい環境ではないが、ひとたび暴風雪警報が出れば、最初に止まるのは風の強い留萌海岸ルートだ。

「天塩から初山別までは夏は気持ちのいい道なんですけど、冬は海から吹きつける横風がすごい。走っているバスが風で寄せられるほどで、端に縁石がないところでは風に流されて落ちそうでこわいですよ。あっと言う間にストンと落ちますからね。地吹雪はもっとこわい。貸切バスを運転しているとき、スピードを落としていたのですが瞬間的に視界を奪われ、方向感覚がマヒしてしまったことがありました。まっすぐ走っているつもりがいつの間にか曲がっていて、山側の法面が目前に迫ってきたこともありましたよ。そのときは難行して豊富から遠別まで4時間かかりました」（山下氏）。

「冬の海岸線はとんでもない悪条件の日があります。当時の国鉄（羽幌線）はすぐに止めてしまったので、交通を守るためにバスはがんばって走りました。ホワイトアウトでもバスは乗用車より視界が確保できることが多いのですが、ハザードも点けないで路上で停まってしまうクルマがいるので、追突しないよう細心の注意が求められます。吹雪が激しくなると路肩が見えないのでつい道の中央に寄ってしまいます。徐行しているから、対向車が来たら避《よ》ければいいという意識ですね。視界が利かない猛吹雪でも、常にどこを走っているか、この先のカーブは右か左か、きつさはどれくらいかを把握して先々を読まなければなりません。道はすべて分かっていないとね。経験がものをいうのですが、バスが自分の身体の一部という感覚が大事です」（黒田氏）。

「国道の通行止めは開発局が決めますが発令のタイミングがむずかしい。国道は生活道路でもあるのでやたらと通行止めにはできませんからね。パトロールしていたときは何もなくても直後に事故が起きることもある。無線を通じて得られるバス運転手からのリアルタイム情報は非常に貴重です。最近は気象の変化の前兆や野生動物の習性を把握するため、北海道大学の依頼で都市間バスにカメラを搭載していて、ライブ画像がわれわれも見られるようになっています」（船谷氏）。

アイスバーンの危険性

「わっかない」号の冬季運行はさまざまな困難を乗り越え、休むことなく続けられている。天候はいつどう変わるのか、通行止めになるほどの暴風雪が来るのか、来るとすればそれはいつなのか。運行管理に当たる稚内営業所の判断はなかなかむずかしい。

「全国放送では北海道全域が暴風雪と報道されますが、日本海を爆弾低気圧が進んでくると道北よりも道東が大雪になることもあります。だからといって油断はできません。いまの天気図を過去のものと見比べて、暴風雪はどこに来るのか、この形だと天気がすごく悪化しそうだとか、過去の経験も踏まえて判断します」（船谷氏）。

天塩地方は泥炭地帯だから道路のうねりが生じやすく、それに加えて舗装路面のひびに水が浸入して凍ることでアスファルトに穴が開く現象も起こる。そこへまた水が溜まり、夜になって凍結したところをクルマが踏みつけてアイスバーンとなる。天候の変化、気温、路面温度、水分の度合いなど、冬の道路は変幻に状況を変えていく。そうした路面の変化を感じ取り、滑り具合を予測して走るドライバーは、経験と感覚でしか得られない技術が求められるのである。

稚内〜札幌間を直通する「わっかない」号

「凍っているのに濡れているだけの路面に見えるブラックアイスバーンはベテランなら光り具合と色で分かります。ぴかぴか真っ白く光るホワイトアイスバーンはタイヤに磨かれて出来るので交差点やバス停の近くで発生しやすい。非常に滑りやすいのでフットブレーキは使わずエンジンブレーキで速度を落としてバス停に近づくわけです。トルクを抑えて惰性でバス停に入って行く感覚ですね。風の強い日は停まろうとしたときにズルッと持っていかれることもあります」（山下氏）。

「バス停は路面が滑りやすいうえに、お客さんは馬の背のように盛り上がった雪の上に降りることになるので滑ることがあるのです。お客さんが足を滑らせて車体の下に潜り込むこともありますし、「今日はすごく滑るから摑《つか》まって降りてね」と注意してあげないと危ない。だから運転手は降車客が完全にバスから離れるまで見ていなくてはいけないのです」（黒田氏）。

前出の今井氏は夕鉄バス時代、バス停に近づくと何人のお客さんが待っていたかを必ず確認し、乗り終わったときその人数が乗ったかを確かめたという。万一お客さんが滑ってバスの車体の下に滑り込んでいないかを、人数を数えることで確認するのである。バス停付近が車道の除雪ででぎる雪の壁になっているときは、滑りやすい雪壁の斜面から少し離れて止める心遣いもある。

宗谷の冬の寒さは今も昔も変わらない。かつては、朝にバスのエンジンがかからないことがあったという。極寒でエンジンオイルが硬くなり、その抵抗でクランクシャフトが回らなくなることもあった。運転手はスコップに燃えさしの石炭を乗せ、オイルパンの下で温める手順を踏む必要があった。

「セルモーターの代わりにクランク棒でエンジンを回して始動させるのです。エンジンがかかると同時にクランク棒を抜くのですが、手が滑って抜けないとクランク棒がものすごい勢いで回って吹き飛ぶこともありました。途中でエンジン故障したバスを引っ張ってくることもありましたが、牽引中にフックが外れたりロープが切れると後ろのバスに向かって猛烈な勢いでフックが飛んでくるものだから、引っ張られる方の運転手は命懸けでした」（山下氏）。

繁忙期に伴う沖縄のバス会社との協力関係

宗谷バスは日本最北端の離れ島たる利尻、礼文島を営業所エリアにしていることから、夏の観光シーズンは猫の手も借りたいほどの忙しさとなる。

利尻営業所のある沓形《くつがた》を起点に、標高1700mを越える利尻山の長い裾野が真円状に広がる利尻島をぐるりと一周する路線バスルートが右回り、左回りそれぞれが設定され、夏期は5往復、それ以外の季節は4往復の定期バスが走る。初夏から初秋の観光シーズンには鴛泊《おしどまり》発の利尻富士めぐり、沓形発の大自然利尻めぐりの定期観光バスが運行され、それに加えて団体が利用する貸切バスも島内を走り回る。

雄々しい印象の利尻島に対して、礼文島は高山植物が咲き乱れる花の浮島だ。営業所はフェリーターミナル近くの香深《かふか》にあり、島北端のスコトン岬、南側の桃岩《ももいわ》展望台まで路線バスが運行され、夏期はそれに加えてシャトルバスが増発される。もちろん定期観光バスや貸切バスも運行されている。

「夏のシーズンは6月くらいから始まって9月頃まで続きます。毎年、稚内からフェリーにバスを12〜13台載せて利尻、礼文へ送り込むわけです。運転手も利尻組、礼文組と分かれて島へ渡りますが、夏の2カ月は島へ行きっぱなしです。2018（平成30）年からは沖縄からバスと乗務員、ガイドさんが応援にやって来るようになりました。沖縄の夏は暑すぎて仕事にならないらしく、5月下旬から9月下旬まで島に滞在してもらいました。最高で8台もバスが来たことがありますよ。名古屋港経由で3日かけて沖縄から着いたバスを苫小牧《とまこまい》で受け取り、稚内に到着する前に旭川に寄って登録ナンバーを沖縄から旭川に換えます。バスの所有者は琉球《りゅうきゅう》バス交通や那覇《なは》バスですが使用者は宗谷バスですからね。沖縄からのバス、乗務員受け入れは、双方にメリットがあるという点で画期的な試みだったと思います」(船谷氏)。

沖縄で乗務員不足が表面化した2010(平成22)年秋には、宗谷バスから沖縄へ運転手とガイドを派遣した。翌年の修学旅行シーズンにも同じ事態が発生し、4万人の学生の足が奪われそうになったことから、宗谷バスは6人の運転手を応援に出している。知恵あるところにこそ道ができる。日本列島の最北端と最南端を走るバス会社の助け合いは、これからも続いていくに違いない。

4　女性ドライバーならではの心遣い

親子二代の宗谷バス運転手

宗谷バス枝幸営業所に籍を置く田村弥生さんは、宗谷バスただひとりの女性運転手である。入社は2011(平成23)年10月、勤続13年。枝幸〜雄武間、枝幸〜浜頓別間の路線バスに乗務しているベテランだ。

お父さんが宗谷バスの運転手を務めていたこともあって、幼いころからバスの運転手にあこがれていた田村さんは、移動販売車を運転する仕事をへてハイヤー会社に移った。このとき田村さんはすでに大型二種免許を持っていたが、二人の子供が幼かったこともあって、比較的時間が自由なハイヤー会社を選ぶことになった。持ち前の明るさと誠実な仕事ぶりでめきめき成績を上げ、優秀運転手として表彰されたこともある。

しかし、バスの運転手になる夢はふつふつと燃え続けていた。大型二種免許を取って10年目、とうとう念願が叶い、宗谷バス初の女性運転手として路線バスに乗ることになった。話があったとき、お父さんは「バスはタイヤから後ろが長いから大変だぞ。でも、お前の人生なんだから話だけでも聞いてこい」と言ってくれた。

宗谷バスただ一人の女性ドライバー田村弥生さん（娘さんが撮影）

天にも昇る気持ちとはこういうことを言うのだろう。当時、まだ乗客が多かったこともあって、宗谷バスの路線バスは貸切で使われるような大型だったから、田村さんにとってこれほどやり甲斐のある仕事はなかったに違いない。さっそうとハンドルを握り、お父さんと同じ仕事に就けたうれしさ。営業所の所長からは「男性の運転手にはない女性ならではのやさしい対応と運転で、皆のお手本になるようなドライバーになってください」と励まされたという。

田村さんが乗務する浜頓別～枝幸～雄武線はオホーツク海に沿って延びる国道２３８号線を走る。大部分の区間を海に沿って走る枝幸〜雄武間は、春から夏の終わりにかけて、滴るような緑と抜けるような青空に囲まれ、たおやかに打ち寄せる紺色のオホーツク海を望む佳景《かけい》に恵まれている。大自然の中を走り、季節の移ろいを日々感じる楽しみはバスドライバーに許された役得といえるかもしれない。

枝幸から浜頓別への道の途中、枝幸から10㎞ほどの海岸沿いには「北緯45度地点」のモニュメントが立ち、浜頓別町の郊外には最北端のラムサール条約登録湿地、クッチャロ湖がある。NPO法人「北海道グリーンファンド」が中心となって建設した市民風車「はまかぜちゃん」は浜頓別町の南側に建っている。

しかし、眺めのいい海岸沿いの道は、冬になれば地吹雪が乱舞する試練の道のりに姿を変える。特に枝幸から雄武までは逃げ場のない海沿いをひた走ることになるから、強い横風に負けない慎重なハンドルさばきが求められる区間だ。

「就職したばかりのクリスマスでした。吹雪警報が出ていて枝幸から雄武に向かうバスに乗務したのですが、音標《おとしべ》のあたりで山側からのものすごい横風に遭ってバスが流されたのです。ああ、海に落ちる〜と咄嗟に右へハンドルを切ったら、突然グリップが戻ってなんとか立て直すことができました。ああ、事故にならなくてよかった。もう心臓バクバクですよ。ようやく雄武に着いて、枝幸まで回送で戻るのですが、途中、一カ所だけ回送運転でも停まってお客さんを乗せていい停留所があります。通学の高校生に限ってですけどね。その日は女子高生がひとり吹雪の中で待っていて、無事に枝幸まで送り届けることができました」。

乗客との触れ合いときめ細かな配慮

宗谷バスは枝幸〜浜頓別間を結ぶ浜頓別線に4往復の路線バスを運行しているが、運行区間の大部分、すなわち市街地を出てから松団地〜大通3丁内間を自由（フリー）乗降区間としている。2往復を運行している枝幸〜雄武間の音標・雄武線の樋口前〜曙《あけぼの》間も停留所以外で乗降可能である。

夕方の浜頓別行きバスを出庫させる田村さん

「停留所ではないところでも道に出て手を挙げてくれればお客さんを乗せるのですが、暢《のん》気《き》なお客さんが手を挙げながら家から出てきたりしますから、バス停ではないところでも回りをよく見ていないといけないのです。あのお客さん手ぶらだけどバス乗るのかなぁと思ったら1回は停まってみないと。吹雪でも待っているお客さんはいますし、バス停じゃないところでもお客さんが乗り降りするフリー乗降のむずかしいところですね」。

田村さんはたいていのお客さんと顔見知りだが、お客さんが乗ってくるときは必ず声をかけるようにしている。そのお客さんはどこで降りるかも把握しているが、なかにはせっかちなお客もいて、バスが家の近くまで来ると立ってしまう人もいる。

「××さん、いつもの小屋の近くで降りるんですよね。ちゃんと停まりますからバスが停まるまで座っててね、危ないから」。

「ありがとう、今日は田村さんが運転手でよかった。降りるところを分かってくれていて早めに声をかけてくれるから安心してお任せできるよ」。

下校の高校生を乗せるとたいてい寝てしまう。部活で疲れているからだろうが、田村さんは降りる場所に近づくと「○○くん、もうすぐ着くよ」と声をかける。あるとき乗った男子高校生はよほど疲れていたのかずっと眠りこけていて、降車停留所に着いても起きる気配がない。乗務員がお客さんを揺すって起こすわけにもいかず、困っていると父親が乗り込んで来て起こしてくれたこともあった。何日かあと、その男子高校生の母親とスーパーで会ったら「田村さんでよかったよ」とお礼を言われたという。

「大きいクルマ（バス）を運転することが大好きなのです。お客さんから「いつもニコニコ運転してるね、こっちまでうれしくなるよ」と言われます。みなさんを安全にお送りすることに生きがいを感じています。それにバス同士、すれ違うときって普通に挨拶できるでしょう。お疲れさまですという気持ち。クルマじゃそうはいきませんからね」。

雄武行きの始発は7時10分の発車。早朝、枝幸ターミナルに出社した田村さんは乗務するバスの点検に余念がない。タイヤ、ホイール回りは特に念を入れて点検する。

「始業点検は教わったとおりにやるだけです。大好きなバスですから念には念を入れて、今日もがんばろうという気持ちです」。

１９９ページの写真は田村さんが運転する浜頓別行きのバスに娘さんが乗ったときの記念カット。札幌の大学に進んだ娘さんは通学で毎日バスを利用しているが、一度、田村さんが運転するバスに乗ってみたかったとか。

停車したバスの前をエゾシカが横切る

「娘がこう言うんですよ、札幌のバスと違って、宗谷バスでは観光バスみたいな大型バスが路線で走っていて、それをお母さんが運転してるってすごいよ！　うれしかったですね」。
美しい四季の移ろいは心を和ませるが、バスの運転手にとって冬将軍の到来は自然が課した試練でもある。今日も田村さんはオホーツク海に沿ってバスを走らせる。学校へ、病院へ、買い物へ、バスを待つお客さんがいる限りバスは走る。
２０２４（令和６）年７月、この日、田村さんは枝幸７時半発の浜頓別行きの路線バスに乗務した。お客さんの数はいつもよりずっと多く、車内はにぎやかだ。実は田村さんは家の事情で娘さんが暮らす札幌へ引っ越すことになり、お母さんや友だち、その母親といった人たちが、田村さんの運転するバスに乗って名残を惜しんだのである。

オホーツクが一年でもっとも美しくおだやかな表情を見せる7月、群青の大海原を右手に田村さんの運転するバスは滑るように走っていく。このルートはかつての国鉄・興浜北線跡を忠実にトレースしている。

運転台の大きなミラーに田村さんの表情が映る、それはふだんの陽気さややさしさがうそのように真剣そのものだ。途中、公共施設に通じる脇道へ入る。そろそろと進んでいくと、バス停もないところで停車。みると目前を大きなエゾシカが横切っていく。茂みに入っていったシカをみて発車するかと思いきや、まだ停まっている。

「お客さん、ごめんね。一頭が茂みに入ると、必ずもう1頭か2頭がでてくるんだわ」。

案の定、手下なのか子供なのか、小さめのシカが次々と出てきた。シカの行方をすべて見届け、田村さんのバスは国道に戻っていく。千畳岩《せんじょういわ》入口、落切《おちきり》、目梨泊《めなしどまり》、カムイ岬、頓別。枝幸から浜頓別までの所要時間は1時間20分だった。

第六章

人手不足社会への試行——自動運転バスはどこまで進化するか

バスの自動運転は実験段階から実用化への道をたどっている。限られたエリア内や短距離区間では、すでに運転手のいないレベル4運転が行なわれ、運転手不足、利用者減少に直面する北海道各地で実証運転から実用化への目処が立ってきた。正確な位置情報の取得やセンサー、カメラによる周囲の監視システムは日々進化を続けている。その一方で、さまざまな状況に直面する自動運転には人間の価値判断が欠かせない。それに必要なAIシステムの導入が始まっている。

1　運転手のいないレベル4運転が始まった上士幌町

小説に描かれた近未来の風景が現実に

「新小牛田町にタクシー会社が無いのは十九年前と変わりなかったが、新小牛田を経由し北金谷と稲生を結ぶバスの便数が以前より増えている。

準備を終えてバスターミナルで待っていると、小型のコミュニティバスがきた。ドライバーはいない。高齢の客ばかり数人が乗っていた。過疎地域で実験的に開始された公共交通機関の無人運転化は数年前から少しずつ実用化されていた。

バスのルートは昔と変わらない。雲別集落の先を郷土資料館のある山側に向かって上り、そちらで折り返した後に、岬一帯の地中を掘り抜いたトンネルで稲生町に向かう。

雲別集落のあたりは以前よりもいっそう寂れ、郷土資料館の方は古びた建物がまだそのままあるのが車窓から望めた。」

ホラー、SF作家の篠田節子氏による『失われた岬』（角川書店）の一節である。旭川空港からJR旭川駅へ移動し、特急で「新小牛田町《しんこごた》」行きのバスが出る町まで行く。タクシー会社もない「新小牛田町」から、目的地の「稲生《いなう》」まで運行しているのが無人運転コミュニティバスという設定だ。

北海道西海岸のいわくあり気な荒れ地（架空）を訪れる主人公が自動運転バスに乗る場面は、近未来の地方交通のありようを思わせる。文中に「小型のコミュニティバス」とあるのは、おそらく乗車定員18～21人ほどのマイクロバスだろう。無人バスが荒涼とした風景のなかを岬へ走っていくさまは、それが来るべき世の中の情景なのだと理解していても、なぜか寒々しい。

北海道におけるバス自動運転実験の先陣を切ったのは、広大な十勝平野の北の端、上士幌町《かみしほろちょう》である。人口４８００人。熱気球が十勝の天空に浮かぶ北海道バルーンフェスティバルは上士幌町

レベル0	運転自動化なし	自動運転機能なし
レベル1	運転支援	アクセル、ブレーキまたはハンドルのどちらかの操作を部分的に行なう
レベル2	運転支援	アクセル、ブレーキまたはハンドルの両方の操作を部分的に行なう
レベル3	条件付自動運転	特定条件下で全運転操作を自動化。要請に応じ手動運転に戻る
レベル4	自動運転	特定条件下（高速道路など）で全運転操作を自動化。
レベル5	完全自動運転	条件なしで全運転操作を自動化

自動車の自動運転レベル（国土交通省の資料を元に作成）

で開催され、すでに50回を越えている。

かつて、帯広から十勝三股まで士幌線が走っていたが、帯広から終点までずっと登り勾配が続くため、途中駅に停めてある貨車が下り勾配を逸走する事故が多発した。途中駅の駒場、中士幌《なかしほろ》、萩ケ岡《はぎがおか》、清水谷《しみずだに》に貨車を強制的に脱線させる安全側線が設備されていたのは万一に備えてのことだった。

上士幌町における自動運転バスの実証実験は２０１７（平成29）年10月に始まった。10月14～16日の３日間、町役場周辺の町道を封鎖して実験走行が行なわれ、１周約６００ｍの公道を約5分間かけて走行した（平均速度7・22km／h）。車両はフランス・ナヴィヤ社のアルマ。運転席やハンドルがなく、シートは車内中央を囲むように11席が配置されている。タッチパネルで事前に記憶させたルートを走り、手動モードではオペレーターがテレビゲーム用のコントローラーで操作するシステムだ。

ナヴィヤ・アルマの全長はトヨタ・アルファードより20mm短い４・７５ｍ、全幅は２６０mm広い２・１１ｍ。スクールバスなどで使われるトヨタ・コースター（標準ボディ）と較べて、全長は１５０５mm短く、全幅は30mm広い。車両総重量は３４５０kg。最高速度は25km／h（日本国内仕様は20km／h）。電気自動車としての航続距離はおよそ90kmである。

自動運転システムは、ソフトバンクグループのボードリー社が開発した。

システムの中枢はＳＬＡＭ（スラム）と呼ばれるマッピング支援ソフト。走行コースのマッピング時にＬＩＤＡＲ（ライダー）と呼ばれるレーザー（光）を用いたセンサーで３Ｄ点群を検出し、走行コースの基準マップを作成する。ＬＩＤＡＲは周囲３６０度を監視する３Ｄと地上24㎝の動きを検知する２Ｄの２種類があり、障害物を検知して自動停止するシステムだ。自動運転の要点となる自車位置の推定は通常のＧＰＳに加えて、数㎝単位の位置情報を正確に補正するＲＴＫ（リアルタイム・キネマティック）ＧＰＳを搭載している。また、ボードリー社が開発した自動運転車両運行管理システム「Dispatcher（ディスパッチャー）」は目的地と出発時刻を入力するだけで、世界中のどこからでも車両に走行指示を出すことが可能で、出発時刻になると乗客の操作なしにドアが閉まり走行が開始。一方、指示を出せば配車バス形式の運行となり、事前に複数の指示を入力しておけば路線バス形式の運行も可能だ。

完全無人化に向けての動きと課題

上士幌町の自動運転バスの運行は２系統。町役場に隣接した交通ターミナルから町の南部に位置する道の駅かみしほろを巡回する道の駅循環線（所要時間30分）、交通ターミナルから町の西部の小学校、団地を巡回する西団地・北団地循環線（所要時間35分）である。

２０２２（令和４）年12月１日から上士幌町は自動運転バスの定常運行を開始した。北海道で自動運転バスが定常運転するのは初めてのことで、当面レベル２で運行し、種々の条件が揃った段階で、特定条件下で車両の自動運転システムがドライバーに代わりすべての運転操作を行なうレベル４へ移行する予定と発表された。

２０２３（令和５）年9月に同地を訪れると、道の駅かみしほろを発車した自動運転バスは町内を縦貫する国道２７３号線に入って北上していった。広い駐車場を備える道の駅は、自家用車と巡回バスの連接点として活用が進み、郊外からクルマで来てバスに乗り換える利用者もいる。

自動運転バスはＥＶだけあってスタートは力強い。上限速度20㎞／ｈは他のクルマの邪魔になるかと思ったが、町中ということで速度を出すクルマがいないからかそれほどの遅さは感じない。直進、車線維持、バス停への進入、発車などは自動化されていて、バスの挙動に不安はないが、バス停は乗降客がいなくてもいったん停車する。発車の操作は中型運転免許を持つオペレーターが受け持つ。この時点では部分運転自動化のレベル２だったから、必要に応じてオペレーターが運転に介入する必要がある。たとえば、信号のある交差点ではオペレーターが信号確認と発進、停止を操作していた。

「たとえば、クルマがバスを追い越して30ｍ以内で車線に戻ると、バスは前方に障害物ありと判断してブレーキをかける。そういう場合にオペレーターがブレーキを解除する必要が出てきます」とオペレーター氏。交差点の右折は対向車の途切れ具合をカメラで監視しているから不安はない。しかし、歩道を横断して目的地に入るような状況が現われると、歩道の縁石を乗り越すところで一時停止するなど、ドライバー感覚とはややずれる場面も出てくる。

積雪時の自動運転試験も活発に行なわれている。２０２１（令和３）年12月に上士幌町で行なわれた圧雪路、凍結路、降雪環境の走行試験では、自動運転率が90％に達し、特定条件下におけ

上士幌町で実用化が進む自動運転バス

る完全自動運転を可能とするレベル４へ大きく近づくことになった。ただ、センサーが道路上の雪の塊や吹雪を障害物として認識してしまうことがあり、また除雪作業で路肩に積み上げられると運行ルートが妨げられるケースもあった。対策は入念な除雪作業という雪国ならではの自動運転の課題も浮かび上がった。

２０２４（令和６）年2月14日付の朝日新聞デジタルは、上士幌町で完全無人化に向けた信号協調実験を報じた。

「一昨年から自動運転バスの定期運行をしている北海道上士幌町で、一定の条件付きで運転を全てシステムが担う、レベル４実現に向けて、信号機の情報をバスに送る「信号協調」などの新システムの実証実験が始まった。同町によると、自動運転バスの信号協調の実証実験は道内初。実用化すれば、完全無人運転もできるようになる」。

自動運転レベル４を実現するためには車両と信号の協調が不可欠だ。信号機の表示情報（青、赤）や表示時間などをバスに伝え、運転手を介さずに通過、停止を可能にすると同時に（信号協調）、優先道路に合流、進入する際に路上に設置されたセンサーが近づく車両や歩行者を検知して車両に伝える（路《ろ》車《しゃ》協調）システムが欠かせない。

２０２４年４月23日、総務省は「地域デジタル基盤活用推進事業（自動運転レベル４検証タイプ）」の選定結果を発表した。この事業は自動運転による地域交通を推進する観点から、関係府省庁が連携し、地域限定型の無人自動運転移動サービスを２０２５年度を目途に50カ所程度、２０２７年度までに１００カ所以上で実現する目標を掲げている。

選定されたのは全国７地域。北海道では上士幌町が選ばれ、日立市、前橋市、狛江《こまえ》市、横浜市、小松市などが自動運転レベル４の実証団体となっている。今後、実証団体による実証が順次開始され、２０２４年９月頃に中間報告、２０２５年２月頃に最終取りまとめを予定している。

上士幌町の自動運転バスストップ。町内の各停留所に掲示されている

２０２４年５月31日、国土交通省北海道運輸局は、上士幌町内を運行するバスに自動運転車・レベル４の認可を与えた。運転者がいないレベル４の自動運転を行なうためには、国交省から安全基準適合性の認可を受けた上で、都道府県公安委員会の許可を得る必要がある。今回認可されたのは上士幌町・交通ターミナルから認定こども園前までの６３０ｍ。最高速度は12㎞／ｈとされた。

2　次なるステップは人間の価値判断

ロイズタウン駅開業で賑わう当別町のケース

札幌都心部からおよそ約45分の距離に位置するベッドタウン当別町《とうべつちょう》は、2023（令和5）年7月に自動運転バスの実証実験を始めた。その前年3月に開業した学園都市線・ロイズタウン駅からロイズふと美《み》工場を結ぶ700mのコースである。

当別町はスウェーデン中部の自然に囲まれた古都レクサンドの姉妹都市だ。人口はともに1万5000人程度。毎年6月の第四週、レクサンドで開かれる夏至祭《げしさい》はスウェーデン最大の規模を誇る。レクサンド橋がかかるエステルダール川に三日月のような舟が浮かび、ダーラナの民族衣装をまとった美少女音楽隊が白樺のハートのリースを運んでやってくる。フェスティバルの会場となる広大なグローペン（窪み）の眺めは、一面、緑が続く当別町の風景を連想させ、時を同じくして姉妹都市・当別町でも夏至祭が開催されている。

当別町に工場を構えるロイズコンフェクト社は、アメリカ・ペンシルバニア州に本拠を構えるハーシーになぞらえてチョコレートの町を目指している。ハーシー市は創始者のミルトンが従業員のために路面電車、住宅、学校、プール、動物園などを備えた街を目指した成果といわれる。

「ロイズタウン駅の開業で町ににぎわいが出てきました。駅からふと美工場まではロイズがシャトルバスを走らせていたのですが、距離が短いことに加え観光需要に応えるために自動運転バスを走らせようということになったのです。6月末から7月17日までに2500人、1日当たり120〜130人の利用がありました」(当別町企画部事業推進課・高田浩司氏)。

当別町が導入した自動運転バスは上士幌町と同じナヴィヤ・アルマ。車両に取り付けられたGPS、カメラなどのセンサーと車速、ステアリング舵角などのCAN情報を収集し、クラウドへデータを保存する遠隔監視システムを搭載している。当別町は冬期運行の試験を続け、運転区間の拡大(ロイズタウン駅〜道の駅とうべつ)など自動運転バスの本格運行について試験と検討を重ねている。

旭川近郊の東川町《ひがしかわちょう》で自動運転バスの試運行(レベル2)が行なわれたのは2023年3月のことだった。コースは東川町役場と道の駅ひがしかわ「道草館」などを巡る一周2・6km。今回は積雪時における自動運転の問題点を洗い出すこと、東川町民のおよそ8割が利用している地域通貨「HUC」と移動サービスの連動の可能性をさぐる点に目的が置かれた。試運行業務は自動運転技術の導入、運用に関するコンサルティング会社ボードリー(ソフトバンクと先進モビリティの合弁会社)が行なっている。

5日間にわたる試運行は天候に恵まれ順調に終わったが、1月、2月の準備期間で降雪がありいくつかの問題点が指摘された。ボードリーが北海道経済産業局に提出した実施報告書によれば、車両センサーが降雪を障害物として検知してしまいブレーキがかかること、積雪によって路肩に雪山ができると障害物として検知してしまう点、暖房使用でバッテリーの減りが早くなることなどがあげられ、それぞれ対策を施した旨の記述がある。

自動運転バスによって町内のスーパー、ドラッグストア、病院などを周回すると同時に、東川町には町内にスキー場やゲストハウス、温泉などがあり、旭岳《あさひだけ》登山者のベースとなる豊富な観光資源があることから、中心街と観光施設を自動運転バスでつなぐ期待も寄せられた。そのために自動運転バスと路線バスの交通結節《けっせつ》ターミナルを作るプランも検討されている。さらに、地域通貨HUCの読み取り機器を自動運転バスに備えることでキャッシュレス決済や利用者の消費データを集めることも可能になる。自動運転バスを単なるモビリティではなく、新たな需要を創出するツールとして活用することが期待されている。

自動運転バス運行に残された課題

自動運転バスは実用化に向けて進化を続けているが、その一方で自動運転バスを受け入れる道路環境、交通条件には依然として課題が残されている。

国土交通省都市局が作成した「基幹的なバスにおける自動運転導入に関する検討」の中間とりまとめ（2022年3月）第3章「走行空間について」には次の記述がある。

●現在の状況
これまでの実証実験の結果をみると、専用空間ではスムーズに走行することができた事例が多くなっています。他の交通等の影響を受けない空間であれば、現在の技術において自動走行ができる可能性が高い状況です。一方、手動運転の一般車との混在空間では、交通量や駐停車車両による影響を多く受けるため、一定の条件を満たした箇所でなければ、自動での走行は難しい状況です。

●求められる条件

（短期）

・現在の技術では、可能であれば専用空間にて走行することが望まれます。

・手動運転の車両と混在する空間の場合、交通量が少なく、駐停車車両がなく、歩車分離がされているような道路であれば自動運転が行いやすい状況です。

（中長期）

・手動運転の車両と混在する空間では、短期の条件に加え、複数車線があり他の交通の影響を回避できる環境等への整備を拡大することが望まれます。

・荷捌車両等を含めた駐停車車両との走行空間の区分や、走行空間上に過度に駐停車を行わないような案内なども有効と考えられます。

・手動運転の車両と混在する空間の場合、自動運転車両が同一空間を走行することを他の交通に明示するなどの工夫があることが望ましい状況です。

路上駐車する車両がクルマの通行、なかんずく自動運転車両の運行に障害となる事例が報告されている。国土交通省街路交通施設課が東京の池袋で行なった実証実験では、手動操作介入原因の41％が駐車車両の回避のためだった。市街地を走る自動運転バスを運用する上で、もっとも留意すべき課題がここに見えている。すなわち、一般車（非自動）との混走は、自動運転バスのスムーズな運行を妨げる大きな要因になり得るのである。

北海道各地を走る路線バスの運転手に自動運転の可能性について訊ねた。

「バス専用の道路なら自動運転は有望だと思います。一番こわいと思うのは一般車と混じって自動運転でバスを走らせることです。駐停車しているクルマを避けて対向車線に出る。そのとき対向車のスピードはどうか、徐行して譲ってくれるのか、そういうドライバー同士のコミュニケーションを考えると、自動運転バスは専用道路じゃないと走らせられないのでないかと思います」。

「市街地では、冬は除雪した雪が路肩を狭めるのでバス同士のすれ違いはぎりぎりです。そこをお互いにパッシングで合図しながら抜けていくのですが、障害物があれば停まると決められている自動運転でそれができるのか疑問なのです」。

人間の価値判断を機能として実装するには

北海道の路線バスは郊外の国道を走るケースが多いから速度が高く、冬の横風など運転の困難さから、どうしても自動運転に否定的な声が聞こえてくるのは仕方ないことだが、それらの意見は、今後、自動運転が到達しなければならない人間感覚との相関という意味で示唆に富んでいる。

ホンダが１９８６（昭和61）年に設立した和光基礎技術研究センターで自動運転研究に取り組

んだ古川修《ふるかわよしみ》氏は、牧野茂雄《まきのしげお》氏による『モーターファン・イラストレイテッド』誌（三栄）の取材に次のように答えている。古川氏はカリフォルニアのテストコースで、１００km／hを越える速度域でのパワートレーンの自動制御の開発に携わった。ＬＫＡ（車線維持補助装置）やＡＣＣ（定速走行・車間距離制御装置）などは当時の研究の果実である。

「しかし、やはり問題があった。技術的に進んできても、自動運転をやるには人間の価値判断みたいなものが備わらないと無理ではないかという雰囲気だった。たとえば、雪道で右が断崖、左が雪の壁だったら、人間は雪の壁のほうへ行くが、クルマにそれができるのかとか、小さな子供とタヌキのどちらかを轢《ひ》かなければならないときにタヌキを轢けるのかという議論もあった。いわゆるトロッコ問題だ（ある人を助けるために他の人を犠牲にするのは許されるか）。これをすぐに解決するのは無理なので、ドライバーが責任を持つ中で安全運転を支援するシステムをまず実用化すべきではないかと考えた。いまで言うＡＤＡＳ（先進運転支援システム）だ」。

自動運転車両には自車の位置を正確に測定し、常に周囲を監視するシステムが搭載され、その精度は日進月歩で進化を続けている。自車と周囲の物体との距離、相対速度を捉えるミリ波レーダーは、第二次大戦中に出現した技術だが、その後の半導体の進化によって利用帯域が画期的に拡大した。また、レーザー光で周囲の状況を捕捉するＬＩＤＡＲ（ライダー）は３Ｄスキャナの実用化でさらなる高精度化が見込まれている。

それでも、と牧野氏は書く。「人間ならすぐに行動に移す「救急車が後ろから走ってきたら路肩にクルマを寄せて走行を妨害しない」という行動は実行できない。古川氏が１９９０年代に

「自動運転をやるには人間の価値判断が必要」と肌で感じたことは、いまも実現していない」。

その一方で、ＬＬＭ（大規模言語モデル）を使った自律自動運転の実用化を目指す動きもある。東京・品川に本社を置くチューリング社は、マルチモーダル学習ライブラリ「ＨＥＲＯＮ」（ヘロン）を開発した。これはカメラで撮った映像を文脈として理解させるもので、画像認識モデルと大規模言語モデル（ＬＬＭ）を接続し、各モジュールを追加学習するための学習コード、日本語を含むデータセットおよび学習済みのモデル群から構成されている。

たとえば、ＨＥＲＯＮに道路工事の映像が入力されると、まずは事故を避けるために減速しつつ、臨時に設置された信号の灯火の色や交通誘導員や誘導灯の動きに注意を払う。あらかじめ交通誘導員の指示に従うことが最良と理解しているから、指示があるまでその場で停車することになる。さきほど例に出た道の片側が断崖、反対側が海といった状況でも、海への転落は避けると学習していれば崖側に寄る動きになる。こうしたＡＩによる判断はどれだけのデータセットが蓄積されているかによるから、ＬＬＭはきわめて重要な要素となる。ＡＩ技術の活用によって、自動運転は人間の価値判断を手に入れ、さらに進化する可能性が出てきている。

自動運転バスをラストワンマイルの短距離ランナーやエリア内のコミューターとして考えれば、その実用化に向けた動きは時機を得たものに違いない。まして、ドライバー不足という現実の前に、一部の路線を自動運転バスに置き換えることで乗務員の不足を補うなど、自動運転バスがひとつのソリューションであることは疑いのない事実だろう。

第七章
ＤＭＶとＢＲＴ――バスの可能性を広げる試み

バス輸送の可能性を広げる動きが出てきたのは２００３（平成15）年ごろからである。そのひとつが道路と線路を自由に行き来するＤＭＶ。市街地や空港、鉄道駅へのアプローチは道路を走り、郊外は線路を走ることで、利便性が増し、定時運行も可能になると期待された。一方、線路跡を舗装したバス専用通路を走るＢＲＴは、定時運行が可能な上、自動運転との親和性もある。その意味で一般車、非自動運転車との混走を避けることができる環境を整えられれば、自動運転バスの現実性はぐっと増してくるはずだ。

現在、専用道路を運行するＢＲＴバスは、気仙沼《けせんぬま》線＆大船渡《おおふなと》線（ＪＲ東日本）、ひたちＢＲＴ（茨城交通、旧・日立電鉄線跡）、かしてつバス（関鉄《かんてつ》グリーンバス、鹿島鉄道跡）、白棚《はくほう》線（ＪＲバス関東）、日田彦山《ひたひこさん》線（ＪＲ九州）、ゆとりーとライン（名古屋ガイドウェイバス）などがある。

1　雪の少ない道東で始まったＤＭＶ実験

レールと道路での乗り心地の違い

ＪＲ北海道が開発したＤＭＶ（デュアル・モード・ビークル＝二元モード車両）の試験走行が行なわれたのは、２００５（平成17）年10月のことだった。

走行区間は北見駅〜女満別空港〜北見駅の往復コース。北見駅から石北《せきほく》本線を西女満別まで走り、美幌バイパスを通って空港に至る。さらに、女満別空港から国道39号線を走って北見駅へ戻るルートだ。

マイクロバスを改造したＤＭＶは背中合わせにカプラーで連結されている。最初に乗ったのは後部車両。こちらは前方の車両に引っ張られる付随車であり、アイドリング状態を保ったままで走るため車内は非常に静かだ。ＤＭＶはベース車両の電子制御オートマチック・トランスミッション（前進6速、後退1速）をそのまま使うため、後ろ向き運転では高速走行できないという課題がある。ＤＭＶの乗車定員は最大29人だが、軌道走行用の鉄輪をはじめとする付加物によって車重が増えたことで18人乗りに制限されている。定員はキハ54の5分の1に過ぎないから、通学通勤時の負荷を考えればＤＭＶの2両連結は最低条件である。

メルセデス・ベンツの多目的作業車ウニモグは前進16段、後退14段のトランスミッションを搭載しているから後退時でも1〜85㎞/hの範囲で変速が可能である。ちなみにウニモグも軌道走行が可能で、鉄輪をレールに載せ、前後タイヤで駆動（4WD）するオプションが設定されている。ただし、ウニモグに乗客を乗せるのではなく、その高出力にモノをいわせてトレーラーを牽引する機関車として使われる。

定刻12時15分、試験列車は西女満別を目指して本線へ出る。北見駅構内のポイントを渡るときに車体は左右に振られ、線路のジョイントからの衝撃が意外な大きさで伝わってくる。付随車ということでエンジン音も振動もほとんど感じなかっただけに、低速走行時の挙動は比較的大きい。

北海道・石北本線で実施されたDMV走行実験（2005年10月）

試験列車は北見駅の1番線でいったん停車。ボディが低いだけにプラットホームが妙に高く見える。列車指令からの本線進入許可を得て、2両編成のDMVはいよいよ石北本線に出る。加速は驚くほどよく、隣の柏陽《はくよう》駅までほぼ直線の高架線を快調に走っていく。この区間はロングレールということもあって気になる微振動もなく、目を閉じれば普通の列車に乗っている感覚だ。驚くべきはDMVの速度性能で、車体の軽さにモノをいわせてみるみる行き足が早まり、惰行《だこう》に移れば速度はすでに70㎞/hを越している。

常呂川《ところがわ》に沿い、ひときわ秋色の濃い北見盆地をＤＭＶは快調に突っ走っていく。大きなレールの継ぎ目やカーブでボディはきしみ音を立てるが、それも気になるほどのものではない。カーブでの安定性を考えて、鉄輪のフランジ角度は通常の60度に対して、脱線しにくいよう87度まで立ててある。カタン、カタンと規則正しいジョイント音。乗り味は完璧に鉄道車両である。

軌道走行時、ＤＭＶの荷重の60％以上は後輪のタイヤにかかっている。ＤＭＶには衝撃を吸収する鉄道車両の台車に当たる部分がないから、油圧ダンパーと車輪のハブに組み込まれた硬質ゴムで鉄輪とレールの間で生じるショックを緩和している。

緋牛内《ひうしない》で列車交換のため停車。ここで先頭車両に乗り換え、残りの行程に入る。しばらくしてやって来た網走発の４６６２Ｄはキハ40の２連だったが、こうして並ぶとその大きさの違いは一目瞭然。列車の窓から珍しいものを眺めるように見下ろす乗客の目線はＤＭＶの屋根の上である。緋牛内を出るとＤＭＶは美幌へ向かってカーブが続く山間に分け入っていく。登り勾配もあって機関車牽引列車なら難行しそうな区間だが、車両が軽いこともあって、１Ｍ１ＴのＤＭＶはぐいぐい加速し、カーブも難なくクリアしていく。いつの間にか速度は75㎞／ｈにも達していた。

13時30分、試験列車は女満別空港にほど近い西女満別駅に到着した。プラットホームの外れに20ｍほどの中板が踏み切り状に設置され、ＤＭＶはここから道路へと出ることになる。作業手順は２両の連結を解くところから始まる。連結器と電気ケーブルを外し、合図で先頭車が前進するとフロントタイヤが降り、みるみる鉄輪が収納される。前後の鉄輪が収納されればものの５分もかからずに作業はおしまいである。道路→レールの作業はもう少し面倒で、さきほどの踏み切り状の中板に設けられた三角形のガイドがＤＭＶをレールのセンターに誘導し、鉄輪を降ろすことで作業は完了する。三角形ガイドへのアプローチはＤＭＶの床下中心に設置したカメラ画像で確認しながら行ない、最終的に鉄輪の内側フランジが三角形ガイドで誘導されるから作業はスムーズである。降雪期に三角形ガイドに雪が積もることを考慮して、この冬に実施される降雪期テストの結果次第ではモードチェンジスペースをスノーシェッドで覆う計画もある。

女満別空港に着いたＤＭＶは折り返し国道39号線を通って北見駅へ戻る。

国道を走るＤＭＶの乗り心地はお世辞にもいいとはいえない。レールを走っていたときのフラットな乗り味が感じられない。この不快感はボディの前後が揺れるピッチングによるもので、サスペンションが車体の余分な動きを抑えきれていないときに起こる。

シビリアンは梯子《はしご》状のラダーフレームにリーフスプリングとエアスプリングを組み合わせ、ダンパーを組み込んだサスペンションを採用しているが、ＤＭＶに改装した際に前後に鉄輪と昇降装置を追加したことでボディ前後に重りを付けたような格好になった。ホイールベースより外側に重量付加物を置けば、ピッチングを誘発しクルマの挙動は悪化する。クルマは加速時にテールが下がり、制動時にテールリフトを起こすが、こうしたピッチングは巡行時にちょっとした段差を乗り越えたときにも発生する。その衝撃をスプリングで吸収するわけだが、バネは放っておくと伸縮運動を繰り返すから、それをダンパーで抑えることでふらふらしない快適な乗り心地を実現している。ＤＭＶは前後が重いことに加えてピッチングを抑えるダンパーの減衰力が不足している印象だ。レールを走るときの安定性や乗り心地がいいだけに、マイクロバスとして道路を走行するときのサスペンション性能を引き上げられれば、DMVは申し分のないマルチパーパス・ヴィークルとして認められる潜在パフォーマンスを秘めているのだが。

全国各地から関心を集めたDMV

DMVはレール上も走れるマイクロバスである。

JR北海道が開発に着手したのは2002年秋のことで、2年後には中古のマイクロバスを改造したDMV901を完成させた。札沼線《さっしょう》（学園都市線）で走行試験を重ね、そこで得られたデータをもとに新車を改造したプロトタイプDMV911、912を製作した。

ベース車両のニッサン・シビリアンは、宿泊設備や厨房を備えたキャンピングカーにカスタマイズする種車《たねしゃ》として人気が高い。地味なモデルながらその歴史は意外に古く、1966年に発売されたニッサン・エコーのマイナーチェンジの際にシビリアンを名乗るようになった。GC340、W40をへてW41系（四代目）にモデルチェンジされたのは1999（平成11）年のこと。ロングボディ（全長6990㎜）と標準ボディ（同6275㎜）の2種がラインナップされるが、DMVに使われるのはW41系の標準ボディの方である。

マイクロバスを改造したDMVは、駆動輪のリヤタイヤをレール面に接地させてトラクションとブレーキ力を得る。車体をレールに固定するのは車体前後に設けられた昇降式の鉄車輪である。フロントの鉄輪がレールに乗ると、フロントタイヤは油圧ダンパーによって収納される一方、リヤタイヤには最低40％以上の車体荷重がレール面にかかるようリヤの鉄輪の接地圧力が調整される。一次試作車は固定輪重だったが、レール走行時のタイヤ摩耗《まもう》が激しいうえ走行安定性に問題が生じたため、二次試作車は可変輪重方式《かへんりんじゆう》に変更された。タイヤがレール面に接地するのはわずか65㎜幅である。DMVはレール面との摩擦係数を確保するためにコンパウンドの柔らかいスタッドレスタイヤを履いているだけに、荷重がかかり過ぎるとタイヤのトレッド面が耐えきれず、極端な偏摩耗や最悪の場合バーストすることも考えられる。偏摩耗しやすいリヤタイヤへの負荷を調整する可変輪重方式は二次試作車で最も進化した部分のひとつである。

二次試作車のエンジンは三菱ふそう製の4M50Tと呼ばれるインタークーラー付直噴《ちよくふん》ターボディーゼル。過給圧《かきゆうあつ》の違いによって140〜210馬力バージョンがラインナップされる。2004年11月からシビリアンに供給されるようになった4M50TはT5と呼ばれる180馬力版。このパワーを2700回転/分で発生させ、54kgmの大トルクをわずか1600回転/分で絞り出す。トルク特性が異なるとはいえ、かつての国鉄ディーゼル動車の標準エンジンDMH17(排気量17ℓ)と同じ最高出力をわずか4・9ℓから発生させている。4t足らずのDMVを180馬力で引っ張るのだから出力に余裕があるのは当然で、かつてDMH17は同じパワーで32tものディーゼル動車を走らせていた。さらに、DMVとディーゼル動車では燃費に大きな差がある。キハ22クラスの燃費が1㎞/ℓだったのに対して、軽量なDMVは6〜7㎞/ℓというからその違いは大きい。レールへの負担の小ささと相まって、DMVの運行費はディーゼル動車に比較して非常に低く抑えられる。

ブレーキは駆動輪と鉄輪の両方に利く。マスターカップからブレーキラインは2系統に分岐され、ブレーキペダルの踏力に応じて倍加された制動力が働く仕組みだ。鉄輪は車軸にブレーキローターが組み込まれたディクスブレーキを装備し、光学式速度センサーがディスクに刻まれたミゾを読み取るシステムである。これによって鉄輪とタイヤの回転差を検知し、演算装置がブレーキロック（滑走）と判断すればタイヤへのブレーキ油圧を断続的に調整することになる。

DMVは北見駅前に到着した。地元の職員の話では、北見へ入る国道39号線は常呂川を渡る橋がネックになり、特に朝夕の渋滞が激しいので、西女満別から鉄道を通って北見駅までスムーズに移動できれば非常に助かるという。鉄道と道路を自在に行き来できるDMVの特性を生かした使い方のひとつだろう。

試験走行を体験して、いくつかの問題点も明らかになった。

まず、乗車定員が16名と少ないことと、鉄道と違って定員以上の乗車が認められないこと。高校生の登下校や病院に通う住人たちの交通インフラとしては、はたして輸送力が足りるか疑問が残る。輸送力を向上させるための背中合わせの2両連結は、前述したように1台は付随車扱いになるが、定員乗車時に美幌から緋牛内までの4㎞におよぶ10‰勾配を登れるのか懸念が残る。霜降、降雪などの悪条件が重なることもある。さらに、鉄道とバスのモードチェンジをする際、2台のバスの分割併合作業に時間と人手が取られる問題も残る。

次に運転保安システム。DMVは軸重が小さいため現行の軌道システムでは正確な位置の検知が困難という問題がある。それによって踏切遮断機の動作不確実が生じることから一般列車との混走は見合わせなければならない。

こうした課題の解決策として打ち出されたのがＤＭＶの単車運行と専用線区運行である。単車運行での輸送力は限定的なものとなるが、ＪＲ北海道は２００７（平成19）年４月～11月に釧網本線・浜小清水《はまこしみず》～藻琴《もこと》間で試験的営業運転を行ない、利用客３０５９人、平均乗車率94・１％の好成績を残した。

「ＪＲ北海道が開発し、線路も道路も走れる「デュアル・モード・ビークル（ＤＭＶ）」の試験営業が14日、北海道のオホーツク海沿いのＪＲ釧網線で始まった。第１号は満席となり、12人の乗客が約１時間、列車とバスの二つの旅を味わった。ＤＭＶは鉄道用の車輪とタイヤの両方を装え、ボタン一つで10～15秒で切り替える」（『朝日新聞』２００７年４月14日付夕刊）。

ＪＲ北海道によるＤＭＶ開発活動に刺激されて、岳南《がくなん》鉄道（静岡県）、南阿蘇《みなみあそ》鉄道（熊本県）、天竜浜名湖《てんりゅうはまなこ》鉄道（静岡県）、阿佐海岸《あさかいがん》鉄道（徳島、高知県）、明知《あけち》鉄道（岐阜県）などで実証運行が行なわれた。２０１３（平成25）年７月に国土交通省が開催した「ＤＭＶの導入、普及に向けた検討会」には、津軽《つがる》鉄道（青森県）をはじめ、上記鉄道事業者や関係する県、市町の担当者が多数参加した。

2　DMV導入を断念した夕張市と成功した阿佐海岸鉄道

夕張市のDMV導入断念に至るまでの経緯

こうした状況の中でDMVに強い関心を示したのが夕張市である。炭鉱の坑口の周辺に本町《ほんちょう》、若菜、清水沢、沼ノ沢、紅葉山《もみじやま》、真谷地《まやち》などの集落が点在する夕張市は、10万人を越える人口規模時代の広域分散形態ということもあり、町を縦断する夕張線を中心に駅から離れた地区をカバーできるDMVの可能性に期待が集まった。2012（平成24）年に実施された市民アンケートではDMVを歓迎する住民が65%に上り、南北軸を結ぶ公共交通の強化や若菜地区を市外移動のための新たな交通結節点とするなどDMVの特性を生かした町の再生策が討議された。

夕張市のDMVビジョンは、バスモード運行で数カ所の集落とJR夕張線の駅を結び、鉄道モードでJR石勝線《せきしょうせん》の新夕張駅に至るもので、広大な市域の中央を南北に走る夕張線を幹として機能させる構想だった。広い市域をもつ夕張市の構想はDMVの機能を最大限に生かすものとして期待されたのである。

DMV導入に向けたハード、ソフト両面の検討が始まり、浮かび上がった数々の課題について解決策をさぐることになった。

DMVとデマンド交通の導入に対する意向

- DMVは「鉄道や路線バスよりも運行経費の少ないシステム」として、約2/3の市民が支持
- 現行のサービス水準から低下させないという条件付きで歓迎する意向が多い

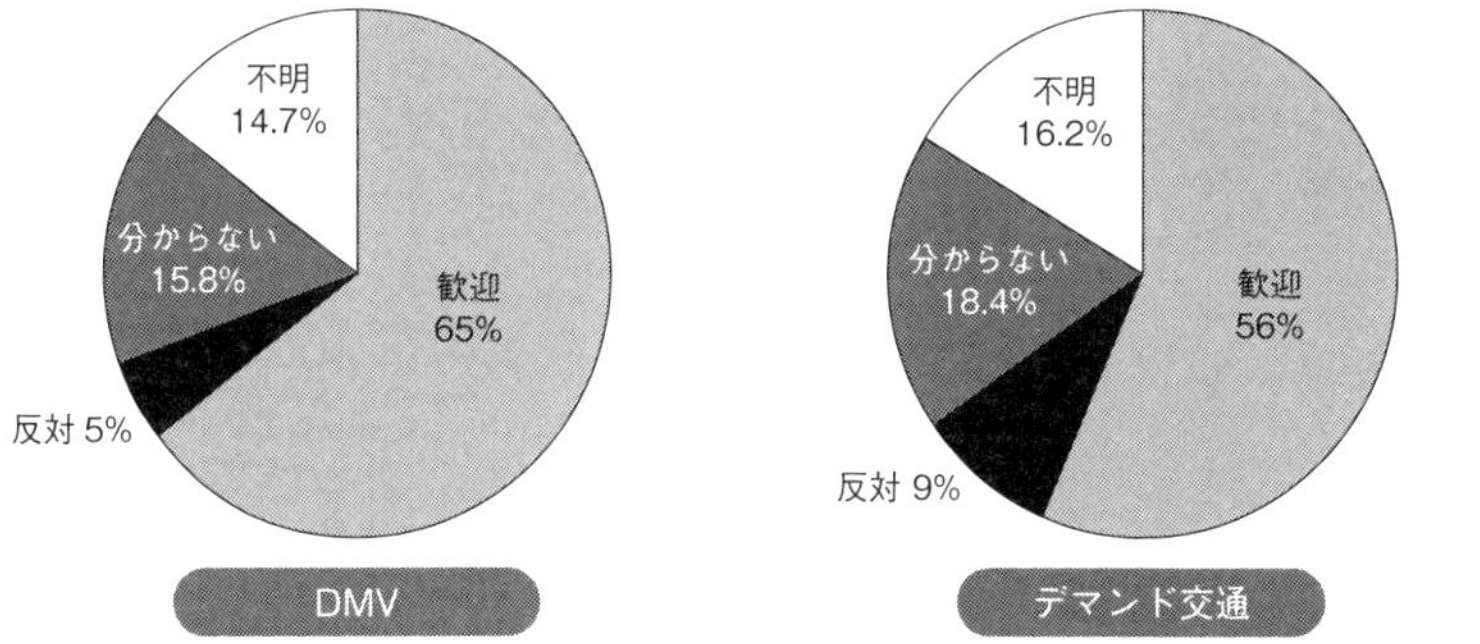

計画時、夕張市民のDMVへの要望は大きかった（夕張市資料より、2012年調査）

夕張市は鉄道区間の運行と車両の維持管理は動力車操縦者免許を持つ鉄道事業者、道路区間は大型二種免許を持つバス事業者で業務を分担し、それぞれの区間の運賃収入を得る一方、バス事業者が鉄道事業者に対して車両使用料を支払うスキームである。この事業運営を円滑に進めるためには、鉄道事業者（JR北海道）とバス事業者（夕鉄バス）の密接な連携態勢を確立することが前提となる。

また、JR石勝線と接続する新夕張駅での乗り換えは、DMVは石勝線に直接乗り入れることができないため、駅近くのモードチェンジ地点から駅前までわずかな距離をバスとして運行することになる。従来に較べて乗客の乗り換えの手間がかかること、モードチェンジ地点から駅前までの道路区間数百mのためにバス運転手を手配しなければならないなど、解決すべき問題が残った。

夕張市は地域公共交通協議会を立ち上げ、２０１３（平成25）年度中に導入計画の具体化、実証運行を行ない、可能な限り早期の導入を目指すことになった。

しかし、２０１４（平成26）年9月、ＪＲ北海道はＤＭＶの導入を断念する。理由は２０１１年から２０１３年にかけて発生した車両故障の多発と職員による不祥事によって、安全対策に多額の資金が必要になったことと報じられた。

ＪＲ北海道は２０１１（平成23）年5月27日に発生した特急「スーパーおおぞら14号」のトンネル内火災を皮切りに、6月14日に石勝線追分《おいわけ》駅で発生した不正信号現示《げんじ》事故、9月から翌年夏にかけて続発したエンジン故障などトラブルが続発する一方、２０１３（平成25）年9月に発生した函館線大沼駅構内の貨物列車脱線事故では線路の整備基準値越が原因とされ、同年11月には分岐器検査データの改竄が明らかとなった。さらに、２０１５（平成27）年に予定される北海道新幹線（新青森～新函館北斗）に財政、人員資源を集中させる必要もあると報じられた。

一方、ＤＭＶ導入について検討していた夕張市は、ＪＲ北海道がＤＭＶから撤退を表明するとほぼ同時に夕張線（夕張～新夕張）の廃止を容認。２０１６（平成28）年8月17日にＪＲ北海道が夕張線の廃止を発表するにおよんでＤＭＶ計画は立ち消えとなった。

徳島・安佐海岸鉄道の歩み

ちょうど同じ頃、四国・徳島県でＤＭＶの導入が実現しようとしていた。２０１６年5月に「第一回阿佐東線ＤＭＶ導入協議会」が開かれ、ＪＲ四国・牟岐《むぎ》線と接続する阿佐海岸鉄道の海《かい》部《ふ》〜甲浦《かんのうら》間でDMV運行を行なう方針が発表される。しかし、海部駅が高架構造で方向転換を要するDMVの終端駅としては不適格なため、地上駅の阿波海南《あわかいなん》駅を始発駅とする決定が下され、阿波海南〜海部間の一区間がJR四国から阿佐海岸鉄道に移管されることになった。

それまでJR車両が乗り入れていた阿佐海岸鉄道の海部〜甲浦間はDMVのみを運行する専用線区となり、同区間には踏切がないため、DMVの運転保安システムは通票を持つ車両のみが出発を許されるスタフ閉塞式を採用することになった。DMVに対する列車防護を行なうため車軸パルスセンサーによる位置検知、運転方向設定や追突防止のための進入出手続きと閉塞制御、制限速度、終端、交代防護のための自動列車停止システム、さらに踏切制御も行なっている。

[世界初]に乗ろう。
Dual Mode Vehicle
Asa Coast Railway Company
阿佐海岸鉄道は 世界初となるDMVの本格営業運行に挑戦しています。
四国・阿佐東線に導入されたDMV（阿佐海岸鉄道ホームページより）

阿佐海岸鉄道に用いられるDMVのベース車両はトヨタ・コースター（B70系）ロングボディである。フロントに鉄輪収納ボックスを設けたため、全長は1070mm延びて8060mmとなり、車両重量は1940kg増えて5860kgとなった。乗車定員は運転手を除き21名。北海道DMVで使われていたニッサン・シビリアンより大型で定員は3人増えている。エンジンは日野自動車製OHV直列4気筒ディーゼルN04C−VJ。排気量4009ccを過給して最高出力150ps、最大トルク42・8kgmを得る。

阿佐海岸鉄道のDMV運行は２０２２（令和４）年12月に始まった。12月25日付の『日本経済新聞』夕刊は次のように伝えている。

「道路と線路の両方を使う世界初の乗り物「ＤＭＶ（デュアル・モード・ビークル）」が25日、四国で運行を開始した。徳島県と高知県を結ぶルートの沿線自治体などが出資する第三セクター、阿佐海岸鉄道（徳島県海陽町《かいようちょう》）が運営。過疎地を含む地域の足となるだけでなく、四国観光の起爆剤としての役割も担う。

マイクロバスを改造したＤＭＶは、ゴムタイヤと鉄の車輪を備えている。四国南部の海沿いにある徳島県海陽町と高知県東洋町をつなぐ約15㎞（所要時間は35分）のうち、10キロは線路を走行する。バスと鉄道の切り替え時は、15秒ほど車両が浮き沈みしてタイヤと車輪が交代する。

1台の定員は20人余り。乗車はネット予約が原則で、始発から終点までの片道料金は８００円だ。土日祝日は高知県室戸《むろと》市まで約50キロを走る便（同２４００円）も1往復する。ＤＭＶはＪＲ北海道が基本システムを開発したが、経営難から２０１４年に実用化を断念。徳島県が「公共交通の救世主に」と構想を受け継ぎ、関係自治体などと事業費16億円を投じて実現した。地元への経済効果は年２億円を見込んでいる」。

阿佐海岸鉄道ＤＭＶは阿波海南文化村を起点として道の駅宍喰《ししくい》温泉まで、7往復を運行している。バスモードは阿波海南文化村〜阿波海南駅間、甲浦〜道の駅宍喰温泉間。鉄道モードは阿波海南駅〜甲浦間（所要時間19分）で、トータル34分で走る。鉄道モードの終点である甲浦駅は高架構造のため、12‰の勾配で道へ下りるスロープが設けられている。

現在、土日、祝日は11往復態勢が敷かれ、そのうち1往復は甲浦から室戸岬先の海の駅とろむまで延長運転されている（所要時間1時間30分）。

コラム3　イギリスLMS鉄道によるロードレイラー

イギリスで線路走行バスが登場したのは１９３２（昭和７）年のことで、ロンドン・ミッドランド・アンド・スコティッシュ鉄道（ＬＭＳ）がロードレイラーと称する鉄輪装着バスを試作している。ＬＭＳ社はロンドンを中心にミッドランド、スコットランドに1万２０００㎞もの鉄道網をもつ大手私鉄である（１９４８年に国有化）。ロードレイラー（Road Railer）と呼ばれる26人乗りのバスは、ロンドンから列車でブリスウォース駅に到着した乗客を乗せて鉄路をストラトフォード・アポン・エイボン駅まで走り、バスにモードチェンジして富裕層の定宿《じょうやど》だったストラトフォード・アポン・エイボン・ウェルカムホテルまで届ける計画だった。ＡＥＣリーガル社製のバスはエンジンで駆動する鉄輪が4輪固定され、モードチェンジはジャッキで車体を持ち上げ、鉄輪の外側に吊り下げられているタイヤをホイールごとボルト留めすることで行なわれる。作業時間は数十分といわれる。車体重量は10ｔ、公道走行時の最高速度は60マイル（96㎞／ｈ）だ。また、どちら側のプラットホームでも乗降できるようバス車体の両側に出入り口があるユニークな構造である。当時、イギリスで頻発していた臨時の保線工事に遭遇しても、道路に下りれば運行が継続できる利点もあった。

試験走行自体は成功したものの、富裕層のリゾート客が携行する大型荷物の収納場所がないなど問題点も指摘された。ＬＭＳ鉄道のロードレイラーは折からの世界恐慌下で、支線の運行コストを節約する切り札として期待され、南アフリカ、南米、オーストラリア、ニュージーランドなどの英連邦国における低コスト輸送の実現にも寄与するとされた。しかし、乗車定員の少なさ、モードチェンジの作業時間、バス運行との経費比較などが問題となり、ロードレイラーが実用に供されることはなかった。

3　日本のＤＭＶ開発史

日本陸軍によるＤＭＶ「百式鉄道牽引車」

日本陸軍が１９４０（昭和15）年に製造した「鉄道牽引車」は、鉄輪とタイヤの両方を備え、線路と道路の両方を走ることができる牽引車と定義されている。中国、満州、タイ、ビルマ、マレーなどの外地戦場や朝鮮、樺太などで鉄道の保守や警備に使用する目的があった。日本陸軍は早くから大陸における鉄道輸送を円滑に行なうため装甲牽引車を開発し、１９２９（昭和４）年にはスミダＲＳＷ型を製作、その後も改良型を次々と第一線に投入した。１９３７（昭和12）年には牽引能力を引き上げた九七式鉄道牽引車を開発、１９４０（昭和15）年に軌道上の牽引重量を60ｔに増した百式鉄道牽引車を実戦投入するに至った。百式鉄道牽引車の鉄輪トレッドは調節可能で、日本や台湾の狭軌《きょうき》（1067㎜）、中国、満州や朝鮮の標準軌（1435㎜）、ソ連領内の広軌《こうき》（1524㎜）、さらに百式鉄道牽引車を改良した一式鉄道牽引車では東南アジア諸国の一部で使われていたメートルゲージ（1000㎜）に対応している。

いすゞZK20トラックをベースにした百式鉄道牽引車は軽量化のためキャビンは木製で室内装備を最低限に抑え、ハンドルはアルミニウムの心材に木のグリップを付けただけのもの。ボディカラーは陸軍車両の標準色オリーブドラブである。百式鉄道牽引車は鉄輪を標準装備し、鉄道使用を第一義に設計されている。モード変換はネジ式のジャッキ（前後4カ所）を線路表面に固定して車体を持ち上げ、荷台壁に固定されていたホイール付きタイヤをナットで固定するだけのシンプルなものだ。エンジンは空冷直列6気筒のディーゼル。ボア110㎜×ストローク140㎜、90馬力を1800毎分回転で発生している。この動力性能により、百式鉄道牽引車は線路上で兵員40人を載せられる九七式軽貨車（積載荷重9t）を5両牽引することができたという。

日本陸軍が開発した鉄道牽引車。道路と鉄道を1台で走ることができる

国鉄による台車装着アンヒビアンバス

国鉄が1962（昭和37）年に試作した鉄道、道路走行可能なバスについて、『国有鉄道』1961年第19巻第8号に日巻敏夫氏が「アンヒビアンバス」と題する一文を寄せている。そ

の要約は、Amphibian は水陸両用の意味で、ドイツ連邦鉄道が計画製作し交通量の少ない支線で活躍している。車両構造は台車を装着して軌道走行ができるようにした自動車で、軌道走行時は前後の台車が軌道の案内を引き受けることによって軌道上を走行する。この場合、前輪は完全に浮かし後輪は道路上と同じ運転とするために軸圧を減らした状態で軌道上を走行する。車体はモノコック構造、固定座席43人、最高速度120km／hというものだった。国鉄への導入に当たり、日巻氏は全長10・6m、全幅2・5mの大型バス（定員70人）を想定し、最高速度は軌道上で70km／h、道路上で120km／hとした。

アンヒビアンバスは線路上を走行するために2軸ボギー台車を履く。エンジンの動力は車体中央の補助変速機に導かれ、台車あるいはタイヤに伝えられる。軌道上、道路の走行性能は十分だったが、プロペラシャフトの嵌《は》め込みなど台車の脱着に時間がかかるなどの課題が残り実用化は見送られた。

4　戦時廃線となった白棚線復活で誕生したBRT

再三にわたる困難と路線復活への道のり

BRT（Bus Rapid Transit）はバス高速輸送システムの略語である。横浜国立大学教授の中村文彦氏によると、ＢＲＴは「専用走行空間の確保を基本とした速達性、定時性、輸送能力にすぐれた、バス車両をベースとした高速運行の公共交通システム」と定義される。

　ＢＲＴに関するさまざまな解釈の中で、本書では「廃止された鉄道線路敷地を走るバス」ととらえると、ＢＲＴの存在意義が明らかになってくるだろう。

　日本で最初にＢＲＴが走ったのは、東北本線・白河《しらかわ》と水郡線《すいぐん》・磐城《いわき》棚倉《たなくら》の間23・３kmを結んでいた白棚《はくほう》線跡である。関東と東北の接点たる白河と、東白川郡随一の貨物集散地の棚倉を直結する目的で、沿線住民の出資による白棚鉄道が設立されたのは１９１３（大正２）年のことで、起工３年後に全線が開通している。１９４１（昭和16）年に白棚鉄道は国有化されたが、戦時下、鉱物輸送の新線が相次いで開通していた１９４４（昭和19）年、白棚線は不要線区として休止に追い込まれた。このとき、白棚線に平行して走っていた県道を改修し、代替輸送として省営自動車（バス）を走らせることになった。

　終戦と同時に住民から鉄道復活の声が澎湃《ほうはい》として巻き起こり、早くも１９４７（昭和22）年に復活促進期成同盟会が発足する。省営バスの輸送能力は貧弱で、旅客はもとより、都市部の食料難に対応する農産物の出荷もままならない。会社勤めや通学が困難なことから、沿線から白河市に転居する家庭が続出する始末だった。

　１９４７（昭和22）年10月に鉄道復活が決まり、翌年３月に白河から４駅目の関山口《せきさんぐち》まで線路が敷設された。復活工事には住民も協力したが、終戦直後の資材不足はいかんともしがたく、敷設工事は中断されることになった。その後、１９５２（昭和27）年４月に鉄道建設審議会において白棚線の復元が決まり、翌年の秋に再着工したが、今度は国の予算難によって再び工事は中断された。

国鉄はバスによる代替輸送を提案したが、住民からは次のような懸念が示された。

①旅客輸送、貨物輸送ともに鉄道と同様の輸送力が確保されるか

②輸送力が確保されても鉄道に較べて運賃が割高とならないか

③小荷物の輸送は十分な利便が得られるか

④鉄道駅と同じ数の停留所が確保されるか

現在、白河と棚倉を結んでいる国道289号線が国道の指定を受けたのが1970年。当時は未舗装の県道に過ぎず、バスは絶え間ない振動とホコリに悩まされていた。当然、所要時間も延びる。1942年当時の時刻表をみると白棚線には8往復の列車が設定され、白河〜磐城棚倉間を50分で結んでいたから、住民はバス転換による輸送能力の低下を恐れたのである。

1956（昭和31）年夏、国鉄は白河〜磐城棚倉間を専用自動車道・白棚高速線として整備する決定を下し、翌年1月から工事に着手した。線路、路盤を撤去し、舗装路を作る工事は、総工費1億3000万円、1km当たり600万円を投じ、路盤工10〜30cm、砕石《さいせき》基層10cm、砂利層最大40cmの基盤の上に厚さ5cmの粗粒式《そりゅうしき》アスファルト舗装を施している。

用意された車両はバス3両（定員71名）、貨物トラック1両。運行ダイヤは1日15往復のほかに貨物1往復が設定された。鉄道車両に較べてバスは軽量だから加速性能は優秀で、白河〜磐城棚倉間の所要時間は鉄道より10分短い40分。単線区間を道路にしたことからバス同士のすれ違い

はできず、待避所が41カ所設けられている。それによって多客期や貸切運行時の臨時増発も可能となった。白河と磐城棚倉を除けば駅員配置駅は磐城《いわき》金山《かねやま》だけとされ、バス運行に関わる駅関係は4人、運転検修関係が3人、保線関係は15人が減ったことで、総計17人の要員減となった。

日本初のBRTの誕生

1957（昭和32）年4月26日、国鉄白棚高速線が開業した。日本で初めてのBRTの誕生である。磐城棚倉行きのバスは一般国道で白河市街を抜けると専用道に入り、信号で停められることのない快適な走行で、忠実に白棚線の跡地をたどっていく。最高速度は60km／h。駅の跡地がそのまま停留所になり待合所が設けられた。沿線住民にとってはいままでの「乗り心地が悪い、遅い、ホコリっぽい」バスとは隔世の感を持ったに違いない。

白棚線の輸送人員は戦前の鉄道時代に概算1200人だったが、BRT転換後は平行する一般バス路線が整備されているにもかかわらずおよそ1600人に増加した。

発足当時の白棚高速線の好評を踏まえ、BRTの可能性について山内仁氏は『白棚線の沿革と現状』（国民経済研究協会、1959年）で次のように記している。

「白棚線の事例は、一定の条件下においては、鉄道輸送によっている赤字路線が黒字路線に転化し得ることをすら示しているといえよう。例えば、前記のように白棚線の道路構造は、輸送の質を落さず現在の五倍までの輸送能力をもっているといわれる。とすれば、沿線の人口密度がより高い路線では収支は更に好転し得るわけである（略）。また、自動車輸送のもっとも経済的な距

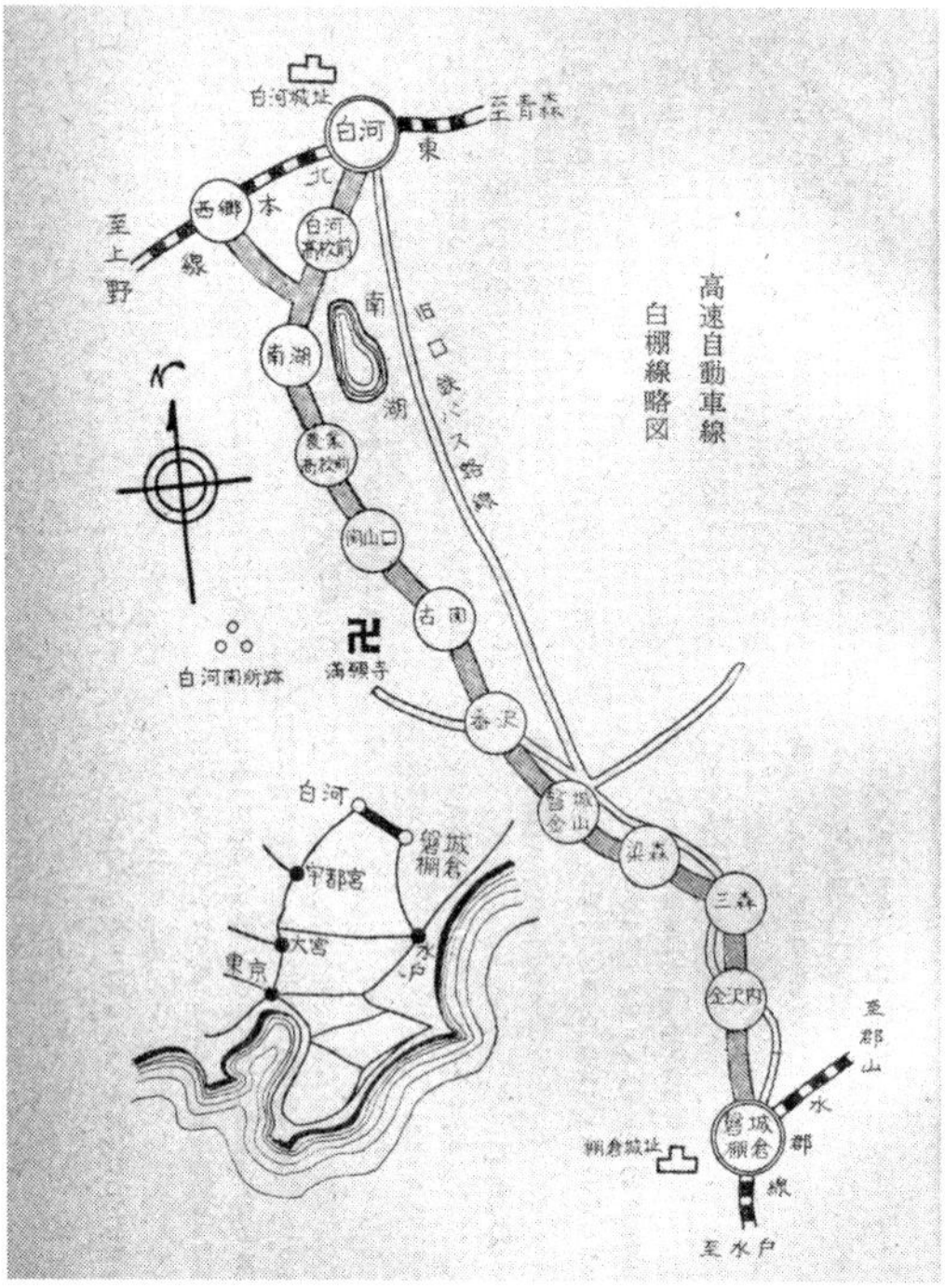

日本初のBRT白棚線路線図（『国民経済』1959年1月号）

離が五十キロ前後といわれる点からすると、それにがい当する路線は延長二四キロの白棚線より数段有利となる」。

また、一方で山内氏の同研究の中で国鉄東北支社の意見も紹介されている。

自動車輸送への転換が最も有利な距離は50km前後、最大限度は100km。鉄道とバスの競争の限界は70~80kmといわれ、バス輸送は短中距離で鉄道に優位となるが、現実問題としては制約が生じることになる。また、輸送密度が比較的低く、不採算性の高い東北でバス輸送転換を困難にしているのは、積雪による冬期の輸送確保である。白棚線の場合は最大積雪量30cm程度なので除雪はほとんど問題にならないが、多雪地帯で1日10~20往復程度の専用道路のために常時除雪を行なうことは大きな問題がある。また、アスファルト道路は寒冷地で亀裂その他維持補修が問題である（専用道路は国鉄の私道になるため、除雪、補修はすべて国鉄の負担）。東

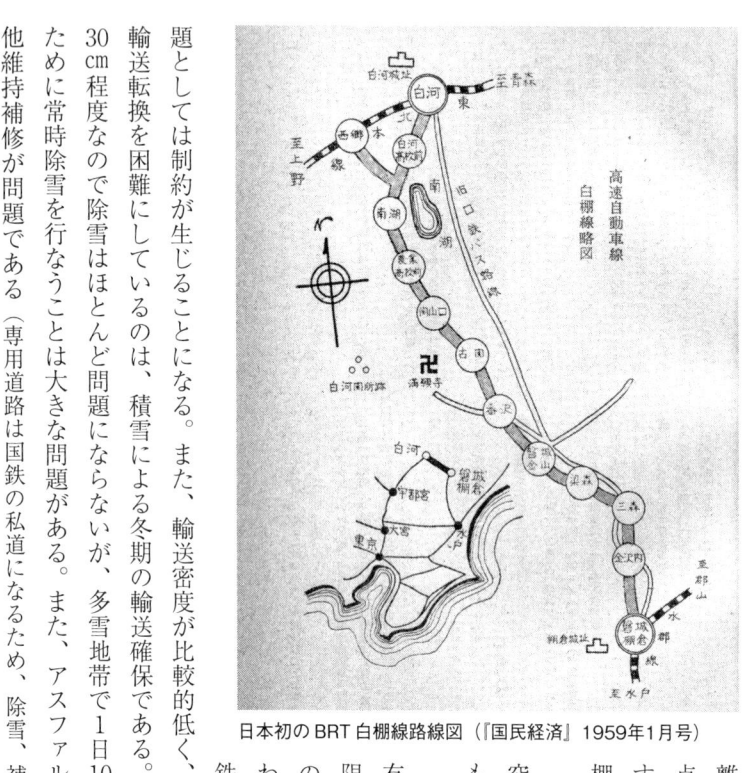

北支社、新潟鉄道管理局の意見は、東北の岩手以北や日本海沿い地方では、自動車道は考えられないとしている。さらに、貨物輸送、なかんずく鉱物輸送など、輸送量が多い場合はトラックを多数動員することになり専用道路方式では不経済になる。東北支社の意見では1日100t（トラック10往復）を上回ると、自動車道への転換は考えられないという。

白棚高速線は専用道路を走るＢＲＴ化の条件が整っていたと考えられる。国道、地方道の整備が進み、自動車保有率が驚くほど上がっても、白河、棚倉周辺の人口減少がそれほど急激なものでなかったこともあって、通勤通学、病院通い、買い物などの需要は底堅いものがあった。

白河市長・鈴木和夫氏による市の公式サイト内の「市長の手控え帖」№67を引用する。

「「田舎のバスはオンボロ車　でこぼこ道をガタゴト走る」と歌われた頃、高速バスがデビューした。希望と成長のシンボルだった。平らできれいな道を、颯爽と風を切り、水田・緑野の中をいく。木立や標柱《ひょうちゅう》が近づいては後方に流れ、車内からの眺めも良好。子供心にワクワクした。専用だから、人・自転車は通れない。分かってはいるが走ってみたい。誰かが、自転車で南湖《なんこ》まで行ってみないかと言う。互いに顔を見合わせ、うなずく。恐る恐るバスが来ないか前後を伺う。来ないのを確認し、猛然とペダルを踏む。砂利道とは異次元のスピードと滑らかさにウキウキ。「バスだ」の声に素早く斜面に愛車を倒し、頭を伏せる。ドキドキの思い出がなつかしい。高校の頃は白棚線の全盛期。今では信じられないが、朝は通勤通学であふれかえっていた。急行バスもあった。私らの停車場はごく小さく、急行は止まらない。止まるはずのバスも「満杯です　次のにして下さい」と通過。なんと次のにもふられる。やっと乗ったものの時間が気になる。息をきらして学校へ着くと、すでに授業は始まっていた。「バスが遅れました」と頭を下げると、先生はじろりとにらむ。遠く矢祭《やまつり》・塙《はなわ》から通う生徒が涼しい顔で席についている。汗がタラリ……。

40年代半ばには、年間250万人もの利用者がいた。その後車社会になり、一般道も整備され客数は減少した。路線も289号の拡幅改良とともに、専用部が少なくなった。だが、時が移り人が変わっても、白棚線は80年にわたり鉄道・バスとして継承されてきた。地域の宝を守り支えてこられた先人の努力に、心から敬意と感謝を申し上げたい」。

現在、白棚高速線は三森《みもり》〜表郷《おもてごう》庁舎前間と磐城《いわき》金山《かねやま》〜関辺《せきべ》間が専用道路で運行されている。平行する国道289号線の整備が進み、それに加えて台風被害を受けて専用道路の一分区間が復旧工事中で国道を迂回しているという事情がある。

5　東日本大震災の復興に寄与した三陸BRT

難工事の末、全面開通した気仙沼線

2012（平成24）年8月20日、気仙沼BRTが運行を開始した。宮城県のJR気仙沼線（前《まえ》谷地《やち》〜気仙沼間72・8㎞）は、2011（平成23）年3月11日の東日本大震災による津波被害で不通となったが、この日、専用道路を走るバスに形を変えて復旧したのである。

震災による気仙沼線の被害は沿岸部250カ所におよび、津波によって陸前戸倉《りくぜんとぐら》駅、志津川《しづがわ》駅、歌津《うたつ》駅、陸前港駅、陸前小泉駅、小金沢《こがねざわ》駅、最知《さいち》駅、松岩駅、南気仙沼駅が流失した。土砂や流失物を含んだ大量の海水が波高い洪水となって一帯を襲い、駅舎自体が土台ごと流されたり、線路に泥流が流れ込み埋没させたり、線路を支える道床が失われたり、気仙沼線・陸前戸倉～南気仙沼間は壊滅的な被害を受けた。津谷川《つだにがわ》の河口から1kmあまり上流の気仙沼線・津谷川鉄橋は遡上してきた津波によって落橋している。

震災当時、気仙沼線は全線開通から34年しかたっていない。

気仙沼と一ノ関を結ぶJR大船渡線（右）と気仙沼線BRT（左）。気仙沼駅北方にて

気仙沼線建設の背景には、死者2万2000人を出した1896（明治29）年6月の三陸地震津波の際に志津川町《しづかわちょう》が長期間孤立した教訓があった。当時、三陸町吉浜《よしはま》では22・4mの津波到達高度を記録している。

気仙沼から南下して本吉《もとよし》まで開通したのは1957（昭和32）年、一方、石巻線・前谷地から北上して柳津《やないづ》に達したのが1968（昭和43）年のことだ。残った柳津～本吉間34kmは難工事の連続だった。柳津から海岸沿いの陸前戸倉に出るには山岳地帯を横断しなければならず、勾配の頂上に位置する横山トンネルは3508mの長さがある。陸前戸倉からもリアス式海岸特有の険しい地形が続き、海岸線を見ながらも

盛駅から気仙沼に向かうBRT。駅構内は鉄道時代そのままで向かいのホームから三陸鉄道が発着する

細かいアップダウンとトンネルが行く手に立ちはだかっている。長い築堤の底部に石を積み上げてあるのは、三陸海岸を走る線区に見られる対津波補強である。

難工事の末、気仙沼線は1977（昭和52）年に全線開通した。国鉄最後の地方交通線である。赤字路線廃止を内容とする国鉄再建法が成立する直前のことだったから、仮に工事が遅れたら気仙沼線の全線開通に暗雲が立ちこめたかもしれない。

気仙沼線に設定された仙台への直通列車は特別料金の不要な快速扱いだったこともあって、三陸地方と仙台を効率的に連絡する便として好評を博した。最初に快速列車が設定されたのは1986（昭和61）年11月のことで、仙台〜気仙沼を3時間で結ぶ2往復が走った。1988年に快速列車は「南三陸」と名付けられ、1990（平成2）年には1往復が盛《さかり》まで延長された。大震災の起きる前年には編成が3両から4両に増強され、快速「南三陸」号は三陸と仙台を結ぶ動脈の役割を果たすに至ったのである。

震災による被害とその後の動き

気仙沼線、大船渡線、山田線が震災による津波被害で不通になり、三陸地方は鉄道による移動が不可能になった。さいわい内陸部は被害を受けなかったため、4月1日には大船渡線・気仙沼

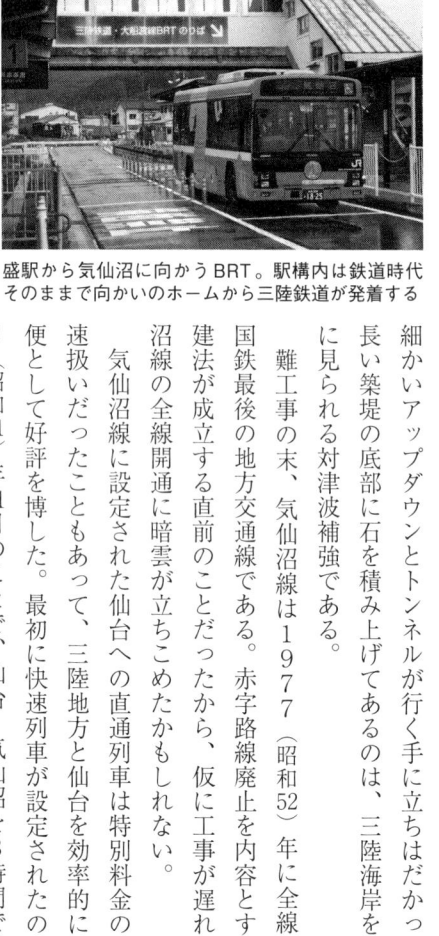

〜一ノ関《いちのせき》間が、4月6日には釜石線が運転を再開している。

一方、大船渡線の気仙沼〜盛間も大きく津波の被害を受けた。竹駒駅、陸前高田《りくぜんたかた》駅、脇ノ沢駅、小友《おとも》駅、細浦駅、大船渡駅の駅舎が流失し壊滅状態に陥った。道床の流失も甚だしく、陸前矢作《りくぜんやはぎ》〜竹駒間の気仙川橋梁が橋脚ごと流される被害を受けている。

一ノ関から気仙沼を経由して盛まで走る大船渡線は1935（昭和10）年の開業。1968（昭和43）年までは上野から直通の急行「三陸」も運転されていた。

気仙沼線と大船渡線の沿海地区を走る区間の被害は復旧のメドが立たないほど大きかった。線路流失は気仙沼線で18・9km、大船渡線で15・2kmに上り、路盤から作り直す必要がある。その被害規模と費用を考えれば気仙沼線と大船渡線（気仙沼〜盛）は、相当な期間にわたって不通となる可能性が示された。

国土交通省東北運輸局は、上記線区が通過する沿線自治体とJR東日本に復興庁を加えて復興調整会議を設置、震災4カ月後の2011年7月19日に第一回の会議を開催した。参加した自治体は気仙沼市、南三陸町、登米《とめ》市、陸前高田市、大船渡市、宮城県、岩手県。しかし、当時は被災線区のガレキ撤去作業の最中でもあり、JR東日本は被災線区の復旧時期、方法は白紙とした。

2011（平成23）年11月に開催された第二回会議で、JR東日本は乗客の安全性を確保するため避難路などの整備が必要で、不通区間の復旧整備には長期間を要する見込みを明らかにした。その後、JR東日本は復旧対策としてBRTを提案した。

翌2012年2月15日、JR東日本に対して気仙沼の菅原茂《すがわらしげる》市長は復興に関する要望書を提出。

そのなかで、大船渡線は早急の鉄路復旧、気仙沼線は都市計画事業に合わせた鉄路復旧を要望した。さらに、ＢＲＴは鉄路の復旧までの代替措置として理解するとの一文が添えられている。同じ日、菅原市長は前田武志・国土交通大臣あてにも要望書を提出し、大船渡線、気仙沼線の鉄路復旧を要望するとともに、鉄道復旧の地元負担をゼロにするためＪＲ東日本にも国からの財政措置を講ずるよう求めた。国側は赤字で運営される三陸鉄道（第三セクター）の復旧費は全額負担しているが、気仙沼線、大船渡線は黒字運営のＪＲ東日本が所有しているため国から支援はないとする基本姿勢を堅持している。ＪＲ東日本は現状復旧に要する３００億円を負担するが、安全性向上のための線路の付け替えなどにかかる費用４００億円は公費での負担を要望していた。それが認められなければツケは自治体に回る。国土交通省に対して、菅原市長はＪＲ東日本に国庫から４００億円を拠出し、もって自治体の負担を皆無にすべしと要望したのである。

そのような状況の中で、ＪＲ東日本は気仙沼線、大船渡線のＢＲＴ化に向けた工事を進めていった。ＢＲＴはあくまで線路復旧に向けた暫定措置という建前だが、交通網の整備は早いに越したことはない。

とはいえ、気仙沼線、大船渡線（気仙沼〜盛）の利用状況が震災前から低下の一途をたどっている現実もあった。国鉄再建法では平均乗車距離が30kmを上回る線区に関しては、１km当たりの輸送密度が１０００人を上回ることが線区存続の条件とされるが、震災直前、２０１０（平成22）年度の輸送密度をみると、気仙沼線が８３９人／日、大船渡線が４２６人／日。その2年前はそれぞれ９３２人／日、４８４人／日だったから、沿線の人口減少による鉄道利用人員の低下

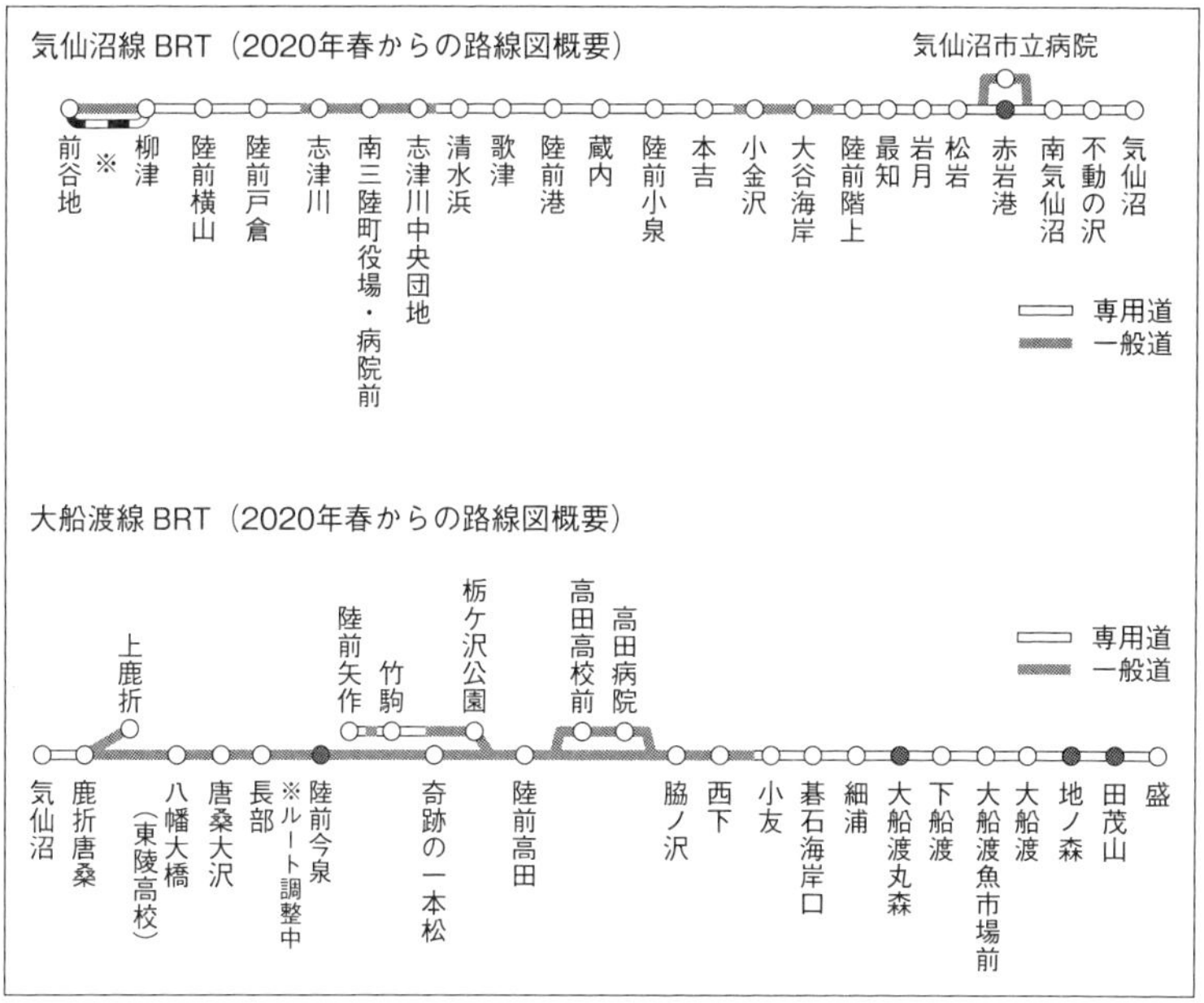

三陸 BRT 路線図

傾向が続いていることを示している。大地震、津波災害によって三陸地域からの転出が増えることは確実で、鉄道の運営自体が困難の度を深める可能性はきわめて大きい。

２０１２（平成24）年８月20日、気仙沼線ＢＲＴ運行開始、翌年３月２日、大船渡線（気仙沼〜盛）ＢＲＴも運転を始めた。いずれもバスと施設はＪＲ東日本が負担し、運行は気仙沼線がミヤコーバス、大船渡線は岩手県交通に委託している。当初、同区間のＢＲＴはバス代行扱いの暫定扱いだったが、ＪＲ東日本がバス事業者となり12月12日から本格運行へ移行した。２０１５（平成27）年７月になってＪＲ東日本からＢＲＴによる気仙沼線、大船渡線の本格復旧が提案された。3年に渡るBRT運行で得られた実績をもとにJR側が示した利点は次の3点。
①渋滞回避による速達性、90％の便が遅れ5分以内の定時性、パターンダイヤや駅の整備、バリアフリー過給による利便性
②ルート外の避難経路設定による津波到来時の安全性の確保
③新駅の設置や新しい街づくりに対応したルートの新設
2015年12月、大船渡線の沿線自治体がBRTの継続運行に合意し、気仙沼線沿線自治体も仙台へのアクセス確保などを条件にJR東日本の提案を受け入れた。

前面展望は鉄道そのもの

気仙沼BRTの起点は石巻線《いしのまきせん》・柳津。列車を下りて進行方向にホームを進むと、前方にBRTの駅は指呼の間である。改札口をひとつ通るが乗り換えはスムーズで、先に延びる舗装路が軌道の跡であることはすぐに分かる。バスはバリアフリーのノンステップタイプで、中央のドアから乗って整理券を受け取る普通のシステムだ。

9時37分、気仙沼行きのバスが発車した。乗客は自分を入れて3人。

「朝早くの便は通学や病院に行く人がけっこう乗りますが、それ以外の時間はあんまり乗る人がいませんね。BRTが走り始めたころは、もの珍しさもあってたくさん乗っていましたよ」と運転手氏。

鉄道ファンにとってBRTの前景展望は楽しい。国鉄時代の年季の入ったトンネルをくぐり、

緩いカーブを切っては坂道を登っていく。平行する国道45号線がくねくねと曲がっているのに対してＢＲＴ線は直線基調で、切り通しを抜け小さな橋を渡ると、前方にトンネルが黒い口を開けている風情だ。速度は60㎞／ｈ。もっと速く走れるそうだが、ＢＲＴは道路交通法の規制を受けるから、一般道と同じ速度制限がある。

陸前横山を過ぎるとＢＲＴ線はうっそうとした山岳路に入り、やがて気仙沼線でもっとも長い横山トンネル（３５０８ｍ）に突入する。トンネル内部に反響するタイヤ音は高く、ディーゼル動車時代の轟々《ごうごう》たるエンジン音を思い起こさせる。

運転台からの眺めは鉄道そのもの

ＢＲＴは単線区間を道路にした関係で走行中のすれ違いはできない。ダイヤで行き違い場所は把握できるが、ＢＲＴに搭載されたバスロケーションシステムによって対向車の位置をリアルタイムで知ることができる。駅はもちろん、行き違いのスペースも多数用意されていて、そこでの信号現示（赤と青の二灯式）によってレーン進入、停止が指示されるシステムだ。

トンネルを抜け、陸前戸倉を過ぎると前方に太平洋の佳景が見えてくる。目前に広がるおだやかな志津川湾。ＢＲＴ路線はリアス式の海岸線に忠実に沿って北上していく。行く手に岬のような霞む陸地が幾重にも見えている。

自然の猛威の傷跡を見つめて

ところどころ路面の荒れているところがあってバスは身震いするが、振動の収まりは早く乗り心地はいたって快適だ。

眺めのいい海岸線は、あの日、阿修羅の蛮行に蹂躙された。信じられないほどの高い波は、文字通り海の洪水で、それは後から後から押し寄せてきたという。人智のおよばない自然の猛威にどれだけの命が失われたことだろう。

志津川、清水浜、歌津。水にゆかりの駅名が続く。何ものにも止められない津波が押し寄せ、駅も、線路も、すべての鉄道施設が壊滅的な被害を被ったのである。なかでも被害の大きかった志津川と清水浜間は路線復旧ができていないため国道45号線を走る。専用道を下り、国道に合流して数分走ると再び専用道へ戻る。

トンネルを抜け、開けた風景が前方に広がると陸前小泉。行く手の右上、空を圧するように真新しいコンクリートの壁が続いている。この地域は津谷川の河口にあり、長い砂浜が続いていただけに津波の被害をまともに受けた。津波は防潮堤を軽々と乗り越え、集落に殺到したから駅はひとたまりもなく津波の底に没したのである。

BRT線をオーバークロスする国道45号線から見下ろすと、トンネルを出てゆるく左へカーブし、駅に進入する線形がよく分かる。いったん津波が防潮堤を乗り越えれば、駅周辺に逃げ場はなかったろう。

気仙沼線ＢＲＴ、大船渡線ＢＲＴの「バス停留所」は駅と呼ばれるが、プレハブ式の待合室は適度な広さがあって快適だ。海岸沿いの強風地帯でＢＲＴを待つのに寒い思いをすることはないだろう。また、室内にはバスの現在位置を示すロケーションシステムパネルがあり、扉一つを隔ててトイレも完備されている。

陸前小泉を12時41分に出発する気仙沼行きＢＲＴは４分遅れで運行していた。行き違いの柳津行きＢＲＴが発車し、駅から１００ｍほど離れた待避所に入る。信号は赤。ややあって気仙沼行きがやって来て待避所を通過すると、柳津方面の信号が青に変わり交換作業が無事完了した。

本吉を過ぎるとＢＲＴは再び一般道に入る。被害の大きかった小金沢、大谷《おおや》海岸を通り、陸前階上《はしかみ》で専用道に戻る。松岩を発車したところで専用道を離れ、ＢＲＴは気仙沼市立病院に到着。国道45号線・気仙沼バイパス沿いの市立病院へのアクセスは、従来の気仙沼線松岩駅からは２km近く離れていたから、専用道を外れて病院に立ち寄るようになったＢＲＴのメリットは大きい。単に鉄道を復旧しただけでは得られなかった便利さである。

気仙沼駅はＢＲＴとＪＲ大船渡線の接続駅である。駅本屋《ほんおく》の改札を入った１番線は気仙沼線ＢＲＴの上り線（柳津方面）と大船渡線ＢＲＴの降車ホーム、向かいの島式《しましき》ホームは１面３線構造で、２番線が気仙沼線ＢＲＴの降車ホームと大船渡線ＢＲＴの下り線（盛方面）、３、４番線がＪＲ大船渡線の発着に使われる。２番線は盛寄りのＢＲＴ発着専用、その奥に３番線が設けてあり、大船渡線のＤＣは主としてそこから発着している。跨線橋やプラットホームは鉄道時代そのまま。それは鉄道がバスに置き換わったＢＲＴの象徴的な眺めといえるかもしれない。なお、気仙沼線がＢＲＴ化されたため、気仙沼から一ノ関へは臨時快速「ポケモントレイン気仙沼号」が休日、夏休み時期に運転され、仙台方面への旅客の便宜を図っている。

気仙沼から盛へ向かう大船渡線ＢＲＴのルートは、津波被害がさらに大きかったこともあって、気仙沼線ＢＲＴよりも一般国道を走る距離が長い。

気仙沼駅を6時20分に発車する始発のＢＲＴは、薄暗闇のなか、陸前高田方面へ向かって専用区間に入っていく。

気仙沼市街から東進するには鍋越山《なべこしやま》から安波山に続く丘陵地帯を横断するため、大船渡線は25‰勾配を上り詰め、峠の頂上に待ち構える全長１００９ｍの飯森《いいもり》トンネルを越えていた。背後から山の迫るリアス地形に沿って走る鉄道は、時としてきびしい峠越えを強いられていたのである。

「奇跡の一本松」とBRTの今後

気仙沼市街を出て、ＢＲＴ線はうっそうとした緑の中を抜けていく。築堤あり、切り通しあり、半径３００ｍの急カーブあり。一向に速度は上がらないが、前方に覗く眺めは鉄道そのものだ。キハ40の苦しそうなエンジン音が聞こえてきそうな錯覚にさえ陥る。

気仙沼から一つ目の駅となる鹿折唐桑から三陸沿岸道路に入る。災害復旧のために開通した高速道路は山の中を走っているから、トンネルは多いが津波の被害は被らない路線設定だ。唐桑小原木《はらぎ》インターチェンジで国道45号線に下り、広田湾に面した唐桑大沢、長部《おさべ》を通過していく。

6時50分、ＢＲＴは道の駅・高田松原に到着した。広田湾のもっとも奥に位置する陸前高田市は、海に面した市街地の大部分を失う被害を受けた。陸前高田はリアス地形にはめずらしく広々とした平地が広がり、豊富な漁業資源とブランド米「たかたのゆめ」で知られる農産物、そして町の面積の8割を占める山林を利用した林業が人びとの暮らしを支えてきた。その一方で、歴史に残っているだけで12回の津波被害を受けた。ラッパ状に広がっている広田湾に押し寄せてくる津波は、岸に近づくにつれて高くなり平地に壊滅的な被害を与える。東日本大震災の津波は町をのみ込み、大船渡線の線路を土砂で埋めつくし、陸前高田の駅舎を倒壊させる被害を与えた。

東日本大震災津波伝承館に隣接する道の駅・高田《たかた》松原《まつばら》の大船渡線BRT駅名は「奇跡の一本松」。まっさきに津波に呑み込まれた17万本の高田松原の中で、西の端に立っていたアイグロマツの1本だけが残ったことから、震災からの復興のシンボルとなった。

奇跡の一本松駅を8時6分に出発する後続の盛行きBRTに乗る。BRTは国道45号線を外れ、高台に移転した陸前高田市街へのゆるい坂を登っていく。バスターミナルの役目も果たしている陸前高田駅、ゆったりした丘陵にある高田高校、さらに眺めのいい高台にある高田病院を巡り、BRTは再び国道に戻る。新しく建設された陸前高田の主要施設を巡るルートをたどってみると、単に鉄道を復旧しただけでは、新しい町作りに寄与しきれない部分があることが理解できる。渋滞と無縁の鉄道路線を通りながら、必要に応じて、さまざまな施設に立ち寄ることができる点にBRTの存在価値がある。幾度となく津波の被害を受け、今度こその意気込みで町の中心を高台に移した陸前高田の復興に、BRTは大きな役割を果たしているのである。

6　自動運転化への胎動

気仙沼BRTの自動運転化に向けて

ＢＲＴの運転開始から６年の２０１８（平成30）年、ＪＲ東日本は気仙沼線ＢＲＴの自動運転化に向けた実験を始めると発表した。専用道路を走るＢＲＴは自動運転との親和性が高い。専用道にほかの自動車は入って来ないし、人の軌道内立入りも禁止されている。すでに顕在化している運転手不足や、利用客の伸びが見込めない地方交通における経費削減を考えれば、気仙沼線ＢＲＴの自動運転の導入は必然の選択といえるだろう。

案内軌条を持つ無人運転の新交通システムは、１９８１（昭和56）年に開業したポートアイランド線（神戸）が最初で、以後、横浜シーサイドライン（１９８９年）、大阪メトロ南港《なんこう》ポートタウン線（１９９１年）、ゆりかもめ（１９９５年）、舞浜リゾートライン（２００１年）、愛知高速交通リニモ（２００５年）、日暮里《にっぽり》・舎人《とねり》ライナー（２００８年）と開業していった。列車は運転制御を行なう自動列車運転装置（ＡＴＯ）、ダイヤ管理やポイント転換を行なう列車集中制御装置（ＣＴＣ）などによって管理されている。

これらの新交通システムと、軌条のないＢＲＴが異なるのは、ステアリング操作の有無である。

ＢＲＴは走行ラインを走る上で速度の管理はいうまでもなく、レーン内の位置の把握、維持、修正を絶えず行なわれなければならず、新交通システムとは次元の異なる制御が求められる。

２０１８（平成30）年から始まったＢＲＴ自動運転に向けた技術検証は、全長７ｍの小型マイクロバス（日野リエッセ）を使って実施された。リエッセを使ったのはマイクロバスでは唯一のリヤエンジン、後輪駆動車で、パワートレーン・レイアウトがＢＲＴバスと同じだったからである。試験区間は大船渡線ＢＲＴ・竹駒駅周辺の専用道路４００ｍ。実証実験には7社が参加した。

実験の全体責任はＪＲ東日本、自動運転車両制御システムは先進モビリティ社、磁気マーカーシステムは愛知製鋼、信号灯の路車間通信管理は京セラ、マルチＧＮＳＳの設置はソフトバンク、信号制御管理は日本信号、車両の目標走行軌跡作成は日本電気がそれぞれ担当している。

実験は道路を走り、竹駒駅で停車、発車する繰り返した。

まずは速度制御と正着《せいちゃく》制御実験。40㎞／ｈで磁気マーカーが敷設された走行ルートに沿ってハンドル、アクセル、ブレーキを自動制御し、竹駒駅のプラットホームに向かってアプローチし密着して停止、さらに車線へ復帰するようハンドルを自動制御する。

次に磁気マーカーを使った自車位置の特定実験。道路に沿って敷設したフェライト磁石製の磁気マーカーから発する微弱な磁力を、バスの底部に設置した高感度磁気センサー（ＭＩセンサー）で検知し、自車の位置を正確に特定する。また、磁気マーカーシステムはＧＰＳの届かないトンネルや高架下で自車位置を高精度に特定し、積雪や濃霧などの影響を受けることなく走行支援を可能にすることができる。

さらに、道路設計図面上のカーブや勾配を数値化し、自動運転用の電子データに変換して車両に送信してスムーズな走行を支援する。バスの位置情報は信号制御器に無線通信し（クラウドを使うＬＴＥと路側機を中継する７００MHz帯ＩＴＳ無線）、そこで得られた信号情報を他のバスに無線通信することで、交互通行の通行権を確認することができるシステムだ。厳密な車両位置の測定には、準天頂軌道の衛星が主体となって構成される衛星測位システムＱＺＳＳ信号を受信可能なマルチＧＮＳＳ端末の使用も実験されている。

実験は２０１８（平成30）年12月12日から翌年３月８日まで、およそ３カ月にわたって実施された。ここで得られた実験結果により、２０２２（令和４）年12月５日から自動運転バスの運行を始める。運行区間は気仙沼線ＢＲＴの柳津〜陸前横山間の４・８㎞。運転モードは運転手が周辺を監視し、自動でハンドル操作、ブレーキ、車線変更などを行なうレベル２である。

２０２４（令和６）年３月22日、国土交通省東北運輸局は、ＪＲ東日本から申請のあった柳津〜陸前横山間のレベル４自動運転を認可した。最高運転速度は60㎞／ｈ。

レベル４は「一定の区域や自動車専用道路など走行する場所や走行速度、天候など、一定の条件がそろった際にドライバーを必要としない無人走行を可能とする」もので、開発社が設定する運行設定領域（ＯＤＤ）内という条件がつくものの、限りなく完全運転自動化に近いレベルである。完全自動運転ＢＲＴというソリューションが実現しようとしている。

第八章
イギリスのバス復権——徹底したバス優先施策で利用客を呼び戻す

ロンドン市当局はバスの利用を促進する目的で大規模な交通政策を実施し、バス運行の定時制を確保する大胆なバス専用レーンの導入に取り組んだ。ロンドン市内は旧い建物が多く残り、道路を拡張することはむずかしい。その意味では東京以上に条件が悪く、渋滞によって時間がかかるバスの利用を敬遠する市民が多かった。コストをかけずにいかにバスの乗車率を上げるか……駐停車車両を徹底排除したロンドン市の取り組みは、きわめてオーソドックスなものだった。

1　バスに乗って帝国戦争博物館を目指す

意外と市民に不評な地下鉄

ＢＲＴのようなバス専用道路より現実的なのは、厳格なルールで運用されるバス専用レーンだ。

１９８５年に交通法を成立させ、公共交通の改善に取り組んできたイギリスを例にとると、ロ

ロンドンバスの一般的なバス停

ンドン市内のバス復権策が著しい効果を上げている。

ロンドンには旧い歴史を誇る地下鉄が縦横に走っている。11の路線に270カ所の駅が設けられ、路線の総延長は400kmにおよぶ。1日の利用者は390万人（2019年）、年間の運賃収入は49億ポンド（約9500億円）である。しかし、利用者の評判は必ずしも芳《かんば》しくない。日本の地下鉄の駅がなべて清潔で明るく、空間も広いのに対して、ロンドンの地下鉄駅の多くはホコリっぽく、トイレもない。ロンドンに住む知り合いは、地下鉄に乗ると鼻の穴が黒くなるといって地下鉄の利用をためらうほどだと話していた。

地下鉄の年間利用者が2000（平成12）年をピークに減少に転じた一方、ロンドン市内のバス利用者は同じ年に13・5億人、2002（平成14）年には15・5億人と増加している。もともと大ロンドン市内に密なネットワークを持ち、路上から乗り降りできるバスの人気は高かったが、利用者増加の背景には、バスの定時運行を実現する施策があった点は見逃せない。

それでは、市内北部の住宅地から都心へとバスに乗ってみよう。

チョークファームはロンドン中心部から北へ15分ほどの閑静な住宅地である。とはいえ、すぐ近くのロンドン特別区カムデン・タウンには運河に沿って旧い倉庫が建ち並び、いまはストリートマーケットやライブハウスでにぎわっている。浅草というより下北沢という印象の盛り場だ。

イギリスといえば博物館めぐり。中でも戦争や兵器関係の博物館は星の数ほどあって、郊外電車でなければたどり着けない周辺にも数多く点在している。まずはウォータールー駅から歩ける帝国戦争博物館を目指す。

チョークファームからウォータールー駅に通じるバスは168系統。ハムステッドヒースからカムデン・タウン、イーストン駅、ホルボーン駅を経由して、目指す帝国戦争博物館最寄りのウォータールー駅まで25分の行程だ。

ちなみに、168系統はジェフリー・チョーサーの『カンタベリー物語』の舞台となったオールド・ケントロードまで38分で走り、終点が大型ショッピングセンター（テスコ）という生活路線である（ロンドンのバスは郊外の終点を大型商業施設内に設定するケースが多く見られる）。

ロンドンバスの路線番号が列記されるバス停。Nは終夜運転路線

観光客にもわかりやすい系統番号

ロンドンバスの系統番号は、1から始まり、いまでは900番台に入っている。系統番号の付け方は、ロンドンの中心部を走るダブルデッカー（二階建てバス）が1～199、シングルデッカーが200～299、テムズ河以北の郊外を走るバスは300～となっているので、旅行者にもきわめて分かりやす

い。自分が乗る停留所から目的地まで、何番のバスから何番のバスにどこで乗り換えればいいかさえメモすればいいし、ウェブサイトでも簡単に検索できる。東京都交通局バスの「東43」のような表示が分かりにくいのと対照的だ。漢字が混じる理解困難な系統番号は、東京を訪れるインバウンドの外国人旅行者にとってちんぷんかんぷんだろう。

チョークファームのバス停で168系統を待つ。最近、都バスにも見られる屋根付きの停留所には大きな掲示板があって、この停留所を通るバスの系統番号が表示されている。自分が乗る168系統、チョークファームの大手スーパー「モリソンズ」からテムズ川北岸をクラプトンまで結ぶ393系統、そしてロンドン北郊外のエッジウェアからチャリングクロスのトラファルガー広場まで走るN5の3系統である。

N5はナイトバス、つまり夜間運行バスで、終バスや地下鉄の終電が終わった午前1時から始発が出る朝5時まで、およそ15分おきに運行している。通常のロンドンバスのサービス時間は長く、始発はおおむね5時、終バスは午前1時である。チョークファームを通過する393系統の終バスは0時52分だった。利用料金が昼間のバスと変わらないNバスは労働者の深夜帰宅や早朝出勤に数多く利用され、昼間運行されている系統とは違う延長ルートを走ったり、なかには経路自体が違う系統もある。ナイトバスは40系統近くが設定されていて、ロンドンの繁華街やオフィス街からは残らずカバーされている。ちなみに、9系統はウェストミンスター近くのオルドリッチとハンマースミスを結ぶ路線だが、夜中のN9系統はヒースロー空港まで延長運転し、24時間稼働の空港利用者に重宝されている。

バス停で一緒に168系統を待っていた老婦人曰く、

「夜中のナイトバスは2階のデッキには乗らない方がいいわよ。酔っぱらいもいるし、人目に付かないからいろいろアブないこともあるみたいよ」。

ロンドンのバスは車内に監視カメラが数多く設置されているが、空いているナイトバスの2階デッキは、君子危うきに近寄らずということらしい。

一般系統の中には24時間運行もある。これは延長運転したり経路を変えるNバスと違って通常のルートで終日運転するバスだ。Nバスが都心部内で発着するのに対して、24時間バスは郊外線も含まれている。

2　徹底したバス優先ルール

良心的な料金体系と定時性への配慮

赤い二階建てバスがやって来る。

ロンドンバスは前乗り後ろ降り。バス運転手は頑丈そうな分厚いブースの中にいて、乗客との接触は小さな窓を通して行なわれる。運転手を暴力や理不尽なクレームから守るための個室風運転席は居心地がよさそうだ。

バスの運賃支払いは、オイスターカードと呼ばれる交通系の非接触型ＩＣカードかタッチ決済のクレジットカードに限られる。現金は一切使えない。オイスターカードはＪＲ東日本のＳｕｉｃａと同じプリペイドカードで、たとえ旅行者であってもこれがないとバスには乗れないから、ヒースロー空港に着いた旅行者が最初になすべきはオイスターカードの購入である。オイスターカードはロンドン交通局が運営する地下鉄、バス、ライトレール、トラムで使用できる。現金を扱わないことで、料金支払いの時間の短縮と運転手の安全を確保できるとの考えだ。

　ロンドンバスの料金は一律１・７５ポンド（約３４１円）。都バスの２１０円均一料金と較べて高いが、バスの料金が１日５・２５ポンド（約１０２４円、乗り換え3回分）を越えるとそれ以降は課金されない。この制度には週単位の割引もあり、1週間で24・7ポンド（約４８２０円）乗れば、それ以上はカードから引き落とされないシステムだ。乗り換えのたびに新たに料金を取られる日本の路線バスに較べて、実用性はきわめて高い。

　バスは人通りの多いカムデン・ハイストリートを南下し、ロンドン中心部へ向かう。この通りは片側2車線で、歩道寄りは一般車の走行が禁止されるバスレーンに指定されている。レーンの真ん中にはＢＵＳ　ＬＩＮＥと大きくペイントされ、バス停の前後10ｍは赤く塗られている。

　発車してすぐ赤信号で停車。しばらくするとバスレーン専用の赤信号の下に緑の上向きの矢印が示される。中央線寄りの一般車車線の信号が青になるのはおよそ3秒後だ。バスレーンと一般車レーンは厳密に区別されているが、わずか3秒とはいえ、交差点でバスの停止時間を短縮することで、定時性を確保しようとしている。分かりやすく、目に見えるバス優先のデモンストレーションといえるかもしれない。ちなみに、バス路線にあるロンドン市内の交通信号4800カ所はロンドン交通局によって集中管理されている。

ハイデッキの先頭席から前方を見ていると、バスレーンに駐停車しているクルマが1台もないことに気づくはずだ。バスの速度維持と定時性を確保する上で、バスレーンの効果は絶大だ。それに加え、道路がクロスする交差点以外にほとんど信号がないから、バスはロンドンの街のなかを快調に走っていく。それはスピード自体の速さというより、進行の邪魔をするものがほとんどない気持ちのよさである。ロンドンでは自転車の歩道通行は禁止されているが、バスレーンを走ることは許されている。イギリスではいわゆるママチャリは皆無に近く、自転車便や学生たちが主だからペースが速く、バス通行の邪魔になることはない。なにより、歩道を歩いていて暴走自転車に遭う心配がないことは大いなる安心である。

ロンドン市内の地下鉄、バス専用のプリペイドカード・オイスターカード

信号が少ないのは、横断歩行者のためにだけ設置される信号が皆無に近いからだろう。要所要所に横断歩道があるが、路面のペイントと高さ2mほどの点滅式ポールは横断歩道があることを示している。クルマは横断歩道に差しかかると自然に速度を落とし、歩行者が目に入れば必ず停止するルールが徹底されている。イギリス人の公共意識の高さもあるのだが、横断歩道に設けられた監視カメラがものを言っているようだ。横断歩道で歩行者を妨害すれば、遅くとも3日後には警察から通知が入り、目の飛び出るような罰金を払わなければならない

のである。歩行者信号が少なければ、クルマのストップ&ゴーが減るから、そのぶんCO_2排出軽減に寄与するという考えもある。横断者がいようがいまいが、無駄に赤信号でクルマを停める風景は日本特有のものかもしれない。

チョークファームを発車して正《しょう》5分、カムデン・タウンでは大勢の乗客がバスを待っていた。そのなかに大きなベビーカーを押した女性が2人。ロンドンバスは前乗りだが、ベビーカーや車椅子で乗る場合はバス中央のドアを使える。運転手の操作でバスのボディは舗道側に傾斜し、床下に収納されているステップが押し出されてくるから、その緩い傾斜を押して登ればベビーカーもスムーズに乗り込める。バス運転手の補助作業はない。ただし、ベビーカー、車椅子合わせて2台分しかスペースがないから、乗れない場合は次を待つことになる。しかし、10分も待たないで次が来るからあわてることはない。

バスはハムステッドロード、クラウンデールロードとの交差点を過ぎ、ここからカムデン・ハイストリートはエバーショルトロードと通り名が変わる。街の賑わいが増してくる。道の両側にはあらゆる種類の商店が軒を連ね、道行く人もみるみる増えていく。にぎやかな町並みを見下ろしながら、すいすいと走る快感はバスならではの特権である。

ベビーカー、車椅子は車体中央から乗降できる。バスが傾き板が出るので運転手の介助は不要だ

活気に満ちた通りなのに意外なほど自家用車は少ない。真紅のバスと黒いロンドンタクシーが通りを埋めつくしている。そのなかをバスはスムーズに走る。駐停車しているクルマが1台もないことが、これだけバスをスムーズに走らせるのである。通りにはあちこちに監視カメラが設置され、ちょっとした荷下ろしの停車でさえ、そこがバスレーンなら違反キップが届く。駐停車違反の罰金は100ポンド（約9500円）だが、21日以内に支払いを済ませれば半額となる。このあたりが建前と本音を使い分けるイギリス人らしい知恵なのだろう。

3　成功したロードプライシング（混雑課金）

自家用車に課されたさまざまな制約

ホルボーン駅から小型犬をつれた紳士が乗ってきた。イギリスではバスも地下鉄も犬の同伴が認められている。ジャックラッセル・テリアとおぼしき小型犬はバスの座席の下でおとなしくしていて、吠えることも動き回ることもない。乗り合わせた乗客も頬がゆるむ。イギリス人の犬好きは世界に冠たるものだが、なべてよく躾《しつけ》が行き届いていて、吠えたり粗相をして周囲に迷惑をかける犬を見たことがない。もともと猟犬として仕事をしてきた犬たちである。猟を楽しむ貴族は、藪に飛び込んで鳥を飛び立たせるイングリッシュ・コッカースパニエルと、仕留めた獲物を

バスレーンの信号が3秒早く青になるバス優先信号システム

横断歩道は歩行者優先。違反すると監視カメラで罰金納付書が届く

回収してくるラブラドール・レトリバーを連れて猟に出かけたという。

　都会における自家用車もイギリス人にとって、ペットと同じように主人たる人間が躾ける対象なのかと感じる。モーターウェイで140km／hで飛ばすクルマも、都会の中では周囲に迷惑をかけない存在でなくてはならないとの考え方である。横断歩道では歩行者を優先させなければならず、駐車場探しに苦労するうえ、すいすいと専用レーンを走るバスを横目に低速走行を強いられる。都会で優先されるべきは公共交通機関であり、ロンドン中心部にクルマで行くことはクールではない。けだし、自家用車はさまざまな制約を受け入れるしかないのである。

　その最たるものが2003（平成15）年から導入されたロンドンのロードプライシング（混雑課金）である。平日の昼間（7時～18時）、ロンドン中心部に乗り入れる自動車は、事前に1日10ポンド（約1950円）を支払う定めで、監視カメラの画像をデータセンターに送信して登録ナンバーを照合し、支払いの有無をチェックするシステムだ。

東京都議会平成21年度海外調査報告「イギリスロンドンの交通政策」の一文を引く。

「コンジェシュチョンチャージ（混雑課金）の効果は、導入翌年、渋滞が30％減少、車自体も18％減っている。二酸化炭素は16％減、二酸化窒素13％減、微粒子物質15％減となっている。その後も渋滞は減少し、安定した結果となっている。1日あたり7万台域内に入ってくる車が減っているとのことだが、この7万台は、どうなったのか。調査の結果、20％～30％は、対象区域を避けて運転。50％～60％が自家用車から公共交通に代えた。15％～25％が徒歩、自転車、タクシーで移動したとされている。

コンジェシュチョンチャージによる収入は、２億１５００万ポンド、運営に９０００万ポンドかかる。ゆえに、１億２５００万ポンドが利益になる。この利益の使い方の75％は、バスの運行改善に費やしている。その結果、バスは頻繁にあらゆる地域を走り回ることとなり、利便性は格段に増した」

ロンドン中心街。バスレーンはバスとタクシーのみ通行が認められる。違反すると罰金は高額

バスレーンがもたらした快適さ

自家用車オーナーから巻き上げた金でバスのスムーズな運行に関わるバスレーンの整備やそれに付帯する経費を賄

う。まさにクルマはヒール（悪役）なのだが、バスレーンを作り自動車の駐停車を許さないだけで、これほどバスが便利で快適なものだったかを知ろうとは、ちょっとした驚きだった。これならバスに乗って出かけようという気になるのもうなずける。

バスをはじめとするロンドン市内の地下鉄、ライトレール、トラム、タクシー、フェリーなどは、２０００（平成12）年に創設されたロンドン交通局（ＴｆＬ）が一元管理している。公共交通機関や自転車の利用を促進するため、道路行政にも携わり、バスレーンの設定やロードプライシングの課税業務も行なうことで、縦割り行政の弊害を排除している。ちなみに、ＴｆＬに対する政府からの運営補助金は２０１８（平成30）年に打ち切られ、駅周辺の再開発などで収入を補《ほ》塡《てん》している（ただし、２０２０年のコロナ禍では2回にわたり財政支援を受けた）。

ロンドンのバスはフランチャイズ制（競争入札）によって運営されている。交通局がバスのサービス水準、運賃などの応札基準を公表し、競争入札で選定された事業者にバス営業権が与えられるシステムだ。入札は路線単位だから、応札事業者は自社の規模や地域の習熟度、利益などを勘案して応募する。契約期間が5年とされているのは新規参入社に機会を与えるためである。

現在、ロンドンバスの運営には、アベリオ・ロンドン（69路線・８００台）、アリバ・ロンドン（91路線・１５１５台）、ファースト・ロンドン（65路線・７９７台）、メトロライン（82路線・９８５台）など10社以上のバス会社が関わっている。旧い歴史を持つオランダ系企業アベリオ社はエンジンメーカーのカミンズ社と提携したことで話題になった。また、アリバの親会社はドイツの鉄道会社、メトロラインはシンガポール系企業の傘下にあるなど、国際色豊かな顔ぶれがロンドンのバスを走らせている。

4　地域バスの存続を地方政府機関が主導

イギリス政府による積極的な支援策と日本の現状

日本と同様、ロンドン以外の地域バスは乗車人員の減少に直面している。

１９６０（昭和35）年に１２０億人を運んでいた英国地域バスは１９７５（昭和50）年ごろに60億人に半減し、21世紀に入ってからは50億人前後で推移している。その原因は、①道路渋滞による走行速度の低下、②自家用車保有率の増加、③オンラインショッピングの普及、④トラムなどへの移行などが挙げられる。輸送量も１９８７（昭和62）年から10年以上３００車両キロを維持していたが、２０１６年には半分近くまで落ちこみを見せていた。

１９７９（昭和54）年に発足したサッチャー政権は小さな政府を目指す政策のなかで国営企業の民営化を押し進めた。自由市場経済主義にともなう規制緩和策の一環として、１９８５（昭和60）年からバス事業を免許制から登録制に移行させ、バス事業への参入、退出が自由化された。しかし、その結果、道路上で客を奪い合う「バス戦争」と呼ばれる過当競争が起こり、利用者へのサービス低下とバス事業者の体力消耗につながることになった。規制緩和が非効率と混乱を招いたのである。

そうした地域バスの危機に際してイギリス政府は次々と対策を打った。

公共交通の途絶は、失業、低所得、貧困、犯罪多発、不健康、家庭の崩壊などの社会的排除に直結すると考えたのは、１９９７年に首相となったトニー・ブレア率いる労働党政権だった。ブレアは新しい社会民主主義を唱え、サッチャーの手法を一部修正して統合による調整を目指したのである。

バス事業者に対して、バスの運行で使用した燃料費を払い戻すバス事業者補助（ＢＳＯＧ）は、すでに１９６５年ごろから導入されていたが、２０００年に制定された運輸法（**Transport Act 2000**）は、自治体の地方交通局（ＬＴＡ）に5年ごとに地方交通計画の提出を求め、同時に品質協定制度（ＱＰＳ）に基づいて、ＬＴＡはバス専用レーンの設置などの施設整備を行なうこととした。

２００８（平成20）年には運輸法を改正した地方交通法が制定され、自主的パートナーシップ協定（ＶＰＡ）により、ＬＴＡが整備したサービス改善施設を使用するバス事業者は、使用頻度、使用時間、最高運賃を明記するとともに、特定地域内における競争が制限された。乗客の取り合いから、無理なダイヤを組んだり、運賃を割り引くなどバス事業者の体力消耗を防ぐねらいがあった（適格化協定）。

２０１７（平成29）年に成立したバスサービス法の中の高度品質協定（ＡＱＰＳ）は、地方政府による広範な支援を盛り込んでバスサービスの維持を目指した。ねらいはバス事業者と地方政府（自治体）の協力関係を強化する点にあった。地方政府はバスレーンの設置やバス車両の提供などのインフラを提供するとともに、交通管理や駐車場対策、利用動向調査などを通じてバス利用を促進したが、それらはすべて、何としてもバス交通を維持し、公共交通の途絶を防ぐために、政府、地方政府、バス会社が一体となって取り組んだ成果だった。

現在、ロンドンを除くイギリスの地域バスは、政府、地域交通管轄機関（ＬＴＡ）、バス事業者の３者の連携の上に成り立っている。政府はＬＴＡに対してＢＳＯＧをはじめとする各種補助金を給付し、ＬＴＡはインフラ、輸送管理、駐車場など地域交通政策への投資を通じてバス輸送の質を保つ働きがある。さらに商業的に成り立たないバス路線に関しての入札実施と財政支援を行なうなど、地域交通を守るキーステーションとして機能している。

第九章
続く路線バス運営の試練――コロナ禍と２０２４年問題

それは降って湧いたような災禍だった。

新型コロナウイルスは重症化すると命にかかわる病と知った人びとはパニックに陥った。空気感染、飛沫感染の実態が広まるにつれ、他人との接触を避けるためにステイホームが推奨された。とにかく、人が集まってはいけない。それは絶望的な閉塞感、孤独感を生み、あらゆる経済活動の停滞を引き起こした。ガラガラの交通機関は、路線バス、観光バスも含めて、かつてない減収に苦しむことになった。

ようやくコロナ禍が落ち着き、経済活動の復活がみえてきた２０２４（令和６）年、バス運転手の労働時間を規制する改善基準告知が改正された。いわゆる２０２４年問題である。年間および一カ月間の拘束時間が制限され、一日の休息時間が延長された。この改正は乗務員の運用や残業カットによる減収などさまざまな影響を与えている。

1　コロナ禍による外出抑制で経済環境が激変

公共交通機関の利用者が大幅減

２０２０（令和２）年1月16日、日本国内で初めて新型コロナウイルス感染者が確認された。中国・武漢からの帰国者は肺炎の症状を呈し、15日夜に新型ウイルスの確定診断、ただちに世界保健機関（ＷＨＯ）に通告されている。

それはこれから始まる新型コロナウイルスとの戦いの始まりだった。

2月5日には大型クルーズ船ダイヤモンド・プリンセス号の乗客乗員のうち、10人が新型コロナウイルスに感染している事実が確認された。ドリフターズの志村けんや女優・岡江久美子のコロナ死は人びとに大きな衝撃を与え、3月24日には東京オリンピックの延期が決まった。東京、神奈川、埼玉、千葉、大阪、兵庫、福岡の7都府県を対象に緊急事態宣言が出されたのは4月7日のことだった。

新型コロナウイルスの感染経路は、エアロゾル感染、飛沫感染、接触感染とされたから、およそ人との接触はいまだ得体の知れない「コロナ」に感染するおそれがある。自分の身を守るためには出かけないこと、他人との接触を避けるに如《し》くはない。人びとは疑心暗鬼になり、人前で咳をしようものなら非難の目を浴びる刺々しい空気に辟易としたものだ。

外出に感染リスクの小さい自家用車を利用する人が増え、その分、公共交通機関は閑古鳥が鳴くことになった。中学、高校の休校は電車やバスで通学するリスクを回避する意味もあったろう。リモートワークが急速に普及し、電車もバスも朝夕のラッシュはうそのように姿を消した。

新型コロナウイルスがやっかいなのは、密閉空間における感染力が異常に強く、人の集まるあらゆる社会活動が阻害される点だ。当然、交通機関の利用も抑制される。

国土交通省発行の『国土交通白書2021　令和3年版』のなかの「社会の存続基盤の維持困難化」には次の記述がある。

「コロナ禍によって、感染拡大防止のための外出抑制、国際的往来制限等を実施しており、これに伴って、人流の減少やインバウンドの消失など経営環境の激変が生じている。この影響で、地域公共交通は、利用者がさらに減少し、極めて深刻な状況に陥っている。「新型コロナウイルス感染症による関係業界への影響について」の調査結果によれば、乗合バス（一般路線バス）の輸送人員（2019年同月比）は、緊急事態宣言期間の2020年4・5月は前年比50％程度も減少し、緊急事態宣言解除後の11月以降においても、前年比20％程度の減少が継続していることがわかる。このため、コロナ禍収束後においても、輸送人員はコロナ禍以前と同等には回復しない可能性がある。このことから、一般路線バスについては、コロナ禍以前から人口減少等の影響により厳しい経営環境だったところ、コロナ禍により、その状況が加速したと言える」。

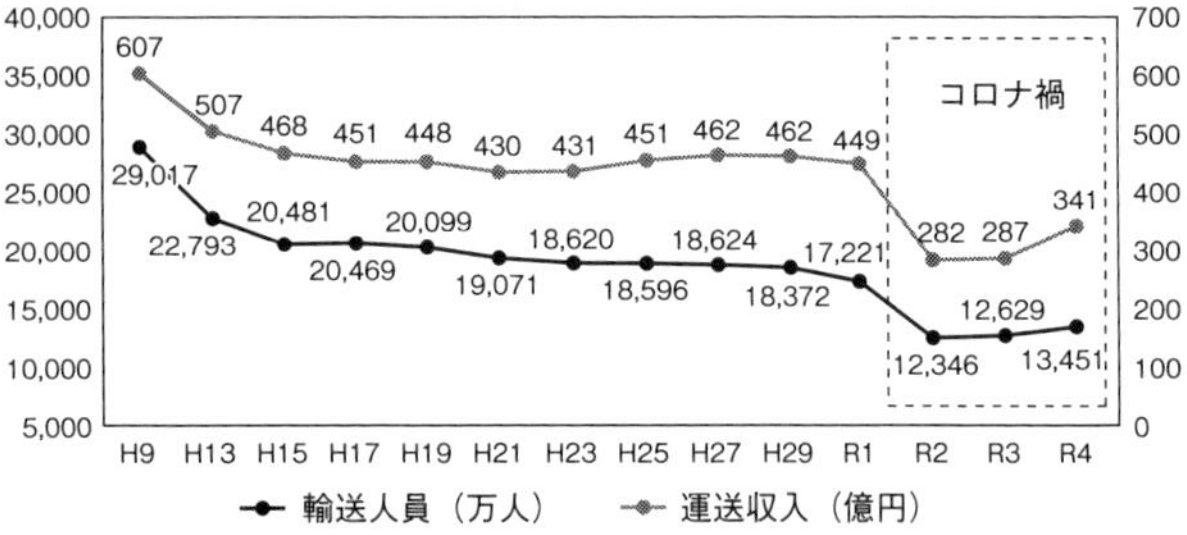

輸送人員は、右肩下がりのうえにコロナ禍で生活様式が変容しており、コロナ前の水準に戻るのは厳しい予想

北海道のバスの輸送人員と運送収入の推移（北海道バス協会調べ）

もっとも大きな影響を受けた貸切バス

乗合バスは新型コロナウイルスによる外出の自粛や在宅勤務（テレワーク）の拡大によって大きな影響を受けた。北海道バス協会が自由民主党北海道支部連合会に提出した要望書によれば、コロナ前の２０１９（令和元）年と比較すると、２０２０年、２０２１年の2年間で、乗合バス事業が３２９億円（約37％減）、貸切バス事業が２６４億円（約60％減）、合わせて５９３億円の減収となっている。

北海道バス協会の調査資料（２０２２年1月発行）によると、道内乗合バスの輸送人員は２０１９（令和元）年から２０２０（令和２）年までの1年間で５０００万人近く減り、営業収入は40％近く落ち込んでいる。輸送人員を実働延日車数で割った実働日車当たり輸送人員は２０１９年から1年間で37人減少した。

北海道に限らずバス業界にとっては、人流の増える12月が路線、都市間バスともに書き入れ時である。道内乗合バスの実績を見ると、輸送人員はコロナ前の２０１９年とコロナ1年目の２０２０年を較べて30・１％減少、運賃収入は39％の大幅減となった。観光客や団体客が利用する貸切バスは、延実在車両数のうち実際に稼働した車両数を表わす延実働車両数は50%減、運賃収入に至っては55%の減少を記録した。

乗合バスに較べて利益率の高い貸切バスはバス会社にとって貴重な収入源である。路線バスの赤字を貸切バスの収入で緩和していた会社が大部分で、運転手にとってもガイドや旅行会社担当者と一緒に北海道全域を回れる楽しみの多い仕事だった。物見遊山に出かけたり、学校の対外試合遠征や修学旅行の機会が激減するなかで、通学や病院通いの足となる乗合バスに較べて、貸切バスはコロナ禍の影響をもっとも大きく受けた分野だった。営業所の車庫で動かないバスが肩を並べ、重苦しい空気に包まれる光景が見られたのもこの頃である。

2　乗客が急減少した北海道の路線バス

コロナ禍による甚大なダメージ

「まるで火が消えたようでした。それまで長距離客でにぎわっていた都市間バスはガラガラ。減便したのに1台にお客さんひとり、ふたりとかざらでした。「こんにちは」も「どうもありがとう」もなくて誰もが無言でね。路線バスも学校が閉鎖されているから高校生の姿がない。休校措置が解除されてからも家族が自家用車で送り迎えしていましたよ。病院に通う高齢者もバスより感染リスクが小さいからと、なんとかクルマを手配していました」(バス会社運行管理者A氏)。

「感染防止のために運転台を覆う厚手のビニールシートを引いたり、運転台近くの座席は乗車禁止にしたり、運転手も大変でした。一行程ごとにマスクを換えなければならないし、毎日ビクビクものでしたよ」(運転手A氏)。

「減便でバスの乗務自体が減って、残業手当も時間外手当もゼロになりました。これはきつかった。辞めていった仲間も多かったですよ。いま、少しずつ回復してきているけど、その人たちは戻ってこない。最近のバスの運転手不足はコロナの影響が大きかったと思いますね」(バス運転手B氏)。

乗合バス事業の収支は長期低落傾向にある。

北海道の乗合バス輸送状況をみると、輸送人員は1993(平成5)年から2019(平成31)年までの26年間に年間3億5000万人から1億7500万人へと半減している。一方、観光需要を反映する貸切バスの輸送人員の推移は、同じ時期で16万人からおよそ13万人とそれほど減っていないことを考えると、バス事業のなかでも乗合バスが人口減少の影響を色濃く受けている背景が理解できる。高校生の登校時にバスを2台追加で走らせたという時代もあったのである。

乗合バスの総走行距離は1993(平成5)年から2019(令和元)年までの間におよそ3万km減少している。これは地域の生活を支える路線バスの廃止や短縮などがある一方、JRと激しい乗客争奪を行なっている都市間バスは、運賃の安さと高速道路の延伸による快適性、定時性の向上で一定の需要がある。内地資本からの参入も含めて、事業者数は1993年から2019

年までの間に39社から98社に増加している。

　こうした苦しい台所事情のなか、道内のバス事業者は新型コロナウイルスの蔓延による乗客の急減少というかつてない事態に直面し、壊滅的な打撃を受けることになった。

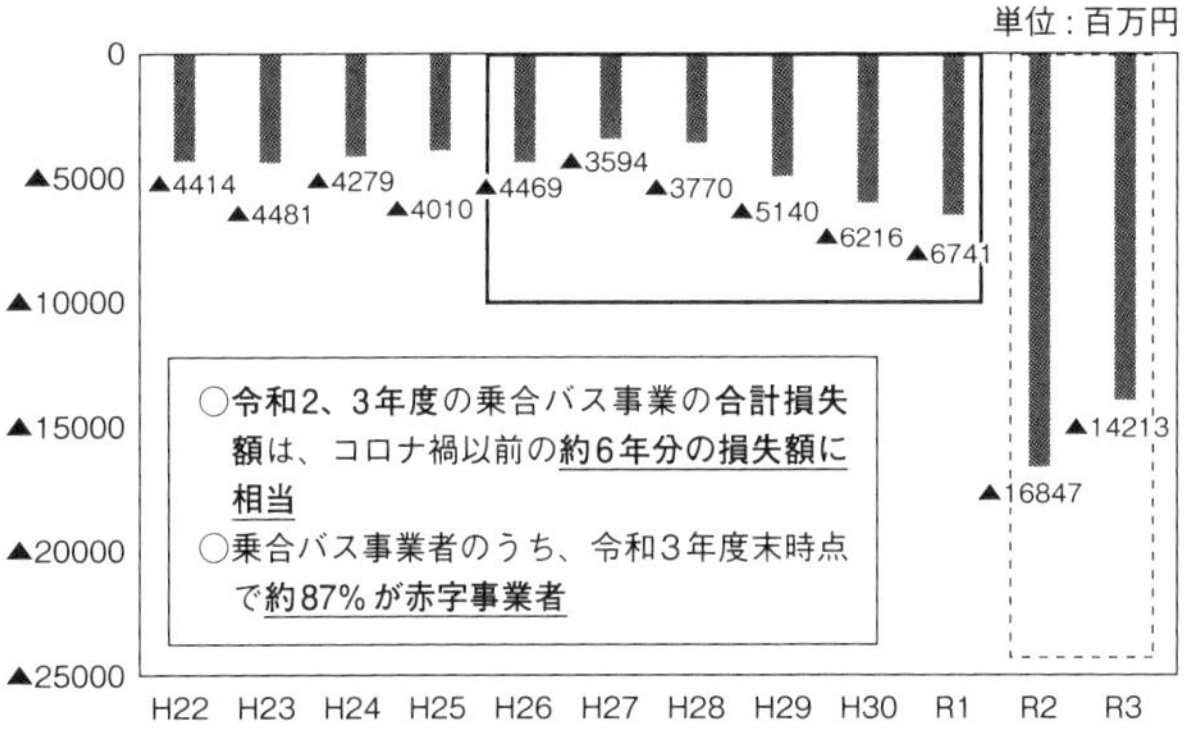

北海道のバス事業の収支状況（北海道バス協会調べ）

「慢性的に利用者の減少が続く非常に苦しい環境のなかで、バス会社はなんとかがんばってきたわけですが、コロナ禍で回復がむずかしいほどのダメージを受けました」と北海道バス協会・常務理事の今武《こんたけし》氏は語る。

　北海道バス協会が当時の窮状を政府自民党に訴えた要望書の一節を引く。

「乗合バス事業は収益性が低く、これまで国等の補助金に支えられ維持されているのが現状です。１００年に一度と云われる自然災害のコロナ禍にあって、身を削る自助努力も限界に達し、適切な公的支援（公助）がなければ、経営体力を失い公共交通機関としての役割を果たせず、地域の公共交通の大幅な縮小や撤退（事業の休、廃止）につながる現況です。

　このため、バス事業の危機的な事態を回避し、地域の足を守るためにもバス事業者を支えていただきたく、緊急かつ具体的な救済策の創設が必要です。先《ま》ずは、コロナ禍にあって他産業では感染症拡大防止の観点から可能な限り休業し、雇用調整金の助成を受け、雇用を維持している実態にありますが、しかしながら、乗合バスは、コロナ禍にあっても運行の継続を求められるため休業できない状況にあります。重い固定費（人件費）の負担の軽減策として、乗合バス事業も休業したと仮定した助成制度を創設し、早急な支援をお願いしたい」。

地域交通への救いの手が、なにより迅速にさしのべられなければならない。はたして、現場の悲痛な声は国に届いたのか。

エッセンシャルワーカーへの配慮の欠如

国が発表した「バス事業における支援メニュー」は、日本政策金融公庫や商工中金、日本政策金融公庫などによる無担保融資、民間金融機関による融資保証、雇用調整助成金の特例新設、公租公課の納入猶予（1年間）、厚生年金保険料の納付猶予、持続化補助金（休業手当の一部助成）、新型コロナウイルス感染症対応地方創生臨時交付金（バスの抗菌、寒気対策支援など）などの内容だった。

これらの支援策の効果について、一般財団法人・地域公共交通総合研究所の代表理事・小嶋光《こじまみつ》信《のぶ》氏は、札幌、山形、広島、松山、熊本に本社を置くバス会社5社から寄せられた「コロナ禍の現状について」と題した意見をまとめている。

「今回のコロナ禍で乗合バス事業者は、地域住民や利用者に配慮して、極力減便等もせず運行を続けたこともあり、国へもエッセンシャルサービスとして路線維持への協力を要請したにも拘わらず、バス事業者への政策的配慮はなかった。旅客数が激減していることを知りながら、国の要請に従って運行すれば雇用調整助成金は得られず、結果として受給はほとんど受けられなかった。コロナ禍対策の地方創生臨時交付金等の給付金は有難かったが、総人件費の4~5%にすぎず、今日の危機的な非常事態に対し全く不十分であるし、窮状を各地の業界団体から雇用調整助成金に相当する金額の支援を求めて要望行動を繰り返したが、要望行動は国(政府)には届かず、誠に残念だと感じている事業者が多数いるといえる」。

国民の間に不安が広がり、あらゆる経済活動が減速を余儀なくされたコロナ禍は、想像力に乏しいわが国の為政者にとっては「想定外の惨禍」だったのだろう。政府のコロナへの対応は後手後手に回り、泥縄式に教育界への根回しなしに休校を決めたり、感染防止に効果の薄い布製マスクを配ったり、有事への対応力の貧困さは目を覆うばかりのものだった。

そんななかで、感染に怯えつつ勤務を強いられたのはエッセンシャルワーカーである。パンデミックに対応した医療関係者、人びとの生活を支えた輸送、流通、警察、消防関係者たちへの感謝と応分の手当こそ優先させるべきだったはずだ。

ドイツでは2020(令和2)年3月以降、地域公共交通機関の利用者が80%減少した。4月、地域交通の運営に携わる事業者が公的財源による支援を求める声明を発表。7月、ドイツ連邦政府は地域公共交通事業者に対する財政支援を決定し、1年限りの措置として総額25億ユーロ(約4000億円)の支援を行なった。この制度はのちに1年延長され、2021年に総額10億ユーロ（約1400億円）が追加支出されている。この措置によって交通事業者は破綻を免れ、雇用を維持することができたという。

2020（令和2）年12月31日、メルケル首相は在任最後の新年スピーチを発表した。

「2020年は非常に多くの人たちが不可能を可能にしてくれました。その人たちは世間からの注目の的になろうとはしませんでした。その人たちとは、病院、老人ホーム、その他の施設で働く医師や看護師たちです。そしてパンデミックにもかかわらず、私たちの生活が続けられたのは、数えきれないほどの人びとが貢献してくれたおかげでした。スーパーマーケットや運送会社、郵便局、バスや電車、警察、学校、保育園、教会、出版社で働く人びとが私たちの生活を支えてくれたのです」。

コロナ禍で打ちのめされた北海道のバス業界の実情を考えれば、政府、自治体、バス会社が危機感を共有し、一丸となって立ち向かわなければならないはずだ。地域交通を守るため、蔓延するコロナウイルスの渦に向かって、運転手は今日もバスを漕ぎださなければならないのである。

3　コロナ禍でバス運転手の離職が加速

コロナ禍で運転手が多数離職したこともあって、２０２１年頃からバス運転手不足とそれにともなう減便、路線廃止が顕在化してきた。

国土交通省の調べでは、バス運転手の数はコロナ前の２０１９年におよそ13万２０００人だったが、２年後の２０２１年は１万９０００人減って11万６０００人と落ち込んだ。

夕張鉄道バスは運転手不足を理由に夕張～札幌の直通バスを廃止するに至った。２０２３年９月限りで、⑴新夕張駅前～栗山～新札幌、⑵りすた～由仁～新札幌、⑶栗山～新札幌の３路線が廃止され、ただ一路線残った北海道中央バスの夕張～札幌間の「高速ゆうばり号」も２０２４年９月いっぱいで運行を取りやめる。

路線廃止の要因のひとつは乗客数の減少にともなう採算悪化が挙げられるが（乗客数が減ると国からの補助金も減らされる）、運転手の不足は限られた人的資源を振り分けるなかで、利用の少ない路線の減便や廃止につながる。カネで片のつく問題ではないだけに、地域交通を維持するうえで運転手不足はきわめて深刻な事態である。

メディアが全国のバス業界の運転手不足を数多く伝えるなか、それを象徴する出来事が起きた。北海道新幹線の開通によって函館本線の長万部《おしゃまんべ》～小樽間の廃止が決定しているが、同区間のバスによる代替輸送に困難な点があることが表面化したのである。

そもそも、北海道新幹線の札幌延伸にともなって函館本線・函館～小樽間がＪＲ北海道から経営分離されることが決まったのは２０１０（平成22）年５月。その２年後には後志《しりべし》ブロックの沿線自治体（小樽市、黒松内町《くろまつないちょう》、蘭越町《らんこしちょう》、ニセコ町《ちょう》、倶知安町《くっちゃんちょう》、共和町《きょうわちょう》、仁木町《にきちょう》、余市町《よいちちょう》）が中心とな

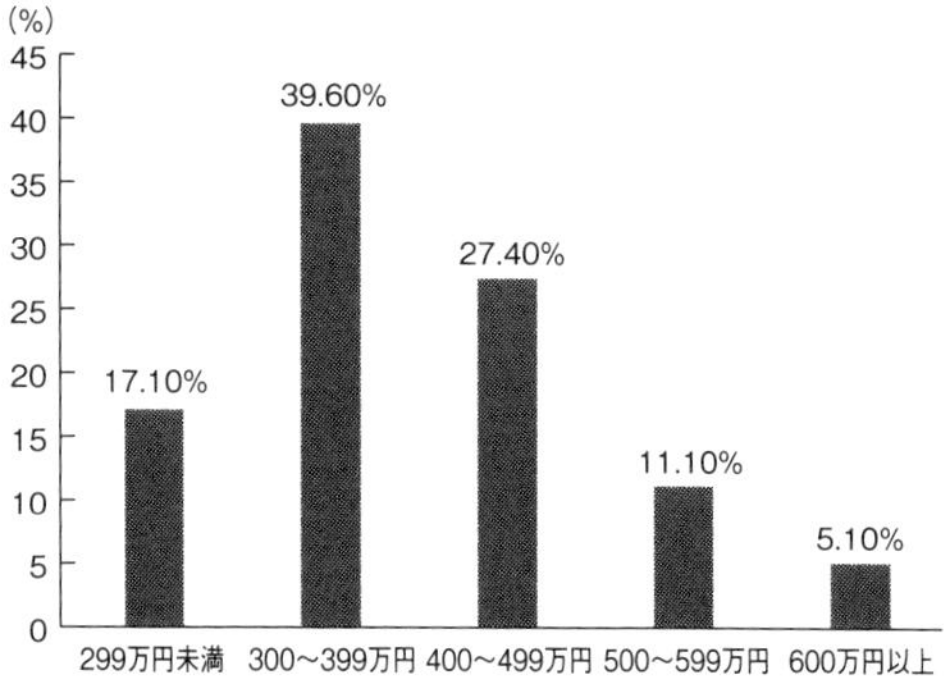

バス運転手の年収

って「北海道新幹線並行在来線対策協議会」が設置され、鉄道存続かバス転換か議論が進められた。結局、２０３０年（10年後）、２０４０年（20年後）の鉄道収支予測が20億円を上回る赤字となる見込みが決め手となって、２０２２年に鉄道廃止、バス転換の方針が決定することになった。

そのとき、沿線自治体はバス転換された際の要望を提出している。

●登校バスの新設、既存路線バスの高校乗入れ等により、通学生の利便性を向上
●停留所の増設や、低床バス化の推進により、日常利用の利便を向上
●国道経由（時間短縮）と駅立ち寄り（利便確保）の時間帯使い分けなどきめ細やかなニーズに対応
●交通拠点施設等への直行便により、通院や買い物等の需要に対応

これらの要望は後志地方における新たな交通ネットワークの構築を目指したもので、バスの増便や札幌直通便の新設、交通拠点として新たな交通結節点（ターミナル）の整備なども含まれていた。塩谷《しおや》や銀山《ぎんざん》のように国道から離れた駅の跡には新たな立ち寄りルートを設定する必要もあった。

当初、北海道中央バスは「多客時間帯のダイヤを工夫することでバスの代替輸送は可能」との見解を示していたが、増便や経路変更、新ルート創設などの具体案が示されるにおよんで、運転手不足を理由にすべての要望に応じることは困難と回答するに至った。たとえば、小樽～余市間は下り17本、上り20本、余市～倶知安間は下り12本、上り11本の増発が要望されたのである。

本来、鉄道廃止にともなうバス転換は、バス会社にとって収益アップの好機だったはずだが、いまやそれに応じられないほど運転手の不足は深刻さを増している。バス会社への根回し抜きに廃止路線のバス転換に突っ走った道庁の現状認識の甘さが問われるところである。関係するバス会社3社の回答を得て、バス転換協議会はいったん中断されたが、北海道新幹線の札幌延伸延期で再検討する余裕ができたことを奇貨《きか》として、新たな解決策を模索することになった。しかし、道庁がかたくなに函館本線廃止の方針に固執する現状では、打つ手も時間もそれほど残されていない。

札幌市内をネットするバス会社は、北海道中央バス、ジェイ・アール北海道バス、じょうてつ、札幌ばんけいの4社。運行便数の推移を見ると、２０１７（平成29）に4社合わせて1万３６５便だったものが、２０２０（令和２）年には９５７１便に減少し、２０２３年には７６００便となって、６年間で26％も減っている。２０２２（令和４）年に札幌市がまとめた「札幌市乗合バス路線維持計画の策定」によれば、各社が示した見通しは次の通りである。

・北海道中央バス「慢性的な乗務員不足に見舞われており、56歳以上の乗務員が全体の約４割を占めている。10年後にはその乗務員が定年退職となることから、行政からの補助金が十分に充当された場合でも既存路線を現状のまま維持することは極めて困難。休息時間（勤務間インターバル）の法規制が「継続８時間から９時間以上」への拡大により、更なる乗務員不足ならびに人件費の増加が懸念される」。

・ジェイ・アール北海道バス「運転手不足及び法改正による在宅時間の拡大により、人員の確保が困難なため、補助金が十分に充当された場合でも既存路線をそのまま維持することは極めて困難」。

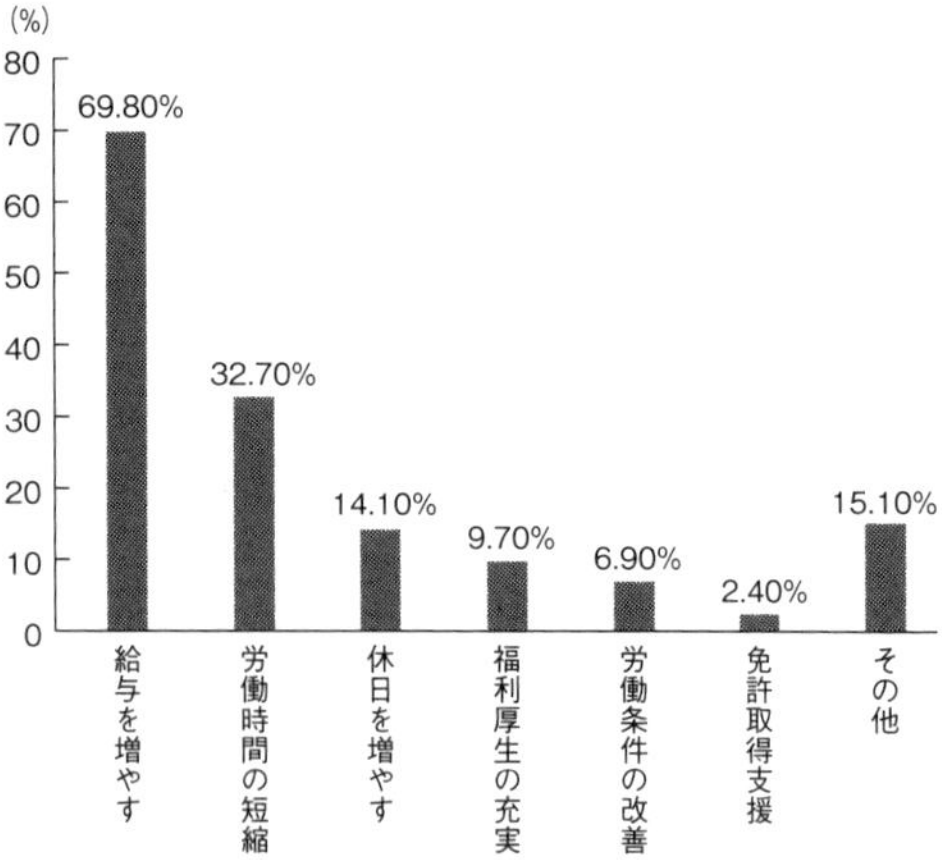

バス運転手の改善要求（複数回答）

ここにあるように、２０２４（令和６）年４月に実施された「改善基準告示」（２０２４年問題）によってバス運転手の時間外労働の上限が規制された影響が色濃く出ている。そのほか、整備士の不足による整備作業への影響、燃料高騰による動力費の増加などが挙げられている。

こうした状況の悪化によって、関係バス会社は２０２４（令和６）年12月１日から、札幌市内便を中心に大幅な減便、路線廃止に踏み切った。運行回数を減らすのは合わせて３２９便にのぼり、運転手不足による地域交通の維持に黄色信号が灯った格好だ。

残業規制はバス運転手の収入減をもたらす

２０２４（令和６）年4月1日から「自動車運転者の労働時間等の改善のための基準」（改善基準告示）が実施され、いわゆる２０２４年問題の口火が切られた。その内容は２００６（平成18）年に制定されたＥＵ基準（EC No.561）をほぼ引き写したもので、その意味では世界基準に近いものといえるかもしれない。一方、アメリカのＨＯＳ＃３９５規定は連続運転時間の上限規定がなかったり、休息時間も連続８時間など独自の規定を堅持している。

拘束時間は現行の年間３３８０時間から３３００時間へ80時間削減された。４週平均の拘束時間は月換算で、現行の２８１時間（原則）は変わらないが、最大拘束時間は３０９時間から２９４時間へと15時間短くなっている。ただ、月換算の拘束時間は現行と同じ２８１時間ながら、１年間それを続けると累積拘束時間が３３７２時間となり規定違反を問われることになる。

時間外労働の上限規制は、働き方改革関連法により２０１９（令和元）年４月からスタートしていたが、運送業、バス、タクシーへの影響が大きすぎるとして猶予期間が設けられていた。今回、バスその他の運輸業界で実施された時間外労働の上限規制は、原則月45時間、年３６０時間を特別条項（36協定）によって年９６０時間となった。すなわち、月に直すと時間外労働は80時間までが認められる。ただ、時間外労働と休日労働の合計について、月１００時間未満、２〜６カ月平均80時間以内とする規制は適用されず、時間外労働が月45時間を超えることができるのは年６カ月までとする規制も適用されない。この時間外労働時間の上限規制は、従来、バス運転手が給与の低い分を残業で補ってきた実情を考えれば、結果的に離職者の増加を招くことになった。

改善基準告示は違反すると厚生労働省労働基準監督署によって行政処分が下される。処分の内容は一定期間のバス使用制限から、重いもので一定期間の事業停止もあり得る。バス会社は拘束時間、運転時間、時間外労働など多岐にわたる複雑な内容を理解し、運用していく上で労務管理者、運行管理者の業務は、日々、確認作業に追われる煩雑なものになるだろう。

現場に混乱を招く改善基準告示

施行に先立つ2023(令和5)年3月に厚生労働省労働基準局監督課が発行した「改善基準告示に関するQ&A」を例に引いてみる。

Q　例えば、バス運転者Aが次のような運行をした場合、改善基準告示違反となるでしょうか。

(1日目)

・6:00〜10:00　バス4時間運転(朝のラッシュ対応)

・10:00〜19:00　帰宅　9時間

・19:00〜24:00　バス5時間運転(夜のラッシュ対応)

・24:00〜3:00　帰宅　3時間

(2日目)

・3:00〜12:00　バス9時間運転(朝のラッシュ対応)

・12：00〜　帰宅

Ａ　1日目の10時〜19時の9時間について、帰宅も自由である等、その処分が労働者の全く自由な判断に委ねられ、使用者の拘束を受けていない場合には、休息期間として認められます。したがって、次の始業時刻は1日目の19時からとなります。ただし、1日目の24時〜3時は帰宅している状態にあっても、休息期間の最低時間数（分割休息の場合4時間）を満たしていないことから、単なる休憩時間であり、休息期間とは認められません。したがって、2勤務目の19時〜翌12時までは17時間拘束となり、改善基準告示違反となります。

バスの運転手がトラックやタクシーなど他の運輸業と異なるのは、朝夕のラッシュアワー対応による独特の労働形態だ。バス会社は朝のラッシュに合わせてバスを動員し、日中の閑散時間をへて、夕方から再び増便する態勢をとっている。

かつて、東京都電の乗務員運用は朝組と夕方組に分かれていて、始発から朝のラッシュを運転し午後早く退勤する組と、午後に出勤して夕方のラッシュから終電までを受け持つ組があった。また、中休組といって朝夕のラッシュ時に乗務して午前10時頃から午後3時頃まで休みを取る組もあった。中休み時間は映画を見ようが家へ帰って昼寝をしようが自由で、その時間も拘束時間にカウントされるシステムだった。乗務員は車庫から徒歩や自転車で通えることが採用条件だったから可能な働き方だった。

しかし、運転手不足に悩むバス業界は朝夕のラッシュを同じドライバーが務めるケースが多い。

バス運転者の改善基準

その場合、昼間は拘束時間から外れるが、その自由時間と目されるインターバルがどれほどあるのか、あるいは自宅への往復にかかる通勤時間が長いか短いかによって、休息時間の質が左右される可能性も指摘されている。

今回の改善基準告示のなかで、定期バスの運行にもっとも影響を与えたのは1日の休息期間だった。従来はアメリカやＩＬＯと同様に継続8時間とされていたものを、「継続11時間以上を基本として、9時間を下回らない」に改訂された。1日9時間の休息期間はＥＵ規定に従ったものだ。

厚生労働省の定義によると、「休息期間とは、使用者の拘束を受けない期間、つまり勤務と次の勤務の間にあって、睡眠時間を含む労働者の生活時間として、その処分が労働者の全く自由な判断に委ねられる時間をいいます」とある。

要は勤務と勤務の間を9時間開けろということだが、毎回9時間という点が現場の混乱を招いている。かつて、国鉄の動力車乗務員は機関区が作成した行程表に則って列車を運行していたが、貨物列車は1日中運行されていたから、真夜中に3～4時間で折り返し運転することもあった。それでも労務管理の点で問題が出なかったのは、労働時間、休息時間を1日単位ではなく、週単位で管理していたからだった。4時間で折り返して戻ってきても翌日は休み、あるいは休息時間を長めに確保することで、1週間単位でみたときの労働時間、休息時間をフレキシブルに調整していたのである。

しかし、改善基準告示の定める休息期間はミニマム1日9時間。退勤と出勤のインターバルを9時間開けなければならないから、従来の乗務員運用を一人でこなしていたものが、もう一人準備しなければならないケースが出てくる。都市間バスの宿泊をともなう折り返しも同様に9時間開けることが規定されている以上、悪天候や事故などによって下り便の到着が遅れたときは、9時間の休息期間を取るために上り便の発車を遅らせなければならないケースも出てくる。

現場の実情へのまなざしの欠如

路線バス、都市間バスともに、運転手不足の中でぎりぎりの乗務員運用をしているから、9時間の間隔を開けるためにもう一人運転手を用意するのは容易ではない。それでは、ダイヤを動かすかという話になるが、地方の場合、終バス、始発バスの運行時間は通勤、通学、病院通いなどをカバーしていることも多く、おいそれと時間を変更できないケースもある。ダイヤは理由があって組まれているのである。

運転手の休息時間については分割休息の特例が認められている。これは1カ月間の全勤務回数の半分を限度として、休息時間を二分割できる例外規定だ。分割休息時間は1回あたり継続4時間以上、合計で11時間以上とされている。しかし、折り返し9時間の休息時間を1時間減らして8時間として、減らした1時間を次の休息時間に分割算入することはできない。しかも、分割した場合の休息時間はトータル11時間以上とされているから、少なくとも都市間バスの折り返し休息には使えないことになる。

改善基準告示第5条第3項は「予期し得ない事象への対応時間の取扱い」を定めている。これはバス運転手が災害や事故等の通常予期し得ない事象に遭遇し、運行が遅延した場合、1日の拘束時間、2日平均の運転時間、連続運転時間から、予期し得ない事象への対応時間を除くことができると規定するものだ。

しかし、何が「予期し得ない事象」で、何がそうでないのか、輸送現場での発生事象は多岐にわたるから、そのすべてを規定することは不可能に近い。つまりは事象ごとに役所の裁量によって決まることになるが、そのつど迅速な対応を求められるバス会社は手探り状態で対処するしかなくなる。運行管理者の負担は増すばかりだ。

先に紹介した「改善基準告示に関するQ＆A」の例に以下の記述がある。

国別	日本	ILO 国際労働機関	北米	EU
規定名称	改善基準告知（2024.4～）	条約153号	House of Service Rules	Regulation No.561/2006
拘束時間	・1日　13時間以内 （上限15時間、14時間超は週3回まで） ●1カ月（1年）の基準 ・1年　3,300時間以内 ・1カ月　281時間以内 ●4週平均1週（52週）基準 ・52週　3,300時間以内 ・4週平均1週　65時間以内	規定なし	・1日　15時間 （運転可能な時間枠） ・8日間の勤務時間　70時間 （会社が毎日稼働の場合） ・7日間の勤務時間　60時間 （会社が毎日稼働しない場合）	・1日13時間
運転時間	・9時間（2日平均） ・4週平均の1週　40時間	・1日　9時間 ・1週　48時間	・1日　10時間	・1日9時間 （週2回まで10時間に延長可） ・1週　56時間 ・2週　90時間
連続運転時間	・4時間以内（運転の中断は1回連続10分以上、合計30分以上）	・4時間	規定なし	・連続運転時間4時間30分について45分の中断 （15分以上/回で分割可）
休息時間	・継続11時間以上を基本として9時間を下回らない	・連続10時間 （ただし8時間を下回ることは不可。週2回以上8時間に短縮することは不可）	・連続8時間	・11時間 （週3日までは9時間に短縮可）

各国のバス運転手労働時間規制（厚生労働省労働基準局監督課作成資料より）

Q　例えば、バス運転者Aが運転する車両が予期せず故障し、代わりにバス運転者Bが急きょ、別の車両で事故現場に駆けつけ、運行する場合、バス運転者Bの運転時間を予期し得ない事象への対応時間として除くことはできますか。

A　「予期し得ない事象への対応時間」として除くことができる時間は、運転者が運転中に予期せず事象に遭遇した場合に限られますので、代行者のバス運転者Bが対応する時間は「予期し得ない事象への対応時間」には該当しません。

ここには代行運転者Bの対応がなぜ「予期し得ない事象への対応時間」に含まれないのかの具体的な説明がない。運転者Bの拘束時間や運転時間が規定ギリギリだった場合、時間に余裕のある運転者Cを準備しなければならないのだろうか。

４　全国に広がるバス運転手を募る動き

大型二種免許取得へのハードルの高さと低賃金

全国のバス協会、バス会社は運転手を募るためさまざまな活動を行なっている。ことに自動車教習所のコースを利用した路線バス運転体験会は、普通車運転免許だけで参加できることから多くの参加者を集めている。

バス運転体験は２０１８（平成30）年に始まった。釧路、帯広、日高、札幌、函館の運転免許試験場で開催された体験会には31社が参加し、以後、毎年行なわれている。２０２３年に北海道で開催された運転体験会は北見、釧路、帯広、旭川など全道にわたり、４月に札幌観光バスが主催した大型バス運転体験ツアーは美唄市郊外の農業飛行場「スカイポート美唄」で開催され話題を呼んだ。そのほか札幌、小樽、函館などでは就職説明会が開かれている。

バス運転体験会の模様を伝える釧路新聞の記事（２０２３年11月12日付）を引用する。

「深刻な運転手不足に悩む釧路、根室のバス会社３社（くしろバス、阿寒バス、根室交通）と行政が連携して企画した運転体験・合同就職相談会が11日、釧路運転免許試験場（釧路市大楽毛《おたのしけ》北《きた》１）

で開かれ、予想を上回る83人が来場した。このまま運転手不足が続けば地域の足が維持できなくなる恐れがあることから、バス会社では人材確保への懸命のアピールを行っている。バス運転体験・合同就職相談会は４年ぶり３回目の開催。２０１８（平成30）年に釧路で開いた第１回の来場者は45人、20年に中標津で開いた第２回は15人だったが、今回は午前10時の開場時に50人近くが受付で列をつくった。運転体験は実際に３社が運行するバス１台ずつを使い、試験場のコースを１周するというもので、延べ１４３人が参加した。（中略）合同就職相談会では３社がそれぞれブースを設け、仕事内容や労働条件、大型２種免許取得制度などを説明し、40人が参加。（中略）バス業界では、運転手の高齢化や人材不足に加え、法改正で運転手の休息時間確保などが必要となる「２０２４年問題」への対応を迫られ、くしろバスでは10月のダイヤ改正で減便を実施している」。

運転体験チラシ

　バス運転手専門就職・転職支援の求人サイト「どらなび」は、東京、名古屋、関西でバス運転手専門の就職イベントを開催している。バス会社と求職者の間を取り持ち、就職の可能性をさぐる試みは２０１６（平成28）年から始まり、毎年全国３カ所で開催されている。

新宿で開催された就職支援イベントに参加した北海道のバス会社

10月28日に東京・新宿で開催された就職支援イベントには392人（男性367人、女性25人）が来場し、広い会場一杯に設営された各社のブースを訪れた。参加したバス会社は65社。北海道からは網走バス、ジェイ・アール北海道バス、じょうてつ、十勝バス、函館バス、北海道北見バス、北海道拓殖バスなど7社が参加し、移住相談も含めた誘致合戦を繰り広げた。好評だったのは現役運転手3人のトークショーで、バス運転手の日常業務の様子や苦労、喜びなどの生きた情報に参加者は熱心に耳を傾けていた。

再びベテランバスドライバーの語り。

「バスの運転手になるために大型二種免許が必要ですが、普通免許を持っていても取得には50万円から60万円、札幌でも43万円くらいかかります。道北から札幌の教習所に行こうとすると宿泊費もかかりますしね。会社も大型二種免許の取得費用を貸し付けて、3年間在社すれば返済しなくもいい助成制度を用意していますが、それでも入社しようとする人がなかなか現れないのが現状です。私が若いころは運転免許でも取るかという感じでした。そんな軽い気持ちでも免許が取れる安さで、せっかくだから数万円足して二種免許も取っておこうかという時代でした。運転免

地域	給与（月額）	手当	休日	大型二種免許取得支援制度	その他支援制度
北海道（道北）	¥220,000（手当込）	残業手当、燃料手当、深夜手当、公休出勤手当	4週6休	あり（入社後3年で取得費用免除）	
北海道（札幌）	¥158,200～¥188,000（基本給＋調整給）	乗務手当（¥250/1時間）、住宅手当、家族手当	4週8休	あり（入社後3年で取得費用免除）	手当、賞与を含むモデル年収¥3,700,000程度
北海道（石狩）	¥180,000～¥250,000（手当込）	時間外手当、住宅手当、家族手当	4週6休	あり（入社後3年で取得費用免除）	
北海道（道東）	¥186,700＋時間外手当	寒冷地特別手当、扶養手当、安全手当	4週6休	あり（入社後3年で取得費用免除）	・支度金制度（大型二種免許所有者） ¥400,000（道外からの転居者） ¥300,000（道内からの転居者） ・Uターン希望者へ住宅賃料支援（3カ月）
北海道（道南）	¥220,000～¥240,000（手当込）	時間外手当、住宅手当、家族手当	4週6休	あり（入社後3年で取得費用免除） ※大型一種免許保持者は全額補助 普通免許（MT）保持者は半額補助	・東京圏からの移住支援金制度 ¥1,000,000（所帯で移住） ¥600,000（単身で移住） ・住居支援制度（1年間家賃無料）
宮城	¥260,000（固定超勤10H＋超勤手当込）	家族手当、住宅手当、通勤手当	4週7休	あり（入社後3年で取得費用免除）	
東京	¥197900＋手当	増務手当、夜勤手当、仕業手当、宿泊手当、家族手当	年間120日	あり（入社後3年で取得費用免除） ※指定教習所における合宿教習	・大型二種免許取得教習日当あり
千葉	¥177,000＋手当	時間外手当、休日労働手当、深夜労働手当、家族手当、通勤手当	3勤1休	あり	
神奈川	¥225,000＋手当	時間外手当、深夜労働手当、休日労働手当	6日1休＋3日	あり（入社後5年で取得費用免除）	・転居支援金貸付制度（5年返済） ¥500,000（大型二種免許所持者） ¥300,000（大型二種免許取得支援者）
三重	¥186,500～¥191,000＋手当	時間外手当、拘束手当、休日出勤手当	年間120日	あり	・特別支援金制度 ¥400,000（総額）大型バス経験者 ¥300,000（総額）未経験者 ¥1000,000（大型二種免許取得なし） ・転居支援金制度 ¥1000,000（中部関西以遠）
京都	¥300,000～¥350,000（手当込）	時間外手当、家族手当、住宅手当、通勤手当	年間106日	なし	
大分	¥161,000～¥182,000＋手当	時間外手当、深夜手当、休日出勤手当	年間75日	最大¥500,000（賞与支給日に分割支給）	・入社祝金制度 最大¥300,000 ・遠隔地転居費用制度 最大¥100,000（県外） ・別府市による移住支援金 最大¥4,000,000

バス会社別待遇（バス会社運転手募集パンフレットから作成）

許を持つことで仕事の選択肢が広がるわけで、大型二種の次に大型特殊や牽引免許も取れば、人生でチャレンジできる仕事の幅がずっと広がるはずです。せっかくそういう可能性があるのに、とにかく、いまは運転免許を取るのに金がかかり過ぎます。だから若い人が大型二種免許をとろうとも思わない、あるいは取れない状況ですよ」。

バス運転手不足の問題点のひとつがここに見えている。すなわち、大型二種免許の取得に金がかかり過ぎること、そしてもうひとつは給与の低さである。下世話な言い方をすれば、どちらもカネの問題だ。されば、そこには自ずと解決の糸口が見えてくるのではないか。いまこそ、公共交通を守るための抜本的な対策が待たれるときである。

終　章
バス運転手不足への提言

あこがれから困惑、失望へ

道北でバスの運転手を続けるベテランドライバーはこう語った。

「父親がバスの運転手をやっていて、それにあこがれて運転手になったという人はとても多いですよ。制服、制帽に白い手袋がかっこいいし、さっそうと大きなバスを運転してお客さんに感謝されたり、男の子なら鉄道員や警察官と同じように、将来はバスの運転手になりたいと夢を描いたものです。バスの運転手は子供たちにとってあこがれの職業でした。しかし、実際にバス会社に入ってみると、14時間も15時間も仕事が続く毎日です。５日走って１日休み、また5日走って２日休みというシフトが多かった。人の命を預かる使命感で、一生懸命仕事をしましたが、給料をみると、あれだけの仕事に見合うものなのかと考えてしまいます。仕事へのあこがれや満足感は必要ですが、果たしてそれに見合った待遇なのかと葛藤してきました」。

折から、２０２３（令和5）年12月、大阪府南河内《みなみかわち》・富田林《とんだばやし》市に本社を置く金剛《こんごう》バスが全15路線を廃止する「金剛ショック」がバス業界を駆けめぐった。原因は運転手不足。必要な運転手30

現所持免許	教習時間（H）		税込費用（一例）		
	技能	学科	札幌	埼玉	大阪
普通免許（MT）	34	19	¥465,080		
準中型	30	19	¥424,160	¥518,650	¥489,050
準中型5t 限定	34	19	¥465,080	¥558,250	¥535,050
準中型5t 限定（AT）	38	19	¥506,000	¥597,850	
中型8t 限定	29	19	¥413,930	¥508,750	¥478,050
中型	24	19	¥362,780	¥459,250	¥420,050
大型	18	19	¥295,900	¥386,100	¥340,900

大型二種運転免許を取得する費用（一例）

人に対して、廃止の発表時の在籍数は20人で、路線維持をあきらめざるを得なかったと伝えられる。人口11万人余の富田林をはじめ、沿線自治体が補助金の拠出を申し出たが、運転手不足はいかんともしがたく、創業１００年におよぶ老舗バス会社が消滅することになった。コロナ禍で生じた２０００万円近い赤字の半額を補助金で埋めても、現場で働く運転手が足りなければ事業継続は不可能だったのである。

「やはり、生活基盤をきちんと作れる労働条件が揃わないと、根本的に運転手不足は解決しないと思います。それができないと、若い人たちにとってバスの運転手は就職の選択肢にも入って来ない」。

厚生労働省の賃金構造基本統計調査によると、バス運転手の年間収入は常に全産業平均より低かった。令和に入ってその差はさらに広がり、２０２１（令和３）年実績で、年間収入は全産業平均が４８９万円なのに対して、バス運転手は４０４万円である。２０１９（令和元）年からの落ち込み額は80万円に上っているが、これはコロナ禍の影響をまともに受けたためだ。

北海道に限ると状況はさらにきびしく、２０２１年の年間収入は３６０万円（北海道バス協会調べ）、２０１８（平成30）年より60万円余も減っている。バス運転手の収入を下支えしていた残業がなくなった影響が出ている。ようやく感染症パンデミックの危険性は抑えられたものの、２０２４年問題で時間外労働の上限が規制されたことで、コロナ禍のあとでもバス運転手の収入が上向く見込みは小さい。

　薄給、長時間労働、老齢化。それに加えて現場に混乱を招いている２０２４年問題。取材を通して見えてきたのは、バス運転手を取り巻くあまりにきびしい現実だった。

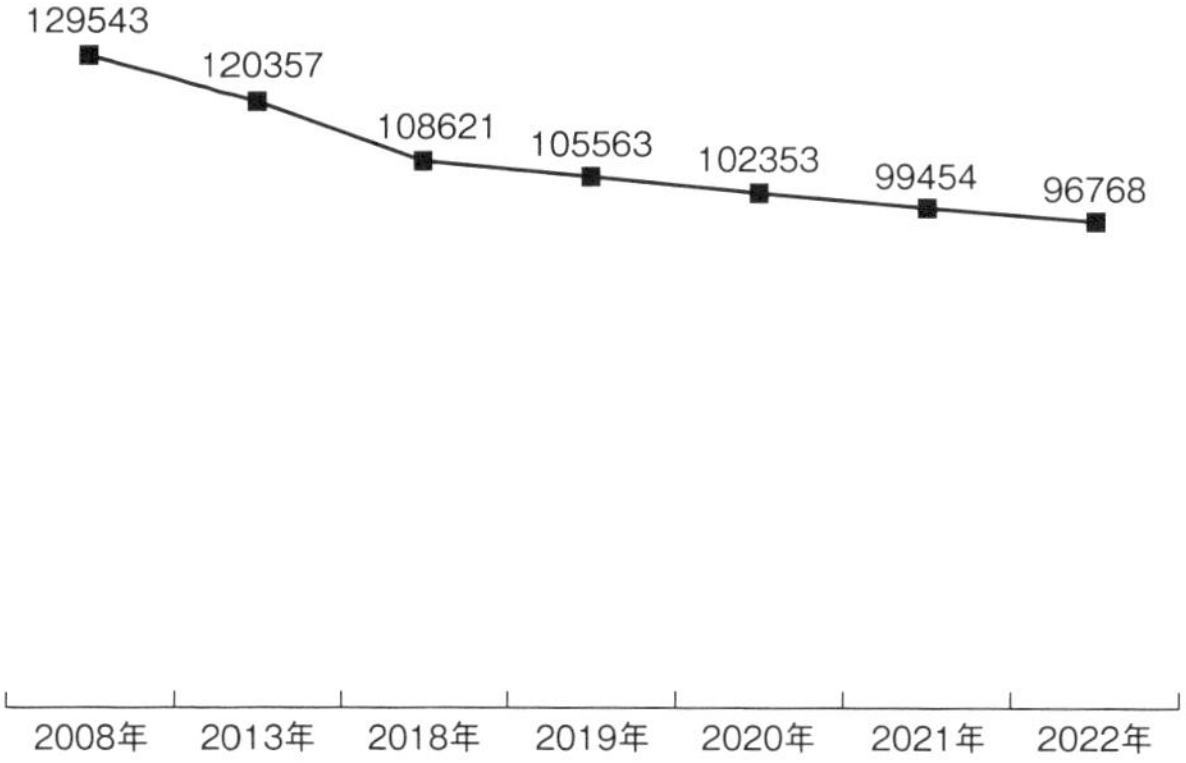

道内における大型二種免許保有者の推移
北海道バス協会資料（警視庁運転免許統計より作成）

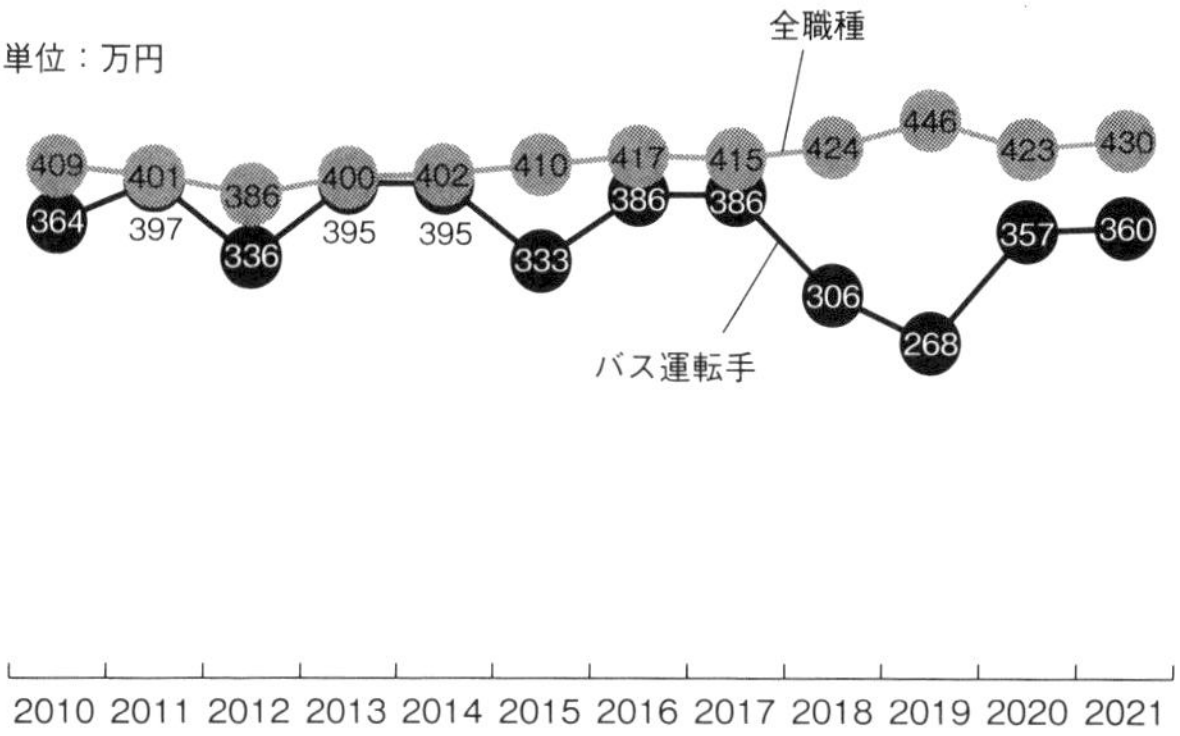

北海道のバス運転手の年収推移（北海道バス協会調べ）

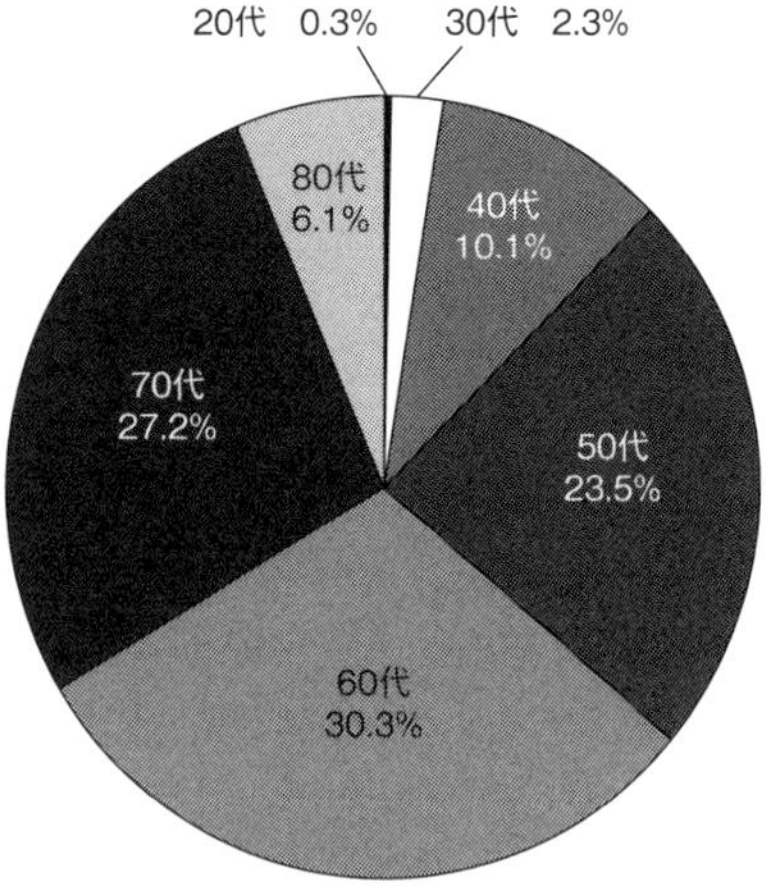

北海道のバス運転手（大型二種免許保有者）の年齢分布（運転免許統計令和4年版より）

「バスの運転は好きだし、やり甲斐はあるけど、これ以上続けるのはもう無理だ」。

バス業界から足を洗う人の数は、あらたに入社する人たちを上回っている。バス会社にしても、家族を養えないから辞めるという運転手を止める手立てはない。そのような状況が続く限り、事態が好転する日は来ないのではないかとさえ思える。

乗客の人生を乗せて走る喜び

「エッセンシャルワーカー」は、人びとが日常生活を送る上で、なくてはならない仕事に従事する労働者を指す言葉だ。生活必須職従事者とも呼ばれ、医療、福祉、保育、運輸、物流、小売業、公共機関などが該当することは周知のとおりだ。その人たちがいなければ社会は成り立たないという意味である。

先に書いたように、イギリスでは、地域交通の途絶は、健康維持困難、低学歴、低所得、犯罪の多発、失業、家族の崩壊をもたらす社会的排除を引き起こす可能性があると捉えられている。そのような社会的な分断を防ぐ意味で、地域交通を担うバス運転手は欠くべからざるエッセンシャルワーカーに他ならない。

道東で路線バスの運転手を務めるA氏は言う。

「運転手の待遇はたしかによくありません。せめて人並みの給料がもらえればと思いますよ。家族を抱えて、生活のために辞めていった仲間も大勢います。コロナのときは時間外手当が大幅に減ってかなりの運転手が辞めていきました。私自身は運転が好きなのでできるだけ続けたい。バスを運転していれば、運転台は自分の天下ですしね。それに、バスを待っているお客さんの顔を見れば、人の役に立っているという気持ちが湧いてきます。バスしか移動手段のない人は思ったより多いのです。登下校で乗ってくる高校生や買物、病院に通うお年寄りとは顔見知りで、暗くなると車内のミラー越しに顔が見える。おおげさな言い方ですが、大勢の人たちの人生を乗せて走っているんだという気持ちです」。

人びとが社会生活を営む上で欠かせない存在。その言葉にはエッセンシャルワーカーとしての矜持と仕事の喜びが感じられる。

国土交通省自動車局が実施した「バス運転者に対するアンケート調査（2014年4月）」によれば、バス運転者になった理由の第一位、62・0%が「運転が好きだから」である。以下、「バス運転手にあこがれていたから」（34・5%）、「バスが好きだから」（27・2%）と続く。「お客さんと

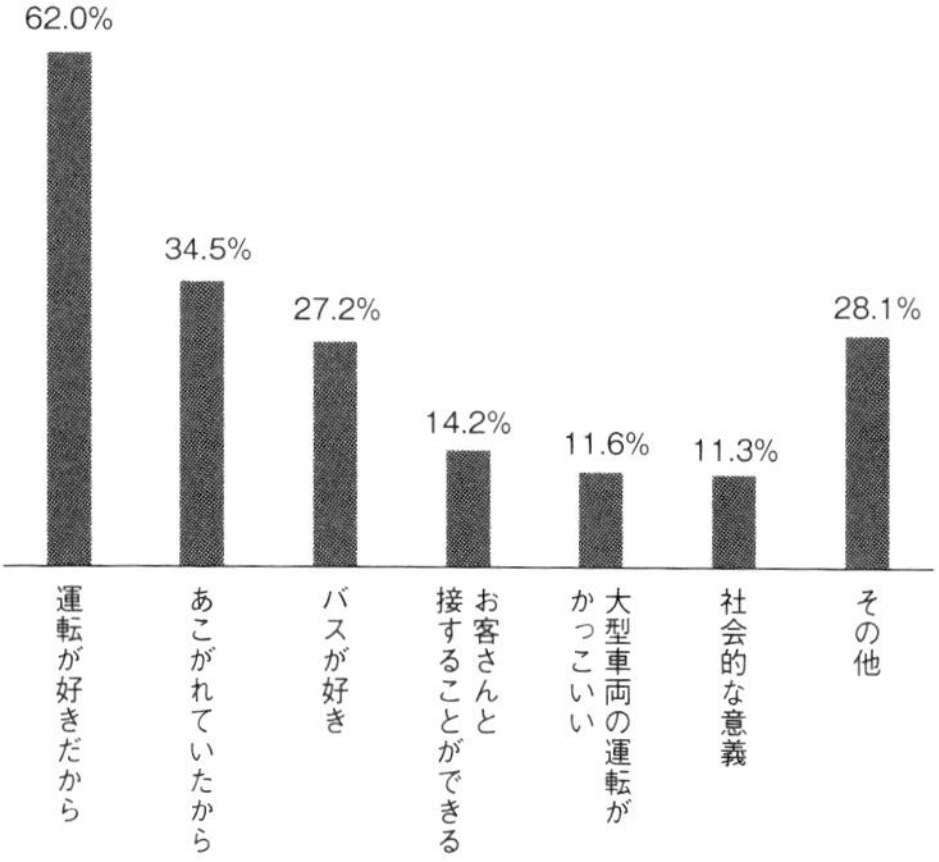

バス運転手になった理由（国土交通省自動車局による「バス運転者に対するアンケート調査〔平成26年〕」より）

接することができる」（14・2％）や「社会的に意義のある職業だから」（11・3％）という回答もある。

また、バス運転者という職業に誇りを持っているかという問いに対しては、31・0％が「誇りを持っている」、42・3％が「ある程度誇りを持っている」と答え、合わせて73・3％がプライドをもって仕事をしている現状がうかがえる。さらに、バス運転手のやりがいを問う設問に対する答えの第一は「お客様の感謝の声」（63・2％）、次いで「大型車両を運転しているかっこよさ」、「我が国の人流を支える社会的意義」と続く。

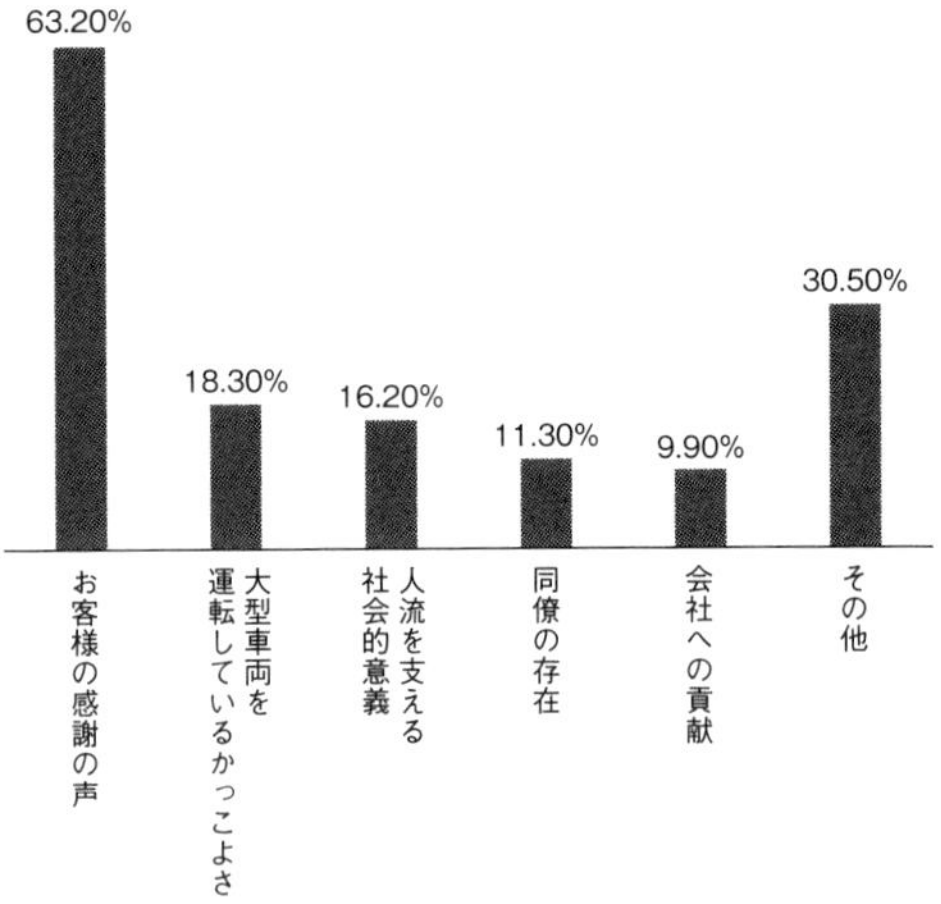

バス運転者のやりがい（国土交通省自動車局による「バス運転者に対するアンケート調査〔平成26年〕」より）

一方、改善してほしい点の第一位は「給与を増やす」が69・8％で、第二位の「労働時間の短縮」（32・7％）を大きく上回っている。またバス運転手の不足が在職者におよぼす影響の第一位は「休暇がとれなくなった」（36・6％）、第二位が「長時間労働となっている」（35・8％）で、人手不足が在職者の労働環境の悪化を招き、それがまた人手不足を招く悪循環がみてとれる。

コロナ禍でバス運転手の労働環境が一気に悪化したことは周知の事実である。減便によって基本的な労働時間が減少し、それにともなって時間外勤務もゼロに近くなった。バス運転手はもともとの給与レベルが高くないだけに、生活を維持する家計への打撃はより大きかった。その仕事を続けていきたいと思う人が職を捨てなければならない無念は察するにあまりある。

もちろん、バス会社や行政機関もあらゆるチャンネルを使って運転手を確保しようと努めている。北海道でも各地でバス運転体験会を行なったり、その機会をとらえて熱心にリクルート活動を続けているが、目覚ましい効果をあげているとは言いがたい。

一方、運輸関係の転職者採用理由は、離職者の補充が63・6％で、47・7％が即戦力を求めている。採用で考慮した要素は、免許や資格が49・３％。これは鉱業・採石業55・３％、医療関係62・９％に次ぐ。これまでの経験を重視する採用側は、運輸関係で62・４％にのぼる。こうした数字からはすぐに働ける人材の確保に躍起となるバス会社の悲鳴が聞こえてくる気がする。

バス運転手不足の三つの原因

わが国において、地域のバス運転手の不足が起きた原因はいくつか考えられるが、およそ次の三点が考えられる。

①低所得
②大型二種免許取得費用の高騰
③バス運転手に対する社会的評価の低さ

バス運転手の低所得傾向はいつから始まったのだろう。

月刊『総合交通』２０００（平成12）年10月号に掲載された運輸省（当時）まとめの「平成11年度乗合バス事業の収支状況」に次のような記述がある。

「収支状況を見ると、調査対象事業者全体の経常収支については、収入面では輸送人員が対前年度比四・九％減となり、収入全体では対前年度比四・三％減となっている。一方、支出面では、原価の約四分の三を占める人件費が、従業員数の減少と平均給与の抑制により対前年度比四・七％減となったことが大きく影響し、支出全体で対前年度比四・〇％の減少となった」。

輸送人員の減少による収入減を人件費の削減でカバーする図式は１９９８年に始まり、以後、放置され続けてきたのである。地域の交通を守るエッセンシャルワーカーたるバス運転手への待遇が無視できないレベルまで下がれば何が起きるのかといえば、路線を維持するに足る人手の流失だろう。次々と鉄道が廃止に追い込まれるなか、地域交通最後の砦たるバスの運行も人手不足で日に日に危うい。

国土交通省自動車局が発行した「バス運転者を巡る現状について」（２０１３年）によると、１９９８（平成10）年のバス運転手（全国）年収は６２０万円だったが、２０００（平成12）年には５８０万円に減り、以後一貫して年収が下がり続けている。バス運転手の年収が全産業のそれを下回ったのは２００１年。以後、全産業との差は年々広がり、２０１２（平成24）年には全産業平均５３０万円に対して４４６万円まで下がっている。

いま、国がなすべきことは地域の崩壊につながりかねないバス運転手への経済面でのサポートである。バス会社への補助金ばかりではなく、バス運転手、運行管理者といった現場のエッセンシャルワーカーたちに、少なくとも全産業の平均給与との差額を手当として支給する仕組みを作らなければならない。

年収が低いという理由で職を離れざるを得ない運転手への給与補償は、地域交通を守るにはどうしたらいいのかという課題へのひとつの解決策の提案である。賃金の地域差はどうするのか、賞与も含めた年収ベースで考えるべきなのかなど課題はあるにせよ、バス運転手に対する待遇を改善することで、減便、路線廃止などによって引き起こされる地域交通の危機は緩和の方向に向かうはずだ。

一方、大型二種運転免許は乗客を乗せるバス運転手に必須のライセンスで、取得には多額の費用がかかる。

バス会社は取得費用を立て替え、三年勤続すると返済を免除するケースが多い。また、大型二種免許の取得にあたって厚生労働省は教育訓練給付金制度を定めている。これは一定の条件を満たす雇用保険の一般被保険者（在職者）、または一般被保険者だった離職者が雇用の安定と再就職の促進を図ることを目的とする雇用保険の給付金制度とされ、大型二種免許取得にかかる費用の20%、10万円を上限として補助金が出る。しかし、全国都道府県の公安委員会が管轄する自動車教習所の大型二種免許取得費用は40～60万円だから、10万円の給付は心細い限りだ。かつて、大型二種免許の取得費用はもっと安く、トラック運転手を目指す若者が大型一種免許を取るついでに、4〜5万円余計に出して二種免許を取れるほどだった。会社からの補助があるとはいえ、大型二種免許を取得するのに要する多大な費用がバス運転手になろうとする若者の足を引っ張っている現状を考えれば、バス運転手しか必要としない大型二種免許の取得費用を国が全額負担する仕組みが必要だろう。地域交通を守るエッセンシャルワーカーたるバスの運転手。それを目指す人にとっての第一のハードルを取り除くのは国の務めではないか。

給与レベルと大型二種免許の高額な取得費用がバス運転手の志望者に対する障壁のひとつになっている現実を直視しなければならないはずだ。

そしてバス運転手を取り巻く社会の目。果たして、バス運転手が誇りをもって仕事ができる環境作りができているだろうか。

国土交通省中部運輸局が2015（平成27）年に実施した「バス事業者の実態調査」のなかで、会社が運転手を確保する上で応募者側の心理的ハードルとなっている要因を分析したところ、トップ回答は「バス運転手のイメージが悪い、魅力がない」で134社。以下、「労働時間が長い」、「賃金が安い」と続く。すなわち、低い給与レベルや長時間労働に起因するバス運転手のイメージを回復しなければ人手不足解消の糸口は見えてこない。

今こそ、バス運転手にリスペクトを

そして、もうひとつエッセンシャルワーカーを苦しめているのが、さまざまな業種で生じているいわれのないカスタマーハラスメントである。理不尽なクレームに直面した経験を持つバス運転手は少なくない。言いがかりとしか思えない些細なミスをあげつらう風潮は、SNSの普及がもたらした社会の非寛容性によって加速されている。

建築家の山嵜一也《やまざきかずや》氏が東洋経済オンラインに発表した「合理的な人ほど「お客は神様」と考えない――英国のバス運転手が乗客に文句を言えるワケ」(2016年6月30日)から引用する。

バス停での停車時間がちょっと長いなと思ったら、やがてエンジンが止まりました。しばらくすると黒人女性の運転手が2階席に上がってきます。すると、直前に乗車してきた女性に向かって一言、言ったのです。「あなたが乗っているかぎり、このバスは動かない!」。(中略)あらゆる人を相手にしなければならない運転手はストレスのたまりやすい職業でしょうし、多様な人種の集まるロンドンという街では余計に忍耐のいる仕事です。だからというわけではありませんが、客を相手にする商売であっても、ストレスが一定量を超えると、「きちんと」反撃に出ているように見えました。(中略)イギリスでも「サービスが悪い」わけではなく、このバスの中での出来事のように、〝お客様が神様〟ではなく、〝運転手と乗客の関係は対等〟という割り切った考え方があり、そのうえで、ある種の緊張関係を伴ったサービスが成立しているのです。

昭和40年代、東京都電の車掌を務めたOBは次のような話をしてくれた。

「昔からおかしなことで文句を言う客はいましたよ。運転士に「遅い、まじめにやれ!」と怒鳴ったり、車掌に「釣銭の出し方が遅えんだよ、このウスノロが」とかね。そうすると乗り合わせたお客さんが「都電の人にそういうことを言うもんじゃない」と言ってくれる。他のお客さんも「そうだ、そうだ、謝れ」と加勢してくれたりしてね。言葉が豊かないい時代でしたね。ああいう勘違い客が増えたのは三波春夫の「お客様は神様です」が流行ってからかなぁ」。

電車の運転士が駅に停車中に水を飲んだといって「晒し」に遭う。最果てを走る路線バスの運転手が、すれ違う同僚に手を挙げたら片手運転だとクレームが入る。さらに、コロナ禍で仕事を続けたエッセンシャルワーカーへの中傷は枚挙にいとまがない。

たとえば、スーパーマーケットでサケの切り身を買う場面を想像してみよう。サケは漁業関係者によって捕獲され、倉庫業者によって冷凍され、輸送者によって消費地へ送られる。消費地の市場で取引されたサケは、再び輸送者によって店舗へ配分され、切り身加工を施され、パックされて店頭に並ぶ。サケの切り身ひとつが食卓に並ぶためにどれだけの人手と手間、時間がかかっているのか。それらを想像するのは簡単ではないから、コロナ禍に苦しむ国民に呼びかけたメルケル首相は、国民に対して流通関係者への感謝を呼び掛けたのだろう。

バス運転手の仕事といえば運転する姿を思い浮かべるが、その日の仕事に就くために、バス運転手がどれほど生活を律しているかまで思いを巡らす乗客は少ないだろう。

点呼時に呼気中のアルコール濃度をゼロにするために、前夜の何時までに何㎖を飲み切るかというきびしい自己管理を課している運転手もいる。当然、肝臓のアルコール分解能力には個人差があり、体調によっても変化するから、余裕をもって休息時間のスケジュールを組む禁欲的な生活を強いられている。また、発熱や体調不良で乗務できなくなったときは、人手不足で予備待機の運転手などいないから、運転経験のある運行管理者が代行することになる。自分一人の欠勤が会社にどれほどの迷惑をかけるのかを考えれば、禁欲的とも思える生活を送らざるを得ない現状がある。

一日の運行が終われば、車内、車外をくまなく点検し、大きな車体を洗車しなければならない。バスの日常運行にかかわるかなりの仕事は運転手に委ねられている。かつての蒸気機関車の機関士は機関区に帰ってくると、そのまま帰区点呼へ向かうことができた。点検、給水、給炭、車庫への移動などはすべて機関区職員の仕事だったのである。

エッセンシャルワーカーの一員たるバス運転手の労働環境は、現在、決して恵まれたものとはいえない。その理由は数々述べてきたが、まず、求められるのは彼らに対する社会のリスペクトだろう。理不尽なクレームに対しては雇用者側が毅然たる態度で客に接する姿勢が求められるし、車内、車外に設置されたカメラはことの成り行きを確認するうえで有用である。バス会社は「まずは謝ってしまえ」「ことを荒立てるな」の姿勢を取ることなく、事実認定に基づいて社員を守る気持ちを持ってほしい。サービス業へのクレーマーに対する毅然とした対応は、すでに社会のコンセンサスを受けつつあり、なかんずく公共輸送に携わる人たちを応援する機運が高まりつつある。

あらためて、バス運転手のやりがいを問う設問に対する答えが「お客様の感謝の声」(63・2%)だったことを記して稿を締めたい。

あとがき

取材のきっかけとなったのは、4年ほど前、レンタカーで札幌から留萌海岸沿いに稚内まで旅したときだった。真っ青な日本海を左手に見てオロロン街道を北上していくと、ときおりニシン小屋を模したようなバスの待合所があった。中をのぞくとベンチに毛布が敷かれ、雪かき用の大きなスコップが置いてある。吹雪の日はここでバスを待つのである。時刻表を見ると1日3便。寒さに凍えながらバスを待つ人たちの姿が目に浮かんだ。

私は20年以上にわたって旧・国鉄で蒸気機関車を運転してきた人たちの聞き取り取材を続けてきた。最近は都電の乗務員OBを訪ね歩いている。輸送現場の人たちの経験談は、われわれには想像もできないほど過酷だったが、やり甲斐に満ちていた。それは読み物として面白いばかりでなく、後世へ伝える貴重な運輸史でもあった。

されば、北海道のきびしい自然の中でバスを走らせている人たちの記録を残そうとする取材が始まった。まずは北海道のバス輸送の概要を北海道バス協会で教えてもらい北海道の路線バスが直面する諸問題を理解することができた。元・北海道新聞の原田伸一氏にさまざまな関係者を紹介していただいた。なかでも宗谷バスの現役運転手・今井一郎氏には臨場感あふれるお話を聞くことができ、氏の運転する札幌−枝幸間の都市間バスに2回同乗することができた。あれだけのきびしい自然環境を制して安全に定時運行を終えたあと、モップも凍りつく寒さのなかでバスを洗車する姿には頭が下がった。枝幸営業所でたまたま居合わせた女性ドライバー・田村弥生氏と引き合わせてくれたのも今井氏である。

宗谷バス本社には取材の趣旨を理解いただき、昭和30年代に現役を務めたベテランお二人にお話を伺うことができた。強く印象に残ったのは「さまざまな種類の運転免許を取ることで、職業選択の幅が広がる」というお二人の言葉だった。大型の牽引、二種などの運転免許は、いろいろな人生にチャレンジするライセンスなのだと知ったことは、この取材の大きな成果だったと思う。

阿寒バス、根室交通の紹介をお願いした釧路新聞・星匠《ほしたくみ》氏からは貴重なアドバイスをいただいた。地方公共交通は自治体とバス会社の協働によって支えられている現状を考えれば、自治体の取材が欠かせないとの助言である。星氏の紹介で中標津町を訪れ、町役場の担当者お二人から、鉄道なきあとの地方交通の運営は市町村とバス会社がいかに密接にタッグを組んでいるかをお話しいただいた。

1年以上におよんだ取材のクライマックスは1月14日からの沿岸バス取材だった。同行してくれたのは江別市在住の丸山裕司氏。氏の鉄道写真のセンスに一目も二目も置いていたことから「真冬の沿岸バス」の撮影をお願いした。1月15日朝に出発するとすでに暴風雪警報が発令されていて、見通しは極端に悪く強い横風でクルマが振られる。地元の丸山氏が引き返すと言えばそれに従うつもりでいたが、氏は風の息を読み、視界がなくなると頭上のスノーポールを頼りに進んでいく。難行の末、昼過ぎに羽幌町に到着。ご心配をおかけした沿岸バスの関係者の方、申しわけありませんでした。暴風雪は収まらず、到着した日と翌日のバスは全便運休。バスの走行写真を撮れなかった丸山氏には気の毒なことをしたが、後日、氏は再び現地を訪れ、表紙の写真をモノにしてくれた。

実に多くの方々の協力により、この本を上梓できる喜びはなにものにも代えがたい。

最後に、企画に賛同いただき、さまざまな助言をくださった筑摩書房の松田健氏に厚くお礼を申し上げます。

2024年12月

椎橋俊之

参考文献

『蝦夷地御領分シベツ表ホニコイ御陣屋御造営日記――東蝦夷地シベツと会津藩』標津町郷土研究会、１９８５年
『釧路博物館新聞』No.15、釧路市立郷土博物館、１９５３年
『広報しべつ』No.２６８、標津町、１９８９年
『国土交通白書　令和３年版』国土交通省、２０２１年
『国土交通白書　令和６年版』国土交通省、２０２４年
『標茶の汽笛』標茶機関区ゆかりの集い実行委員会、１９９０年
『宗谷バス10年のあゆみ』宗谷バス、１９６２年
『町勢要覧資料編　２０１１年版』羽幌町総務課広報広聴係、２０１１年
『泥炭性軟弱地盤対策工マニュアル』平成29年３月改訂版、寒地土木研究所・寒地地盤チーム、２０１９年
「天北線のバス転換を担う宗谷バス」『月刊道北』北方現代社、１９８９年３月
『特別展　幕末会津藩と鮭の聖地』鮭の聖地メナシネットワーク、２０２２年
『中標津町史』中標津町、１９８１年
『日本国有鉄道百年史』（全19巻）日本国有鉄道、１９６９～１９７４年
『日本地理体系・北海道、樺太篇』改造社、１９３０年
『根室交通20年のあゆみ』根室交通、１９７１年
「バス再興　10年ビジョン」日本バス協会、２０２４年
『羽幌町商工観光概要　昭和56年度』羽幌町、１９８２年
『平成24年北海道の雪害対策』北海道防災会議、２０１２年
『僕たちの大好きな鉄バスたち』洋泉社、２００９年
『北海道のバス事業と北海道バス協会の概要』北海道バス協会、２０２３年
『北海道のバス事業の歴史』北海道バス協会、２００２～０３年
『北海道乗合バス事業の現状と要望』北海道バス協会、１９７１年
『北海道乗合バスの現状と今後のあり方』北海道バス協会、１９７２年
『北海道バス協会90年の歩み』北海道バス協会、２０２０年

『酪農ジャーナル』№640、酪農学園エクステンションセンター、2001年
『令和4年北海道の雪害対策』北海道防災会議、2022年
『Motor Fan illustrated No.213』三栄、2024年
浅香幸雄他編『図説日本文化地理体系 第17巻 北海道』小学館、1962年
浅原信彦『ガイドブック 最盛期の国鉄車輛（1）』ネコ・パブリッシング、2004年
荒沢勝太郎「根釧原野の花への招待」『日本随筆紀行1 北海道――太古の原野に夢見て』作品社、1986年
五十嵐日出夫「北海道のバス輸送について」『運輸と経済』42巻、運輸調査局、1982年
石井幸孝「北海道の殖民鉄道」『鉄道史学』№38、鉄道史学会、2020年
石川孝織・奥山道紀・清水一史・星匠編著『釧路・根室の簡易軌道 増補改訂版』釧路市立博物館、2017年
石川孝織・佐々木正己『北海道の簡易軌道――全路線解説と6つの軌道跡を訪ねて』イカロス出版、2023年
今井啓輔『北海道の殖民鉄道――聞き書き集』文苑堂、2021年
歌登町史編纂委員会編『歌登町史 1〜3』歌登町、1996〜2009年
宇都宮浄人・柴山多佳児『持続可能な交通まちづくり――欧州の実践に学ぶ』ちくま新書、2024年
音威子府村史編纂委員会編『音威子府村史』音威子府村、2007年
玄田有史編『人手不足なのになぜ賃金が上がらないのか』慶應義塾大学出版会、2017年
木原直彦『文学散歩 名作の中の北海道』北海道新聞社、1988年
小役丸幸子「英国の地域バスの現状」『運輸と経済』78巻、交通経済研究所、2018年
更科源蔵『北海道の旅』社会思想社、1960年／新潮文庫、1979年
篠田節子『失われた岬』KADOKAWA、2021年
新羽幌町史編纂委員会編『新羽幌町史』新羽幌町、2001年
鈴木均『自動車の世界史――T型フォードからEV、自動運転まで』中公新書、2023年
高橋清「北海道における都市間バスの現状と課題」『運輸と経済』52巻、運輸調査局、1992年
高見大介「北海道における乗合バスの現状と展望」『運輸と経済』68巻、運輸調査局、2008年
武田泰淳『天塩の原野に沈む月』ほるぷ出版、1976年
田中和夫『北海道の鉄道』北海道新聞社、2001年
次山信男指導・渡辺一夫構成『寒い土地のくらし・中標津町』ポプラ社、1988年
鉄道省編『日本案内記・北海道篇』博文館、1936年

寺田一薫『地方分権とバス交通』勁草書房、２０１６年
寺田英子「英国（イングランド）のバス政策の動向――緒についた行政的分権化がもたらした変化」『運輸と経済』75巻、運輸調査局、２０１５年
富沢英編『歌登町史』歌登町役場、１９８０年
中尾昭仁『地域公共交通の維持・活性化に関する調査研究』国土交通省国土交通政策研究所、２０１４年
中標津町五十年史編纂委員会編『中標津町五十年史』中標津町、１９９５年
西山敏樹『交通サービスの革新と都市生活――行動の意思決定を有効に支援する技術』慶應義塾大学出版会、２０１７年
日本国有鉄道釧路鉄道管理局編『釧路鉄道管理局史』日本国有鉄道釧路鉄道管理局、１９７２年
日本政策投資銀行ロンドン駐在員事務所『規制緩和後の英国バスサービスの動向』日本政策投資銀行国際部、２００１年
畑正憲『根釧原野』朝日新聞社、１９７８年
「昭和初期の原野と殖民鉄道」『別海町百年史』別海町、１９７８年
北海道拓殖銀行調査部編『北海道における民営バス事業に関する調査』北海道拓殖銀行調査部、１９５１年
北海道中央バス五十年史編纂委員会編『北海道中央バス五十年史』北海道中央バス、１９９６年
毎日新聞社編『日本の鉄道１　標津線』有紀書房、１９６０年
毎日新聞社編『日本の鉄道２　宗谷線』有紀書房、１９６１年
毎日新聞社編『日本の鉄道３　根室線』有紀書房、１９６１年
毎日新聞社編『日本の鉄道４　天北線』有紀書房、１９６２年
毎日新聞社編『日本の鉄道５　羽幌線』有紀書房、１９６３年
松澤俊雄「域内バス事業における方向性と公の役割――英国の規制改革を参考にして」『会計検査研究』会計検査院、２００５年９月
宮脇俊三『失われた鉄道を求めて』文藝春秋、１９８９年
宮脇俊三・原田勝正編『日本鉄道名所　勾配・曲線の旅１　函館線・根室線・宗谷線』小学館、１９８７年
守田久盛・坂本真一『鉄道路線変せん史探訪・北海道の鉄道』吉井書店、１９９２年
山内仁『白棚線の沿革と現状』国民経済研究協会、１９５９年
山下祐介『地方消滅の罠――「増田レポート」と人口減少社会の正体』ちくま新書、２０１４年
渡辺茂編『釧路市史』釧路市、１９５７年
Ludvigsen, Karl. *Porsche: Excellence Was Expected*, Bentley Publishers, 2003

取材協力

一般社団法人北海道バス協会
宗谷バス株式会社
沿岸バス株式会社
阿寒バス株式会社
中標津町役場
当別町役場
釧路新聞社

椎橋俊之 しいはし・としゆき

一九五一年、東京・本郷生まれ。自動車雑誌の編集長を経て独立し、ライター、編集者として鉄道や自動車の評論活動に携わる。著書に『SL機関士の太平洋戦争』（筑摩選書）、『鉄の馬と兵ども――「証言」蒸気機関車 蒸機乗務員回顧録』（イカロス出版）、『ドキュメント・感動の所在地――忘れえぬ鉄道情景1〜3』、『「SL甲組」の肖像1〜8』（以上、ネコ・パブリッシング）、『ル・マン。見果てぬ夢――ニッサン・グループCの軌跡と野望』、『ジャパニーズヒストリックカーのテクノロジー』、『スーパーカーのテクノロジー』、『レーシングカーのテクノロジー』（以上、三栄書房）など。二〇二二年「鉄の馬と兵ども」ほか一連の著作に対して島秀雄記念優秀著作賞受賞。

筑摩選書 0300

ドキュメント 北《ほっ》海《かい》道《どう》路《ろ》線《せん》バス
地《ち》域《いき》交《こう》通《つう》 最後《さいご》の砦《とりで》

二〇二五年三月一五日 初版第一刷発行

著 者 椎橋俊之《しいはしとしゆき》

発行者 増田健史

発行所 株式会社筑摩書房
東京都台東区蔵前二-五-三 郵便番号 一一一-八七五五
電話番号 〇三-五六八七-二六〇一（代表）

装幀者 神田昇和

印刷 製本 中央精版印刷株式会社

 ISBN978-4-480-01818-2 C0365